Uwe Rada

# HAUPTSTADT DER VERDRÄNGUNG

Berliner Zukunft zwischen Kiez und Metropole

Verlag Schwarze Risse – Rote Straße
Libertäre Assoziation

Uwe Rada

# HAUPTSTADT DER VERDRÄNGUNG
## Berliner Zukunft zwischen Kiez und Metropole

*Für Marianne Greiner*

Verlag Schwarze Risse – Rote Straße
Libertäre Assoziation

*Danken möchte ich insbesondere Hanna und meinen »Verrückten«, die mich selbst immer wieder auf den Boden der Tatsachen holen, Carolina im voraus für ihre Kraft, Holger, Ulrike und Marly dafür, daß es sie gibt und Eva für die CD. Danke für ihre Hilfe auch an Wolfgang Kil, Simone Hain, Andreij Holm, Matthias Bernt, Gesche und David, Silke Kohnert, Karin Dörre, Reinhard Schult, Christoph Villinger, Barbara Junge, Frank und Katrin, Winfried Loosch sowie den Kollegen aus der »taz« für ihre Geduld, vor allem aber den Nachbarn und Freunden aus der Oderberger Straße, ohne die ich nicht wüßte, was es in dieser Stadt zu verlieren gäbe.*

IMPRESSUM

Umschlaggestaltung: Holger Rada
Satz: Ulrike Steglich
Photos: Thomas Grabka
Lithographie + Belichtung: tripple aaa
Druck: Winddruck Siegen
Auslieferung: SOVA, Frankfurt
ISBN 3–924737-39-8
© 1997 Schwarze Risse / Rote Straße
Verlag Libertäre Assoziation
Berlin 1997

Vorwort ................................................................................7

**Erster Teil: Der Traum ist aus** ...............................8
Ein Bild von der Zukunft..............................................8
Allgegenwärtige Realität: die Friedrichstraße...............15
Die Euphorie der Vergangenheit................................20
Vom Mythos zum Sozialfall: Kreuzberg.......................23
Psychogramm einer Krise..........................................29

**Zweiter Teil: Standortbestimmung** .........................41
Posemuckel am Potsdamer Platz................................41
Metropole oder Provinz ............................................43
Sushi statt Buletten?................................................46
Kiez, Metropole oder Großstadt?................................47
Ab durch die Mitte?..................................................49
Wo liegt Berlin?.......................................................53

**Dritter Teil: Berlin in Bewegung**............................59
Wie ausgewechselt: Prenzlauer Berg ..........................59
Der andere Berliner Umzug .......................................64
Der Letzte macht das Licht aus..................................67

**Vierter Teil: Nachhaltigkeit oder Wachstum?** ...........74
Die Berliner Stadtkante ............................................74
Das Scheitern der dezentralen Konzentration...............76
Eigenheime für Berlin-Flüchtlinge? .............................77
Wachstum statt Nachhaltigkeit?.................................79

**Fünfter Teil: Das Verschwinden der Politik**...............85
Der Ausverkauf ......................................................85
Kommunalpolitik als Auslaufmodell.............................89
Ist der Ruf erst ruiniert: Berlin und sein Image .............91
Das »identifikationsträchtige Leitbild«.........................94
Vom Stadtentwicklungssenator zum Standortmanager: Volker Hassemer ..........96

**Sechster Teil: Das Verschwinden der Öffentlichkeit**...................104
Das Verschwinden des öffentlichen Raums...................104
Kann man in der Passage küssen? .............................107
Prenzlauer Berg: New urban Publicity .........................112
Die neue Kultur der Städter.......................................114
Wir bleiben alle – wie wir sind? .................................115
Das Jahr der Verdrängung: 1993................................119
Linke und Urbanisierung...........................................120
Öffentlichkeit und Demokratie ...................................122

**Siebter Teil: Das Ende der Berliner Mischung** .............................. 127
Neukölln: Hungernde Kinder auf der Straße .................................... 127
Die Ökonomie des Zerfalls ........................................................... 129
Die mehrfach gespaltene Stadt ...................................................... 132
Schein statt Sein: Die Bergmannstraße .......................................... 135
Aufgemischt: Mehringdamm 51 .................................................... 137
Von der Kreuzberger zur Berliner Mischung .................................. 140
Nutzungsspuren ......................................................................... 143
Mischung als Gebrauchswert ....................................................... 145
Der latente Bürgerkrieg .............................................................. 148

**Achter Teil: Die neue Angst der Berliner** .................................... 155
Orte der Unsicherheit ................................................................. 155
Von der Risiko- zur Angstbiographie ............................................ 158
Die neue Angst der Berliner ........................................................ 160
Orte der Verdrängung und Orte der Bewältigung ........................... 167

**Neunter Teil: Verdrängung als Politikersatz** ............................... 173
New York in Berlin ..................................................................... 173
Prävention und totale Kontrolle ................................................... 176
Null Toleranz gegenüber Sprayern ............................................... 177
Soziologie im Namen der Repression ............................................ 179
Die Externalisierung der Angst .................................................... 182
Ordnungs- statt Sozialpolitik ....................................................... 185
Verdrängung als Standortfaktor ................................................... 189
Von der Verdrängung zur Festungsstadt ....................................... 199

**Zehnter Teil: Die Hauptstadt der Deutschen** ............................... 205
Die »Grenzen der multikulturellen Gesellschaft« ............................ 205
Nation statt Gesellschaft ............................................................. 207
Die nationale Berliner Republik ................................................... 210
Die neue Rechte der Linken ......................................................... 215
Die Debatte um den Schloßplatz ................................................... 216

**Elfter Teil: Am Ende der Verdrängung?** ...................................... 221
Vom Akteur zum Statisten ........................................................... 221
Mythos statt Wirklichkeit ............................................................ 226
Das Ende der neuen sozialen Bewegungen ..................................... 229
Dabei sein ist alles ..................................................................... 232
Die neue soziale Frage ................................................................ 233
Das Recht auf die Existenz .......................................................... 235

# VORWORT

Es ist schon einige Jahre her, daß Hanno Klein, der ehemalige Investorenbeauftragte des Berliner Senats von der Stadtplanung als »gut organisierter Vertreibung« sprach. Auf dem Weg zu einer europäischen Metropole, so lautete seine Forderung, brauche Berlin eine »Gründerzeit mit Markanz und Brutalität«. Was darunter zu verstehen sei, daran ließ Klein keinen Zweifel offen. Um den geplanten 400 Meter hohen »Tour de l'Infini« auf dem Prenzlauer Berg, das bis dahin höchste Gebäude Europas, zu realisieren, sollten die alteingesessenen Bewohner verdrängt werden: in die »Staubsauger von Marzahn und Hellersdorf«.

Von Verdrängung ist in Berlin seit der Wende oft die Rede gewesen. Mit dem Fall der Mauer und dem Ausbau Berlins zur Hauptstadt und Dienstleistungsmetropole, so die Befürchtung, würden die Berliner Kieze zu schicken Wohnvierteln für Yuppies aufpoliert und die vormaligen Bewohner an den Stadtrand gedrängt werden. Im Rückblick sind diese Befürchtungen freilich nicht mehr als ein Spiegelbild der Metropolenträume von Politikern und Investoren. Die Wirklichkeit sieht anders aus. An den Stadrand zieht es die Besserverdienenden, während in den Innenstadtquartieren immer mehr Menschen verarmen. Die Metropolenträume sind geplatzt. Berlin ist auf dem Weg zu einer gespaltenen Stadt.

Die Wirklichkeit einer Armutsmetropole wird in der Hauptstadt der Verdrängung allerdings ausgeblendet. Statt sich um die wachsenden Probleme derer zu kümmern, die in der Stadt wohnen, schielen die Standortpolitiker auf die »neuen Stadtbürger mit Handy und Laptop«, wie es der für Stadtentwicklung zuständige Staatssekretär Hans Stimmann einmal gesagt hat. Für sie soll Berlin »fit« gemacht und modernisiert werden. Aber auch die ehemals kritischen Geister der alternativen Hochburg Berlin sind verstummt. Auf die Straße gehen viele nur noch zum Einkaufen. Mit Geschmack und Stil richtet man sich im Alltag einer gespaltenen Stadt ein. Wer Zweifel hat, redet nicht mehr darüber, sondern geht sich amüsieren.

Individualisierung und Modernisierung sind zwei Seiten ein und derselben Verdrängungsleistung, bei der die Stadt als Ort des sozialen Zusammenlebens zu verschwinden droht. Doch wer hat überhaupt ein Interesse daran, den Teufelskreis der Verdrängung zu durchbrechen?

*Berlin, im September 1997*

# ERSTER TEIL:
# DER TRAUM IST AUS

*»Wir müssen uns darauf einrichten, daß es keine Psychiatrie gibt,
in der die Deutschen lernen können, etwas anderes zu sein,
was sie sind.«*
*(Peter Sloterdijk über den Aufbau des neuen Berlin)*

## EIN BILD VON DER ZUKUNFT

Das Medium, in dem das Bild des künftigen Berlin präsentiert wird, ist
nicht zwei-, sondern dreidimensional, hat die Form eines metallicroten
Behältnisses, erhebt sich mit 23 Metern knapp über die traditionelle Berliner Traufhöhe, steht auf acht Meter hohen Stelzen und soll, wenn das Bild
einmal Wirklichkeit geworden ist, im Januar 2001 wieder abgebaut werden. Bis dahin wird in der Infobox am Leipziger Platz die Stadt der Zukunft
inszeniert. Es ist eine spielerische, eine virtuelle Zukunft, die sich dort auf
drei Geschossen und 1.025 Quadratmeter Ausstellungsfläche in Szene
setzt. Nichts ist dem Zufall überlassen und dennoch alles möglich. Der Flaneur durch das Berlin der Zukunft erläuft sich die Stadt nicht mehr auf eigenen Füßen, sondern zappt per Mausklick von einer Szenerie in die an-

dere, fliegt per Computeranimation durch die Straßenschluchten des Potsdamer Platzes, lauscht in der schalldichten Soundbox der Symphonie der
neuen Großstadt, vom Vogelzwitschern im Tiergarten bis zur Geräuschkulisse der Metropole im Jahre 2035. An keiner Ecke dieser Zukunftswelt dro-
hen die Überraschungen des Alltags: kein Staubkorn, kein Hundekot,
nichts, was das Auge des Cyber-Flaneurs beleidigen würde.

Daß die postmodernen Zukunftsbilder eines glitzernden Metropolen-
daseins ausgerechnet am Leipziger und Potsdamer Platz zelebriert werden, ist kein Zufall. Das ehemalige Brachland im Schatten der Mauer
verkörpert wie kaum ein anderer Ort der ehemaligen Teilstadt den
Sprung vom Nichts ins 21. Jahrhundert. Und es ist zugleich ein Rückgriff auf die urbane Mitte der zwanziger Jahre, den verkehrsreichsten
Platz Europas, das Sinnbild für großstädtische Mobilität. »Am Potsdamer
Platz wird Berlins totes Herz in diesen Jahren wiederbelebt und entsteht als pulsierende, brodelnde Mitte des 21. Jahrhunderts neu«, glaubt
deshalb auch Berlins Regierender Bürgermeister Eberhard Diepgen.
Doch der Preis dafür, sich in der benachbarten Infobox ein Bild dieser
vorerst als Baustellenlandschaft erlebbaren Mitte machen zu dürfen,
zwischen all den Videoanimationen, Computerspielen und digitalen
Performances die Stadt von morgen ein letztes Mal mit den Kinderau-
gen von heute sehen zu dürfen, ist hoch. Je bunter die Verheißungen
der Zukunft über die Bildschirme flackern, je länger man sich mit dem
Joystick auf die virtuelle Reise durch das Zentrum des Jahres 2002 be-
gibt und die Schnittstelle zwischen Ost und West, gestern und morgen,
aus der Vogelperspektive erlebt, desto mehr löst sich der Standpunkt
des Betrachters auf. So unbeholfen und hölzern die urbanen Simulationen des zukünftigen Jahrhunderts auch sein mögen, so unmißverständlich ist ihre Botschaft: Nichts ist hier echt und doch alles wirklich. In
der Stadt der Zukunft wird man sich einmal bewegen wie schon jetzt in
der Infobox – nicht als städtischer Akteur, sondern als passiver Benut-
zer einer vorgegebenen, simulierten Erlebniswelt. Selbst die Cyber-
punks haben keine Chance. Wer mit dem Joystick einen Fluchtversuch
plant, landet wieder am Anfang: mitten auf dem Potsdamer Platz.

Es ist aber nicht nur die Hardware, das Bild der gebauten Stadt, die Inve-
storenarchitektur des Potsdamer Platzes, die hier geboten wird, sondern
auch die Software, die Chiffren ihrer Nutzung, ein Bild, das sich die erfolgreichen Städter von morgen schon heute von sich selbst machen dürfen:
Stadt als hermetische Totale, zu der es keine wirkliche Alternative mehr
gibt. Eine Stadt, in der kein Wunsch mehr offen bleibt, eine Stadt, in der
es keine Fragen mehr gibt, sondern nur noch Lösungen. Der Betrachter

dieser Stadt hat die Schattenseiten der Metropole längst hinter sich gelassen und taucht in eine neue Wirklichkeit ein: Stadt als gigantische Benutzeroberfläche, als Bilderbogen der Brave New World.

Stadt als verräumlichte und zugleich virtuelle Konsum- und Erlebnislandschaft, als Big Screen, vor dem man es sich gemütlich machen kann, das kommt an beim TV-verwöhnten Publikum. Selbst die Beklemmung, die diese postmodernen Coverversionen von Orwells und Huxleys alles durchdringender Zukunft bei vielen Besuchern auslöst, wenn sie nach acht Metern Abstieg auf den gußeisernen Stufen der Infobox wieder auf den Boden der Tatsachen treten, kann nicht darüber hinwegtäuschen, daß der rote Kasten nach dem Brandenburger Tor zur beliebtesten Attraktion der Bundeshauptstadt geworden ist: für Touristen wie für die Berliner selbst. Auch nach dem vielbeschworenen »Ende der Geschichte« ist Zukunft offenbar Thema, zumindest so lange, bis sie nicht zur Gegenwart geworden ist. Seitdem die Infobox – ein zehn Millionen Mark teures Gemeinschaftsprojekt der Potsdamer-Platz-Investoren debis, Sony, A+T, der Deutschen Telekom und des Berliner Bausenators – am 16. Oktober 1995 eingeweiht wurde, staunten durchschnittlich 5.000 Besucher täglich über die aseptischen Projektionen von Stadt und ihrer Nutzung. An manchen Tagen, wenn etwa die »Schaustelle Berlin«, ein Image-Spektakel der Marketing-Gesellschaft Partner für Berlin (PfB), zu Besichtigungen lockt, sind es sogar bis zu 20.000 Menschen, die auf die Aussichtsplattform steigen, um sich selbst ein Bild vom Fortschritt der Bauarbeiten an Europas größter innerstädtischer Baustelle zu machen. Als am 7. Januar 1997 mit dem New Yorker Bob Shaw der zweimillionste Besucher der Infobox gezählt wurde, jubelten die Betreiberfirmen D&D-Kommunikationsdesign und Rhenus Baulogistik: »Vom Dach ließ die Familie Shaw den Blick durch das neu installierte Fernrohr über die Baustelle schweifen und war beeindruckt: ›Eine so große Baustelle hat selbst New York nicht mitten in der Stadt zu bieten.‹«

Das sind Worte, nach denen man sich in Berlin sehnt, weil die Wirklichkeit so ernüchternd ist. Worte der Superlative, Vergleiche, die man nicht zu scheuen braucht, Botschaften, die um so glaubwürdiger wirken, weil sie nicht aus dem Munde eines Lokalpolitikers stammen, sondern eines zufällig an diesem Tag, zu dieser Stunde anwesenden New Yorkers. Berlin, so lautet die Message des Bob Shaw, ist eben doch nicht mit Warschau, Prag oder Budapest, sondern, wenn überhaupt, mit Paris, London, vor allem aber mit New York zu vergleichen. Die Broschürenrealität einer Möchtegern-Metropole, im Staunen des Bob Shaw über die »Stadt der Kräne« wurde sie, wenn auch nur für einen kurzen Augenblick, wieder einmal wahr.

Die New Yorker Familie Shaw auf ihrem weiteren Gang durch die Stadt zu begleiten, wäre freilich interessanter gewesen als das kurze Intermezzo auf dem Dach der Infobox. Was zum Beispiel hätte Bob Shaw zur neuen, »wiederbelebten« Friedrichstraße gesagt? Wäre er sich verloren vorgekommen, vom Broschürenglanz an der Nase herumgeführt, weil er, um bei Benneton einzukaufen, sich nicht unbedingt auf den Weg in die Berliner Friedrichstraße hätte machen müssen? Hätte er sich, bei einem Spaziergang durch Kreuzberg oder Neukölln zum Beispiel, an eine andere Wirklichkeit erinnert gefühlt, an den grauen Alltag einer Armutsmetropole als Kontrastprogramm zu den bunten Bildern in der Infobox? Wäre ihm der schizophrene Charakter Berlins in den Sinn gekommen, der Widerspruch zwischen der hybriden Selbstwahrnehmung einer Stadt, deren Platz in der Weltöffentlichkeit nie ihrem Dasein als Metropole, sondern einzig ihrer geopolitischen Lage geschuldet war, und den real existierenden Konflikten einer gespaltenen Stadt?
Wahrscheinlich wäre es Bob Shaw gegangen wie den meisten Berlin-Besuchern, in deren Wahrnehmung die Bilder bereits wirklicher geworden sind als die ungeschminkte Realität. Dies fällt auch nicht schwer, wird doch – allen Warnungen zum Trotz – am Mythos der Metropole munter weitergebastelt. Nicht nur mit Computersimulationen über Vergnügungen im »Urban Entertainment Center« in der Sony-City oder den Potsdamer-Platz-Arkaden von debis, der größten Shopping-Mall Deutschlands, wird dem skeptischen Betrachter der letzte Zweifel genommen. Mit der pathetischen Formel »Für die Zukunft Berlins. Für die Zukunft der Berliner« endet ein Videofilm, der in der Infobox zu jeder halben und vollen Stunde auf einer Groß- und mehreren Kleinleinwänden zu sehen ist. Titel des zwölfminütigen Streifens: »Zentrum in Zukunft«. Es sind die immergleichen Klischees des »Mythos Berlin«, die der Film bedient: der Fall der Mauer, die Sylvesterfeier am Brandenburger Tor 1989/90, der Umzugsbeschluß des Bundestages im Juni 1991, der Bau einer neuen Stadt, die dritte Gründerzeit nach 1871 und 1945. Berlin, so wird dem Zuschauer suggeriert, verdankt seine Stellung im »Konzert der Weltstädte« nicht nur seiner Zukunft als Dienstleistungs- und High-Tech-Metropole, sondern auch seiner Existenz als Schnittstelle zwischen Ost und West und, zu guter Letzt, als Hauptstadt des wiedervereinigten Deutschlands.
Doch längst schon ist in der Metropole im Wartestand nicht nur den Millionen Quadratmetern Bürofläche die Nachfrage abhanden gekommen, sondern auch dem Mythos die Wirklichkeit. Die Gründe sind bekannt: Berlin ohne Mauer besitzt längst nicht mehr die Bedeutung wie

die Teilstadt mit ihren Selbstschußanlagen und Wachtürmen. Nun, da es keine Frontstadtklischees mehr zu verkaufen gilt, da die Schaufenster des Westens und des Ostens ihre Werbefunktion verloren haben, da beide Stadthälften nicht mehr am Tropf der jeweiligen Regierung hängen, muß Berlin aus sich selbst heraus bestehen, muß der Mythos der Überprüfung durch die Wirklichkeit standhalten. Einer ökonomischen Wirklichkeit zumal, die im Zeichen der Globalisierung vor allem durch einen verschärften Wettbewerb der Ballungsräume um die Ansiedlung der Firmensitze großer Konzerne, Banken und Versicherungen gekennzeichnet ist. Vor dem Hintergrund einer zunehmenden Standortkonkurrenz haben die vormaligen Attribute Berlins freilich nur noch geringe Wirkkraft. Was nutzt etwa der Status einer Hauptstadt, wenn der wirtschaftliche Kahlschlag im Industriesektor vom vermeintlichen Boom im Dienstleistungssektor nicht einmal annähernd aufgefangen werden konnte? Für Berlin ist dies um so prekärer, als im föderalen Städtesystem Deutschlands die Rollen längst vergeben sind: München ist und bleibt Medien- und High-Tech-Standort, Hamburg Medien- und Handelszentrum, Frankfurt Deutschlands Bankenplatz Nummer eins und selbst Leipzig ist auf dem besten Wege, Berlin die Rolle als erster Messestandort im Osten Deutschlands streitig zu machen.

Wo liegt also die Zukunft Berlins, neun Jahre nach dem Mauerfall, jetzt da die Stadt immer noch keine neue Identität vorzuweisen hat? Kein anderer weiß mehr um dieses Problem als der frühere Kultur- und Stadtentwicklungssenator und heutige Chef der Marketing GmbH Partner für Berlin, Volker Hassemer (CDU). »Berlin wird...« lautete bis 1995 das Motto der Stadtentwicklungsverwaltung. Offen blieb dabei nur die Frage, was Berlin denn nun zu werden hoffte. Um so häufiger an der Spree das Wort Metropole in den Mund genommen wurde, je heftiger man sich gegen den Vorwurf der Provinzialität zu wehren versuchte, desto offenkundiger erschien, daß Berlin mit dem Fall der Mauer nicht nur seine geopolitische Sonderstellung eingebüßt hatte, sondern auch einen Begriff von sich selbst. Plötzlich war Berlin keine Ausnahmestadt mehr, sondern eine Großstadt unter vielen. Daran hat sich bis heute wenig geändert, trotz aller Bemühungen von Bundesbauminister Klaus Töpfer, den Regierungsumzug voranzutreiben. Statt mit dem Slogan »Berlin wird...« wirbt Hassemer heute mit den Berliner Baustellen als Touristenattraktion Nummer eins. Was aber wird, wenn es keine Baustellen mehr gibt, sondern nur noch fertiggestellte Retortenstädte wie die Friedrichstraße, die aufgrund ihrer Banalität schnell an Anziehungskraft verlieren werden? Was wird, wenn sich der Blick irgendwann ein-

mal öffnet für die tatsächlichen Probleme der Stadt wie die Bevölkerungsentwicklung, die jetzt schon sichtbaren sozialen und räumlichen
Konflikte oder die Zersiedlung des Umlands?

Im Werbefilm der Infobox »Zentrum in Zukunft« spielen diese Fragen allesamt noch keine Rolle, während sich der Potsdamer Platz jedoch mit
dem unerbittlichen Fortschreiten der Bauarbeiten dem Umschlagpunkt
vom Bild zur Realität zu nähern beginnt. Dies verwundert um so mehr,
als Dirk Nishen – der Texter des Films und Mitgesellschafter der Infobox
– es eigentlich besser wissen müßte. Nishen hat sich bereits seit Anfang
der achtziger Jahre als Verleger mit der suggestiven Kraft der Bilder ver-
traut gemacht. Doch die historischen Heftchen der »Edition Photothek«,
die Nishen damals herausgab, hatten auch noch die Schattenseiten der
damaligen Gründerzeit zum Thema: die soziale Realität in Obdachlosen-
heimen[1], Höfen und Gassen oder den »anderen Blick« auf Arbeiterquar-
tiere wie zum Beispiel Moabit. Nun vollzieht Nishen seine Hinwendung
zur postmodernen Verdrängung der Wirklichkeit ebenso wie Politiker
und Investoren auf bewährtem Terrain: statt der Bilder von Realität als
Hinweis auf ungelöste soziale und politische Konflikte die Ausblendung
der Realität. Ein harmonisches Bild der Zukunft schiebt sich vor die
Wahrnehmung der Gegenwart. Statt der Verbesserung der Lebensbedingungen für die Bewohner geht es nun nur noch um das Erscheinungsbild der Stadt. Fallen die Bewohner mit ihren Problemen aus dem Rahmen, vollzieht sich auch in den Bildern die Exklusion einer Zwei-Drittel-
Gesellschaft; die Ausblendung der Realität derer, die an der Modernisierung des Standorts Berlin nicht teilhaben können oder wollen.

Doch nicht nur die Verdrängungsleistungen der Investoren und ihrer
Politiker werden immer erstaunlicher, auch die Bewohner der Stadt ver-
schließen mehr und mehr die Augen vor der Wirklichkeit. Diese »Volks-
bewegung des Autismus«, wie es der Oberbürgermeister von Saarbrücken, Hajo Hoffmann, einmal genannt hat[2], äußert sich in einem
schleichenden Verschwinden städtischer Öffentlichkeit zugunsten individueller Selbstinszenierung. Überhaupt – alles scheint zu schwinden:
Die politische Öffentlichkeit der Stadt, die neuen sozialen Bewegungen, der Handlungsspielraum kommunaler Politik, die öffentlichen
(Frei-)Räume und Nischen, und nicht zuletzt die Solidarität. Wenn er
heute über Kreuzberg redet, so der ehemalige grüne Baustadtrat des
Bezirks, Werner Orlowsky, dann geht es vor allem um Verluste: den
Verlust von Demokratie, Selbstbestimmung und sozialer Kompetenz.
Verschwunden ist aber auch die relative Sicherheit, mit der es sich vor
dem Mauerfall unter den Bedingungen staatlicher Subventionen recht

bequem und unbehelligt leben ließ. Aus der Perspektive eines entfesselten Kapitalismus erscheint heute sowohl der lebensweltliche Alltag in Ostberlin wie auch das alimentierte Kiezleben in den Westbezirken seltsam sympathisch aus dem Lauf der Zeit genommen. Um so größer im Vergleich mit anderen Städten jedoch auch die Ängste, die sich aus dem plötzlichen Sprung in die Echtzeit ergeben. Law-and-Order-Politiker aller Couleur haben die Zeichen der Zeit längst erkannt: Gegen die neue Berliner Angst muß endlich aufgerüstet werden. Null Toleranz – angelehnt an die New Yorker Verbrechensbekämpfung – heißt die Devise gegenüber der »Kleinkriminalität als Nährboden für Schwerkriminalität« (CDU-Fraktionschef Klaus Landowsky), gegenüber Bettlern, Obdachlosen, Junkies und Armen, die aus der Innenstadt zu verschwinden haben.

Redet da noch einer von Stadt als Ort des sozialen Zusammenlebens? Und wenn ja – wer braucht diese Stadt überhaupt noch?

»Der neuen intellektuellen Lust am Text der Stadt, die sich (...) ganz der Ästhetisierung der Phänomene (...) überläßt«, ist der Literaturhistoriker Klaus Scherpe überzeugt, »widerspricht ganz sicher und nach wie vor ein anderes Bedürfnis: das nach Orientierung und Kommunikation, das in den Köpfen und Körpern doch stets gegenwärtig ist.«[3] Hat die Wirklichkeit, hat städtisches Handeln also doch noch eine Chance? Oder hat die postmoderne Inszenierung ganze Verdrängungsarbeit geleistet?

»Die Realität wurde aus der Realität vertrieben. Nur die Technologie verbindet die Bruchstücke des Realen vielleicht noch miteinander«, berichtet Baudrillard vom »perfekten Verbrechen«: der Abschaffung der Wirklichkeit.[4] Wie anfällig die Simulation der Wirklichkeit durch die Bilder ihrer selbst sein kann, hat eine Aktion von Architekturstudenten der Berliner Hochschule der Künste gezeigt: Sie haben die simulierte Wirklichkeit wieder auf den Boden der Tatsachen zurückgeführt, indem sie der Simulation einen Spiegel vorgehalten haben. Statt der viermal täglich neu ins Internet eingespeisten Online-Dokumentation über das Baugeschehen am Potsdamer Platz haben die Netzguerilleros das Bild des Platzes schlicht und ergreifend durch den Steglitzer »Bierpinsel« ersetzt, den Inbegriff Berliner Provinzialität.

Dabei hätte es einer solchen Aktion gar nicht bedurft, um die Bilder von »Zentrum in Zukunft« als bloße Wunschträume zu entlarven. Während im Film von Dirk Nishen noch vom Ausbau des Verkehrsnetzes, dem Bau neuer U-Bahnlinien oder der Magnetschnellbahn Transrapid zwischen Berlin und Hamburg die Rede ist, meldeten im Juli 1997 die Nachrichtenagenturen der Hauptstadt zum ersten Mal einen GAU auf einer der Berliner Großbaustellen. Ausgerechnet im Bahnteil des Tiergartentunnels, des größten und ambitioniertesten Bauvorhabens der ganzen Bundesrepublik, war das Grundwasser in einen der Senkkästen eingebrochen. War es in diesem Fall der Berliner Untergrund, der sich sein Terrain gegen die hybride Selbstdarstellung der Stadt wiedereroberte, war es drei Monate zuvor ein Sturmtief, das den Bildern der Zukunft einen Strich durch die Rechnung machte. Vier Jahre vor ihrem geplanten Abbau hatte ein Unwetter die Infobox kurzerhand der unteren Verkleidung beraubt. Für mehr als eine Woche waren die Stadt und die Fans ihrer Zukunftsbilder wieder auf die Wirklichkeit zurückgeworfen worden – auf die soziale Realität einer sich in der Spaltung befindlichen Stadt.

## ALLGEGENWÄRTIGE REALITÄT:
## DIE FRIEDRICHSTRASSE

Die Szenerie wirkt surreal. Vom Dach eines vier Meter hohen Provisoriums herab spricht ein Mann zu einem imaginären Publikum. Darunter tanzen derweil etwa dreißig Personen, abwechselnd zu Techno- oder Hip-Hop-Rhythmen. Neben dem aus Baugerüsten errichteten Provisorium steht ein kreisrundes Schwimmbecken, darin sich die partygelaunte Menge abwechselnd abkühlt oder sich ihrer Getränke bedient. »Anbau« haben die Architekturstudenten der Gruppe »Freies Fach« diese urbane Installation gegenüber dem »Quartier 205« des Architekten Oswald Matthias Ungers in der Mohren-, Ecke Friedrichstraße genannt. Sie war Bestandteil der Anfang Juni 1997 veranstalteten Innenstadt-Aktionstage gegen »Ausgrenzung, Privatisierung und Sicherheitswahn«. In Wirklichkeit war der »Anbau« allerdings ein Spiegel: In der Verwunderung darüber, daß weit nach Mitternacht in der totgeglaubten Friedrichstraße noch Menschen ihrem Vergnügen nachgehen, zeigt sich die allgegenwärtige Realität einer Straße, die »wiederzubeleben« nach der Wende ganze Heerscharen von Architekten, Stadtplanern und Politikern angetreten waren. Selten wurde das Vokabular der Möchtergern-Urbanisten derart dekonstruiert wie in der Woche der Innenstadt-Aktionstage.
Für urbanes Vokabular war die Friedrichstraße schon immer ein gutes Pflaster. Die Friedrichstraße, das waren für Siegfried Kracauer, den Berliner Feuilletonisten der Neuen Frankfurter Zeitung, »Cafés, Schaufensterauslagen, Frauen, Automatenbuffets, Schlagzeilen, Lichtreklamen, Schupos, Omnibusse, Varietéphotos, Bettler«, ein »glühender Buchstabentaumel, an den Fassaden entlang bis zu den Dächern«.[5] Friedrichstraße, das war Sündenbabel und Glamour zugleich. Sie war, schreibt der Architekturhistoriker Wolfgang Schäche, »manifester Ausdruck

großstädtischen Lebens, anarchisch in ihren architektonischen Gebärden, disparat in ihrem eitlen Individualismus und der geballten Vielschichtigkeit von Konsum, Dienstleistung, Arbeit und Kultur. In der dialektischen Balance von struktureller Ordnung und individualistischem Chaos entwickelte sie letzlich ihre unvergleichliche Faszination.«[6]
1688 auf Ordre des damaligen Kurfürsten Friedrich III. angelegt, war die Friedrichstraße bereits um 1800 zu einer der bedeutendsten Einkaufsstraßen Berlins geworden. Ihren Ruhm als Vergnügungsmeile erlangte die 1,2 Kilometer lange Magistrale aber erst die Jahrhundertwende. Berlin war nach dem deutsch-französischen Krieg und der Reichsgründung nicht nur deutsche Haupstadt, sondern auch eine europäische Großstadt mit 800.000 Einwohnern geworden, die Friedrichstraße zu ihrer bürgerlichen Lebensader. Während die »Linden« und der Schloßplatz nach wie vor das städtische Zentrum der Hohenzollern und ihrer baulichen Repräsentanz bildeten, manifestierte sich in der Friedrichstraße städtebaulich und architektonisch das Bewußtsein des Berliner Wirtschaftsbürgertums. Diese städtebauliche Entwicklung vollzog sich in zwei Bebauungsschüben – nach 1871 und um die Jahrhundertwende – und sorgte dafür, daß die Friedrichstraße ihr altes Gesicht noch einmal in weiten Teilen austauschte. Aus der einstigen Wohnstraße wurde durch Abriß und Neubau nun endgültig ein großstädtisches City-Gebiet mit modernen Geschäftshäusern, Hotels und Vergnügungsstätten jeglicher Art.
Doch schon in den zwanziger Jahren, dem historischen Referenzpunkt der nach der Wende angestrebten »Wiederbelebung«, hatte die Friedrichstraße viel von ihrem Glanz verloren. Bereits vor dem Ersten Weltkrieg hatte der »Zug nach dem Westen«, eine innerstädtische Wanderungsbewegung vor allem des Bürgertums, eingesetzt. Der alte Westen zwischen Potsdamer Platz und Kurfürstendamm wurde nun zum Zentrum des Berliner Gesellschaftslebens. Nicht mehr in den Cafés der Friedrichstadt trafen sich Künstler und Intellektuelle, sondern im Café des Westens oder im Romanischen Café rund um die heutige Gedächtniskirche. Die Friedrichstraße setzte Patina an und gewann dafür ihren Mythos. Sie begann schon damals mit ihrer Geschichte zu leben. Friedrichstraße, das war und ist vor allem Vergangenheit.
In den zwanziger Jahren wurde der architektonische Glanz der wilhelminischen Fassaden vollends zur Chimäre. »Die Friedrichstadt ist weißgolden und feuerrot und ultramarinblau von lauter Lichtreklamen«, schrieb Wilhelm Hausenstein in seinen Berliner Eindrücken. »Das Faszinierende hat eine exotische Suggestivität. Nichts mehr von den Häu-

sern; man sieht keine scheußlichen Fassaden – oder man wird ihrer nicht mehr inne. Die Straße ist aus lauter Glühbirnen gemacht; sie ist daraus gewoben; sie sind die Substanz der Straße.«[7]

Für den seit einigen Jahren wiederentdeckten Flaneur Franz Hessel ist die Friedrichstraße zu dieser Zeit nur noch bloße Fassade: »(In) der heutigen Friedrichstraße gespenstert wenig von dieser Vergangenheit. Ihr Nachtleben ist ja längst von dem westlichen Boulevard überboten. Und was davon noch vorhanden ist, reizt mehr den Provinzler als den Berliner Bummler. In einigen Nachtlokalen kann die heutige Jugend vielleicht noch ironisch studieren, was früheren Generationen Spaß machte. Am Nachmittag aber, wenn erst einige Vergnügungsfassaden erleuchtet sind wie jetzt, werden manche Tore und Fenster reizvoll wie Theaterkulissen, die hinter der Szene angelehnt stehen.«[8]

War und ist die Urbanität der Friedrichstraße also eine Kulisse? Hingen die Möchtegern-Urbanisten einer Chimäre nach? Verdrängten sie die Wirklichkeit zugunsten ihrer bunten Bilderwelt? Für Hanno Klein, den Investorenbeauftragten des Berliner Senats, schien die »Revitalisierung« der Friedrichstraße nach dem Fall der Mauer ohnehin nur Vorwand für die Umsetzung einer Goldgräberstimmung zu sein. Im Wendetaumel mit seinen Metropolenphantasien war die DDR-Planung für die Friedrichstadtpassagen nicht mehr gut genug. Schnell galt es daher als beschlossene Sache, den seit 1987 für 85 Millionen Westmark errichteten Rohbau der Passagen – im Volksmund als »usbekischer Bahnhof« bekannt – wieder abzureißen und statt dessen noch im November 1990 einen Investorenwettbewerb für eine Neubebauung auszuloben. Im April 1991 war der Wettbewerb beendet. Unter 22 Bewerbern entschied sich die Jury für drei Investoren und die jeweiligen Architektenentwürfe von Jean Nouvel (Quartier 207), Pei Cobb Freed & Partners (Quartier 206) und Oswald Mathias Ungers (Quartier 205). Baubeginn sollte noch 1991 sein, vier Jahre später, so die Planung, die Fertigstellung der neuen Passagen erfolgen. Die Friedrichstraße mit einem Investititonsvolumen von 1,4 Milliarden Mark galt – neben den Plänen für den Potsdamer Platz, den Alexanderplatz und den Baumaßnahmen im Zusammenhang mit dem Regierungsumzug – als zentraler Baustein auf dem Weg Berlins zur Metropole des 21. Jahrhunderts.

An dem durchschlagenden Erfolg der Friedrichstadt-Passagen und den übrigen Bauvorhaben zwischen Friedrichstraße und Checkpoint Charlie zweifelte eigentlich niemand. Für den schwergewichtigen Heidelberger Bauunternehmer Roland Ernst stand von Anfang an fest: »Bald möchte keiner mehr der letzte sein, der eine Niederlassung in den Friedrichstadt-Passagen eröffnet.« Selbst der New Yorker Stadtsoziologe Peter Marcuse, der bereits 1990 vor den Folgen einer ungebremsten Metropoleneuphorie gewarnt hatte, war noch ein Jahr später der Aufassung: Sollte Berlin Hauptstadt werden, werde alle Wandlung von der Friedrichstraße ausgehen.

Zunächst einmal ging von der Friedrichstraße allerdings nur eins aus: der sprichwörtliche Berliner Fassadenstreit. Weniger das Leben in der Stadt stand bei diesem Streit im Mittelpunkt, vielmehr die bloße Hülle, der schöne bzw. häßliche Schein.[9] Kaum hatte sich der damalige Bausenator Wolfgang Nagel (SPD) gegen die – vom Deutschen Architektur Museum (DAM) in Frankfurt am Main und der »Frankfurter Allgemeinen Zeitung« propagierten – Hochhausvisionen avantgardistischer Architekten und zugunsten der Berliner Blockrandbebauung und Traufhöhe durchgesetzt, trat plötzlich Geschmäcklerisches auf die Tagesordnung: In der Friedrichstadt, so verfügte es der 1991 inthronisierte Senatsbaudirektor Hans Stimmann, sollte die in den dreißiger Jahren unterbrochene Tradition des steinernen Büro-, Geschäfts- und Warenhauses wieder aufgenommen werden. Für den mächtigen Baudirektor und mittlerweile auch für die Juroren in den zahlreichen Architekturwettbewerben zeigte sich das Moderne und damit auch das Typische in der »Neuen Berlinischen Architektur« respektive im »Preußischen Stil« in den Fassadenmaterialien wie Sandstein, Travertin oder Granit.

War schon die angestrebte »Wiederbelebung« mit ihrem Rückgriff auf die zwanziger Jahre ein Griff in die Mythenkiste, so erwies sich der Rekurs auf den »Preußischen Stil« und die »Berlinische Architektur« als Griff in die deutschnationale Mottenkiste. Den Begriff des »Preußischen Stils« prägte bereits 1916 der rechte Kulturphilosoph und Nazi-Vordenker Moeller van den Bruck. Das Wort von der »Berlinischen Architektur« wurde zum ersten Mal von Wassili Luckardt verwendet, und zwar im März 1933, zwei Monate nach Hitlers Machtübernahme. Der vormalige Avantgardist Luckardt forderte, die »nationale Eigenart« des neuen Bauens zu berücksichtigen und betonte, daß den Architekten der Moderne »bei der innenpolitischen Neuformung des Volkes ein wesentlicher Platz« zuteil werden solle. Grund genug für das bittere Urteil der britischen Tageszeitung »The Independent«, das wiedervereinigte Berlin werde wieder zu einer »Knobelbecher-Stadt, an der Hitler seine Freude gehabt hätte«.

Trotz aller berechtigten Kritik an der ästhetischen Ideologie der »Berlinischen Architektur« oder dem »preußischen Rationalismus« von Architekten wie Hans Kollhoff hat die Berliner Architekturdebatte mit ihrem kurzsichtigen Blick auf die Fassaden freilich das Wesentliche in der Diskussion verdrängt: die städtebauliche Nutzung. Architektur und Städtebau dienen schließlich nicht als Selbstzweck, sondern stellen Gebrauchswerte dar, die von Menschen benutzt werden müssen und können. Zwar hat die »New York Times« einmal lakonisch bemerkt, hinter jedem der Friedrichstraßenblöcke stecke eine Skulptur, »die sich freisprengen möchte«, doch nicht in ihrer großformatigen Architektur, vielmehr in ihrer monotonen Nutzungsstruktur liegt der Grund für das Scheitern der Friedrichstraße. 800.000 Quadrameter Bruttogeschoßfläche für Büros und Läden wurden seit der Wende in der Friedrichstraße gebaut, allein 450.000 Quadratmeter zwischen den Linden und der Leipziger Straße. Auf jede der dort noch verbliebenen sechzig Mietparteien kommen demnach 7.500 Quadratmeter Bürofläche.

Daß Reurbanisierung und mit ihr städtisches Leben freilich weniger mit funktionalen Monostrukturen als vielmehr mit einer kleinteiligen Nutzungsmischung zu tun hat, war zu dieser Zeit kein Thema. »Die Investoren haben geradezu gelacht«, erinnert sich Dorothee Dubrau (Bündnis 90/Die Grünen), ehemalige Baustadträtin von Mitte, »als ich ihnen und der Treuhand bereits 1990 vorgeschlagen habe, in der Friedrichstraße wieder Wohnungen zu bauen.« Entsprechend gering ist das Wohnaufkommen in den drei Blöcken der Friedrichstadt-Passagen. Fünfzehn Wohnstudios entstanden im Quartier 207 des französischen Architekten Nouvel. Im Zwanziger-Jahre-Imitat des Büros Pei, Cobb, Free & Partners zwischen der Jäger- und der Taubenstraße verlieren sich gerade einmal zwölf Wohnungen. Und in den quadratisch-praktisch-guten Kuben des Kölner Architekten Ungers harren 36 Wohnungen ihrer Vermietung. Das gleiche gilt für kulturelle Einrichtungen. Kunst und Kultur, da hat die »New York Times« recht, finden in der Friedrichstraße – wenn überhaupt – nur in Form tonnenschwerer Skulpturen statt.

Aufmerksame Besucher konnten allerdings schon während der Bauphase ahnen, daß die nach der Wende versprochene Wiederbelebung einmal als veritable Totgeburt enden würde. Am Bauzaun Friedrichstraße, Ecke Unter den Linden, wo der alte und zu DDR-Zeiten beliebte Treffpunkt Lindencorso neuen Plänen weichen mußte, konnte man lange Zeit lesen, daß die Friedrichstraße »im alten Berlin eine renommierte Einkaufsstraße und zentraler Treffpunkt des umliegenden Kultur- und Vergnügungsviertels war«. Knapp und karg wie die Architektur des neuen Lindencorsos folgte dann die für die Friedrichstraße gängige Lesart in Sachen Revitalisierung. »Mit namhaften Geschäften (...) und der Einrichtung von Vertretungen oder Zweigstellen wie Mercedes-Benz und der Dresdner Bank wird an diese Tradition angeknüpft.«

## DIE EUPHORIE DER VERGANGENHEIT

Tristesse statt noblesse oblige: Hanno Klein, der ehemalige Senatsbeauftragte für Investoren, hat das Scheitern der Friedrichstraße nicht mehr erleben dürfen. Klein wurde am Abend des 12. Juni 1991 durch eine Briefbombe getötet. Bis heute ist das Attentat nicht aufgeklärt. Obwohl kurze Zeit später ein Bekennerschreiben mit der Unterschrift »Für den Kommunismus« aufgetaucht war, sprechen die Indizien für eine Tat innerhalb der Berliner Immobilienszene. »Auf ein Bekennerschreiben von Terroristen braucht ihr nicht zu warten, das war jemand aus der Branche«, meldete sich am Tag nach dem Mord ein anonymer Anrufer bei einer Berliner Tageszeitung.[10]

Feinde hatte Hanno Klein in der Tat viele. Schon kurz nach der Wende hatte es sich der ehemalige Protagonist der Kreuzberger behutsamen Stadterneuerung zur Aufgabe gemacht, internationale Investoren nach Berlin zu holen. Im Mittelpunkt seines Interesses stand die Neugestaltung der Friedrichstraße. Aber auch andere Vorhaben versuchte Klein voranzutreiben, darunter ein riesiges Projekt am Spreeufer, wo die kanadische Horsham Corporation 1.300 Wohnungen und 700.000 Quadratmeter Gewerbefläche mit einem Investitionsvolumen von 1,9 Milliarden Mark errichten sollte. Doch nicht nur in der Stadtmitte spielte der Investorenbeauftragte Monopoly, sondern auch in Prenzlauer Berg. Dort wollte Hanno Klein den französischen Konzern Amery zum Bau eines 400 Meter hohen Turms und damit des bis dahin höchsten Hauses in Europa bewegen. Damit das Projekt realisiert werden könne, so Klein, müßten die alteingesessenen Bewohner des Bezirks eben in die »Staubsauger von Marzahn und Hellersdorf« vertrieben werden. Stadtplanung sei schließlich nichts anderes als »gut organisierte Vertreibung«, verriet Klein wenige Wochen vor seinem Tod dem »Spiegel«. Berlin, sagte Klein noch, bevor er dafür von Bausenator Wolfgang Nagel einen Maulkorb verhängt bekam, brauche eine »Gründerzeit mit Markanz und Brutalität«.

Den Optimismus, der sich zu Kleins verbalem Trommelfeuer gegen die liebgewonnenen Vorstellungen behutsamer Stadtpolitik und die Seilschaften der Berliner Baumafia gesellte, teilte er dabei mit allen, die Kraft ihrer Profession mit Stadtenwicklung zu tun hatten. Allein die Tatsache, daß die beiden Stadthälften mit der deutschen Vereinigung aus ihrem Dornröschenschlaf erwachten, weckte schier unvorstellbare Hoffnungen auf städtebaulichen Nachholbedarf. »Die Anpassung an bisher im Westen geltende Strukturkennzahlen«, so der Stadtökonom Eberhard von Einem vom Institut für Stadtforschung und Strukturpolitik, »läßt bis zum Jahr 2010 eine Zunahme von 1,3 Millionen auf 2,0 Millionen Erwerbstätigen im Dienstleistungssektor erwarten.«[11] Der Anteil der in der Industrie Beschäftigen bliebe dabei mit 0,8 bis 0,9 Millionen Erwerbstätigen »nahezu konstant«.

Der Wachstumsprognose in Sachen Dienstleistungsjobs folgte die Bedarfsplanung für Büroflächen stehenden Fußes. 700.000 Büroangestellte mehr bis zum Jahre 2010 mußten schließlich mit zeitgemäßen, komfortablen Büros ausgestattet werden. Binnen kürzester Zeit lagen auf den Schreibtischen der verbeamteten Stadtplaner Bauanträge und Pläne für den Neubau von nahezu sieben Millionen Quadratmeter Büroraum. In über 270 großen Bauprojekten wollten private Bauträger eine Investitionssumme von fünfzig Milliarden Mark realisieren – viermal so viel Geld, wie die Amerikaner einst mit dem Marshallplan nach Deutschland pumpten. Insgesamt sollten zehn Prozent des gesamten Berliner Stadtgebiets neu gebaut werden. Diese wahrlich gründerzeitlichen Vorstellungen vom Sprung ins 21. Jahrhundert nährten sich vor allem aus den damals kursierenden Bevölkerungsprognosen. Das den Planungen zugrunde liegende Szenario der wirtschaftlichen und demographischen Entwicklung, erinnert sich Kurt Geppert vom Deutschen Institut für Wirtschaftsforschung (DIW), »sah vor, daß die Bevölkerung der Gesamtregion bis 2010 um 1 Million auf 5,3 Millionen steigt. Für die Stadt wurde ein Zuwachs von 300.000 und für das Umland ein solcher von 700.000 unterstellt«.[12] Noch optimistischer fiel die Bevölkerungsprognose des Stadtökonomen von Einem aus, der bis zur Jahrtausendwende mit einem Bevölkerungszuwachs von jährlich 60.000 Neuberlinern rechnete. Der Wohnungsbedarf wurde dabei auf 800.000 Wohnungen geschätzt, die bis zum Jahr 2010 gebaut werden sollten.[13]

Heute weiß man es besser: Die Bevölkerung ist nur in den ersten Jahren nach der Wende leicht angewachsen. Hatte Berlin 1991 noch 3.433.695 Einwohner, stieg die Bevölkerung 1992 auf 3.446.031, 1993 auf 3.465.748 und 1994 auf die Nachwendehöchstmarke von 3.475.392 Bewohnern an. Spätestens seit 1994 jedoch sinkt die Bevölkerung wieder. Mehr noch: Konnte der in Berlin aufgrund der demographischen Situation traditionelle Sterbeüberschuß durch einen Wanderungsüberschuß in der Vergangenheit halbwegs ausgeglichen werden, verzeichnet das Statistische Landesamt seit 1996 erstmals auch einen Wanderungsverlust. Der Grund: 22.000 Berliner haben der Stadt den Rücken gekehrt. Insgesamt 400.000 Berliner sollen einer Studie des Forschungsinstituts Prognos zufolge bis zum Jahre 2010 aus Berlin ins Umland gezogen sein.[14] Und selbst die Ausländer, seit jeher Garant für einen stabilen Wanderungsgewinn, wollen nicht mehr in dem Maße – zumindest legal – an die Spree kommen, wie es die Prognostiker errechnet hatten.

Acht Jahre nach der Vereinigung mit den entsprechenden Wachstumsannahmen stehen Stadtplaner und Soziologen damit vor einer gänzlich anderen Situation als der erwarteten. Nicht die Armen verlassen die Innenstadt, wie es sich Hanno Klein erhofft hatte, sondern die Besserverdienenden sowie jene Familien, die sich ihren Traum vom Wohnen im Grünen erfüllen wollen. Die Innenstadtbezirke verwandeln sich dabei zunehmend zu sozialen Problemregionen. Dies läßt sich nicht zuletzt an der durchschnittlichen Lebenserwartung verdeutlichen: Während der Durchschnitts-Zehlendorfer erst mit 77 Jahren das Zeitliche segnet, stirbt der statistische Kreuzberger fünf Jahre früher.[15] Folgt man der neuesten Bevölkerungsprognose von Stadtentwicklungssenator Peter Strieder (SPD), so wird Berlin bis zum Jahre 2010 vor allem jüngere Bewohner und Familien an das Umland verlieren, die Innenstadtquartiere werden dagegen verarmen und veralten.[16]

Doch nicht nur die Berliner Bevölkerungsentwicklung spricht jedweder Wachstumsdynamik Hohn. Auch der Umbau der Wirtschaft blieb bisher im märkischen Sand stecken. Statt die Zahl der industriellen Arbeitsplätze zu halten, wurden nach Angaben der Industrie- und Handelskammer (IHK) in einem beispiellosen industriellen Kahlschlag seit 1990 nahezu 350.000 Arbeitsplätze in der Industrie und im verarbeitenden Gewerbe vernichtet. Dieser Trend konnte durch einen angenommenen Zuwachs an Dienstleistungsarbeitsplätzen nicht im geringsten aufgefangen werden. »Die wirtschaftliche Leistung in Berlin ist auch in 1996 nicht gewachsen; sie ging gegenüber dem Vorjahr leicht zurück«, mußte der amtsmüde Wirtschaftssenator Elmar Pieroth (CDU) im August 1997 einräumen. »Der noch immer anhaltende tiefgreifende Strukturwandel in der Stadt sowie die bundesweit nur leichte Zunahme der gesamtwirtschaftlichen Aktivität«, so Pieroth, »sind die Hauptursachen für die schwache Wirtschafsentwicklung.«[17] 1,2 Millionen Quadratmeter leerstehenden Büroraums sind weithin sichtbarer Ausdruck des »tiefgreifenden Strukturwandels«.

Vor allem auf dem Berliner Arbeitsmarkt sieht die Situation deshalb eher katastrophal aus. »Unter dem Einfluß des leichten Rückgangs der gesamtwirtschaftlichen Aktivität in Berlin«, heißt es in Pieroths Wirtschaftsbericht 1997, dauere »die sehr schwierige Beschäftigungslage an.« Die Berliner Arbeitslosenstatistik spricht deshalb Bände: Mit über sechzehn Prozent Erwerbslosen – dabei sind die Beschäftigten im sogenannten Zweiten Arbeitsmarkt, die vor allem im Ostteil der Stadt einen hohen Anteil ausmachen, noch nicht einmal mitgerechnet – nimmt Berlin im Vergleich der Bundesländer einen vorderen Rang unter den Armutsregionen ein. Doch nicht nur die – inzwischen zurückgeschraubten – Arbeitsbeschaffungsmaßnahmen verzerren die Arbeitslosenstatistik, sondern auch die zunehmende Schattenökonomie. Gerade Berlin sei aufgrund seiner demographischen Lage besonders von der »Freizügigkeit der Arbeitnehmer/innen innerhalb der EU und Migrationsbewegungen durch den wirtschaftlichen Zerfall Osteuropas« betroffen, argumentiert die Berliner Arbeitssenatorin Christine Bergmann (SPD). »Illegale Beschäftigung, Scheinselbständigkeit, untertarifliche Beschäftigung und ein verstärkter Wettbewerb Einheimischer mit ausländischen Arbeitskräften sind Begleiterscheinungen dieser Entwicklung.«[18] Für nicht wenige Berliner herrscht an der Spree schon heute der Alltag einer Armutsmetropole – ein Umstand, der den Frankfurter Stadt- und Regionalgeografen Stefan Krätke zu dem vernichtenden Urteil trieb, daß die Rede von einer Metropole Berlin nur »im Blick auf die Perspektiven sozialer und räumlicher Polarisierung gerechtfertigt« sei, »die Berlin künftig mit Städten wie London, New York oder Mexico City verbindet«. Das mit der »Krise des Beschäftigungssystems« einhergehende Anwachsen marginalisierter Gruppen und die fortschreitende Aufspaltung der Beschäftigten- und Sozialstrukturen, schreibt Krätke, »korrespondiert (...) mit einer Vervielfältigung sozialräumlicher Spaltungen und einer im Verhältnis zur überkommenen Zonierung des Stadtraums zunehmend kleinteiligeren Ausdifferenzierung des sozialräumlichen Gefüges im Innern der Städte«.[19]

## VOM MYTHOS ZUM SOZIALFALL: KREUZBERG

Seit zehn Jahren hat Kreuzberg seinen eigenen Feiertag: den 1. Mai. Alle Jahre wieder wird der Stadtteil SO 36 zur Bühne für die »revolutionäre 1. Mai-Demonstration«. 1997 rüstete sich die Kreuzberger Szene sogar zum Jubiläum. Gefeiert werden sollte der zehnte Jahrestag des Maiaufstands von 1987, bei dem das Areal rund um den Lausitzer Platz für die Polizei stundenlang eine no-go-area markiert hatte. Während damals für den Regierenden Bürgermeister Eberhard Diepgen schnell feststand, daß sogenannte Anti-Berliner für die schwersten Ausschreitungen der Berliner Nachkriegsgeschichte verantwortlich gewesen seien, hielt sich die derart mit Lorbeeren versehene autonome Szene mit vorschnellen Erklärungen zurück. Der Grund: Nicht nur die Polizei und der Staatsschutz waren von der Heftigkeit der Auseinandersetzungen und dem Ausmaß der Plünderungen in SO 36 überrascht, sondern auch die linksradikalen Aktivisten. Der Umstand, daß an den Plünderungen hauptsächlich türkische Jugendliche, Arbeitslose, Sozialhilfeempfänger und sogar Rentner beteiligt waren, verwies weniger auf die Schlagkraft der Kreuzberger Militanten als auf ein soziales Pulverfaß, dessen Sprengkraft lange Zeit in Vergessenheit geraten war. Über Nacht war Kreuzberg wieder zum Sozialfall geworden, schlugen Sozialarbeiter und Streetworker Alarm, legte der Senat ein um das andere Ausbildungsprogramm für Jugendliche auf, geriet Kreuzberg, zehn Jahre nach dem Beginn der »Strategien für Kreuzberg«[20] und damit dem Startschuß für die behutsame Stadterneuerung, einmal mehr ins Blickfeld von Sozialpolitikern jeglicher Couleur.

Ebenfalls zehn Jahre nach dem Kreuzberger Maiaufstand war im Zusammenhang mit dem Jubiläum der »revolutionären Mai-Demonstration« von der sozialen Wirklichkeit Kreuzbergs freilich keine Rede mehr, von Klassenkampfparolen dagegen um so mehr. Dabei hat sich die Situation im dichtest besiedelten Bezirk Berlins seit dem Mauerfall kontinuierlich verschlechtert. Kreuzberg ist nicht mehr nur soziales Pulverfaß, der Bezirk steht vielmehr vor einer Entwicklung, die Rainer Sauter, ehemaliger Gemeinwesenarbeiter des Vereins SO 36, nur noch mit dem Begriff »Verslumung« beschreiben kann. Die kurz nach dem Fall der Mauer befürchtete Yuppisierung Kreuzbergs mitsamt der von Hanno Klein geforderten »gut organisierten Verdrängung« an den Stadtrand ist dagegen ausgeblieben, stellt der ehemalige Baustadtrat des Bezirks, Werner Orlowsky, fest. »Dafür geht aber die soziale Schere immer weiter auseinander.« Kreuzberg, resümiert der streitbare Kiezaktivist, befinde sich auf dem Weg der Verelendung.

Petra K. war schon vor dem Häuserkampf 1980/81 in Kreuzberg SO 36 politisch aktiv. Noch vor einigen Jahren befand sie, im Bezirk sei noch vieles, auch politisch, offen. Ein Wegzug käme einer Niederlage gleich. Heute überlegt sie, Kreuzberg zu verlassen. »Nicht wegen der Yuppies«, die seien das geringste Problem. Es sei das Klima untereinander: Aggression, Gewalt. Oder die Vorstufe davon: die Demonstration von Gewaltbereitschaft. Es ist vor allem das Macho-Verhalten der jungen türkischen Männer, das Petra K. das Gefühl vermittelt, daß die Stimmung im Kiez gekippt ist. Sie erzählt von einem Freund, der beim Fahrradfahren auf der Adalbertstraße von einem VW-Bus geschnitten wurde. Kaum hatte er seinem Ärger Luft gemacht, seien mehrere türkische Jugendliche ausgestiegen und hätten ihn zusammengeschlagen. Fast jeder in SO 36 kann mittlerweile solche Geschichten erzählen. Die anderen Ge-

schichten, die vom Miteinander, von Kollektivität und Widerstand von unten, erzählt kaum mehr einer. »Armut macht aggressiv«, sagt Petra K. und fügt hinzu: »Aber das zu verstehen, hilft nicht mehr.«
Eine Kreuzberger Identität gibt es fast nur noch bei den in Kreuzberg geborenen Kindern der Einwanderer. Sie sind stolz, Kreuzberger zu sein. Die anderen zucken mittlerweile mit den Schultern. Der Mythos Kreuzberg ist tot – nur was ist Kreuzberg nach Ende des Mythos? Ein aufgewerteter Dienstleistungsbezirk, wie es der ehemalige Bezirksbürgermeister und jetzige Stadtentwicklungssenator Peter Strieder (SPD) gerne hätte? Für den ehemaligen Gemeinwesenarbeiter und heutigen Weddinger Jugendstadtrat, Rainer Sauter, ist Kreuzberg ein Bezirk, der auseinanderfällt. Von innen. »Es gibt keine gemeinsamen Aufgaben mehr«, sagt er, »keine Kiezöffentlichkeit, keine gemeinsamen Zielformulierungen, keine Solidarität.« Nichts sei mehr im Fluß, Kreuzberg sei ein tiefes, schwarzes Loch. Wenn Sauter nach einem Begriff für den Kreuzberger Lebensalltag sucht, fällt ihm der Begriff »Zitronenpreßeffekt« ein. Das Leben sei teurer geworden, die Mieten seien in die Höhe geschnellt, der wirtschaftliche Druck, der Müll, der Verkehr nehme zu. Und, was besonders fatal sei: Dieser Druck werde weitergegeben. Aus Nachbarn sind Konkurrenten geworden. Amerikanische Verhältnisse, sagt Sauter. Anders als im sozial noch immer gemischten Kreuzberg 61 werde die Lebenswirklichkeit in SO 36 zunehmend von Alkohol, Drogen, Gewalt oder Einbrüchen bestimmt. Das Leben in Kreuzberg ist kein politischer Kampf mehr, wie es die alljährlichen Mai-Demonstrationen noch immer suggerieren, sondern ein Überlebenskampf.
Aber auch die ethnischen Konflikte nehmen zu, beobachtet Sauter: zwischen Deutschen und Türken, Türken und Kurden, Aleviten und Sunniten. Erst im April 1997 haben die Mitarbeiter des Kreuzberger Projekteplenums deshalb Alarm geschlagen. Das Projekteplenum ist ein freiwilliger Zusammenschluß der insgesamt 24 freien und öffentlichen Kinder- und Jugendeinrichtungen des Bezirks, darunter die Alte Feuerwache, der Kinderbauernhof Görlitzer Park oder der Jugendladen Taborstraße. »Es brennt überall«, klagen die Plenums-Mitglieder Stefan Greh, Michael Mamczek und Karl-Heinz Haase. »Die Qualität der Gewalt hat sich drastisch verändert.«[21]
»Ein doofer Blick genügt und sofort geht es los«, erzählt ein Sozialarbeiter. Besonders betroffen von der zunehmenden Gewalt unter Jugendlichen ist das Q-free in der Cuvrystraße. Im vergangenen Jahr war das Jugendzentrum mehrere Wochen lang geschlossen. Zuvor hatten Jugendliche Teile des Inventars zerstört und die Betreiber bedroht. Das Haus, das innerhalb eines Jahres zwei Leiter verschlissen und einen extrem

hohen Krankenstand unter den Mitarbeitern vorzuweisen hat, war nicht mehr offen zu halten. Die Folge: Immer wieder hagelte es Steinwürfe auf die Fensterscheiben des Q-free. »Wir befinden uns in einem permanenten Belagerungszustand«, erzählt der neue Leiter des Heims, »der Glaser könnte hier drinnen glatt seine Filiale einrichten.«

Der »Belagerungszustand«, in dem sich die Kreuzberger Projekte befinden, wurde am 1. April durch ein internes Gutachten der Senatsjugendverwaltung untermauert. Wie keine andere Prognose nennt dieses Gutachten, das nicht umsonst den Titel »Horrorszenario« trägt, den sozialen Sprengstoff nicht nur in Kreuzberg, sondern in Berlin insgesamt, beim Namen. In ihren Berechnungen geht die Senatsverwaltung nämlich davon aus, daß die Jugendarbeitslosigkeit der unter Zwanzigjährigen bis zum Jahr 2000 auf bis zu vierzig Prozent steigen wird. »Diese Quote würde den derzeitigen europäischen Rekordhalter Spanien mit über dreißig Prozent klar ablösen«, heißt es unmißverständlich in dem Schreiben, das die Verwaltung an alle Jugendamtsleiter der 23 Berliner Bezirke verschickt hat. Zur Zeit seien in Berlin etwa 5.000 Personen unter zwanzig Jahren offiziell arbeitslos, was einer Quote von fünfzehn Prozent entspricht. Begründet wird der vorausgesagte Anstieg auf vierzig Prozent damit, daß in den nächsten drei Jahren die geburtenstarken Jahrgänge die Schule verlassen und einen Ausbildungsplatz suchen werden. Zugleich sei davon auszugehen, daß die Zahl der betrieblichen Ausbildungsplätze weiter abgebaut werde. Außerdem falle die Finanzierung durch das Arbeitsförderungsgesetz weg. Die heutige Zahl von 5.000 Arbeitslosen, heißt es deshalb im »Horrorszenario«, »dürfte sich ohne weitere Interventionen« somit auf rund 13.000 Personen erhöhen. Nicht berücksichtigt seien dabei »die vom Arbeitsamt nicht Erfaßten und die sicher zu erwartende Reduzierung der Ausbildungsplätze«.[22]

Die Kreuzberger Jugendstadträtin Hannelore Mai befürchtet sogar einen Anstieg der Jugendarbeitslosigkeit in ihrem Bezirk auf sechzig Prozent. »Die erste Frustgeneration des Sozialabbaus«, kommentierte die »taz«, »ist voll im Begriff, sich mit dem Status als Deklassierter zu definieren und lebt nach den eigenen Regeln und Gesetzen.« Auch für den Vorsitzenden des Türkischen Bundes, Safter Cinar, ist dies ein eindeutiger Trend: Die Ausgestoßenen grenzten sich durch die Sprache der Gewalt und ihr sonstiges Verhalten noch weiter aus und seien kaum noch bereit, sich zu integrieren. Sie hätten immer weniger deutsche Freunde und seien immer mehr an den Geschehnissen in der Türkei interessiert.[23]

Obwohl die Berliner Jugendsenatorin Ingrid Stahmer (SPD) die »Horror«-Prognose ihres Hauses als »Gedanken eines einzelnen Mitarbeiters«

zu entschärfen versuchte, belegt ein anderes Zahlenwerk ihrer Verwaltung die Armutsdynamik, die vor allem in den Innenstadtbezirken zu verzeichnen ist. Der 149 Seiten starke Sozialstrukturatlas aus dem Jahre 1995, 1997 auf den neuesten Stand gebracht, macht die Kreuzberger Situation überaus deutlich: Dreizehn Prozent der Kreuzberger leben vom Sozialamt, 25 Prozent vom Arbeitslosenamt. Zwanzig Prozent der Kreuzberger Haushalte haben ein monatliches Einkommen von unter 1.000 Mark. Dreißig Prozent der Jugendlichen fallen unter die Armutsgrenze.[24] Das sind wohlgemerkt die Zahlen für ganz Kreuzberg, die Sozialdaten für den Südosten Kreuzbergs werden nicht eigens errechnet. SO 36 ist eine Dunkelziffer.

Noch offensichtlicher zeigt sich die Situation im Bezirk, wenn man einen Blick auf die Bevölkerungsentwicklung wirft. Während die Einwohnerzahlen in der Berliner Innenstadt spätestens seit 1994 kontinuierlich sinken, ist in Kreuzberg ein auffälliger Anstieg der Bevölkerung zu beobachten. Wohnten nach der Wende noch 140.000 Bewohner zwischen Platz der Luftbrücke und Oberbaumbrücke, sind es heute bereits 155.000, Tendenz steigend.[25] »Das ist das erste Bevölkerungswachstum in Kreuzberg seit ganz langer Zeit«, erläutert der ehemalige Baustadtrat Werner Orlowsky. Doch es sind nur wenige, die in die neu ausgebauten, luxuriösen Dachgeschosse ziehen. Den größten Anteil am Bevölkerungswachstum machen diejenigen aus, die Kinder bekommen, aber sich aufgrund ihres Haushaltseinkommens keine größere Wohnung leisten können. Oder jene, die Freunden und Bekannten bei sich Unterschlupf bieten. Ein Drittel der Wohnungen ist nach Angaben des Stadtforschungsinstituts Topos überbelegt. »In knapp der Hälfte davon – also bei insgesamt vierzehn Prozent – ist jedes Zimmer mit zwei oder mehr Personen belegt.«[26] Versteckte Obdachlosigkeit nennen das die Sozialarbeiter. Werner Orlowsky sagt: »In Kreuzberg rückt man zusammen.« Wärme entsteht dabei nicht. Folgt man der jüngsten Bevölkerungsprognose von Stadtentwicklungssenator Strieder, wird sich der Bevölkerungsanstieg noch verschärfen. »Bis zum Jahr 2010 wird die Zahl der Kreuzberger um neun Prozent anwachsen«, heißt es in der im Juli 1997 veröffentlichten 108seitigen Studie. Der Anstieg auf dann 170.000 Einwohner, so die Prognose, »ist ausschließlich einem Zuwachs der Ausländerzahl geschuldet«. Der Ausländeranteil von derzeit dreißig Prozent würde dann im Jahre 2010 auf über vierzig Prozent gewachsen sein. Schon heute sieht das Institut Topos auch bei der ausländischen Bevölkerung Anzeichen für eine »Ausdifferenzierung«, insbesondere im Wegzug von Teilen der jüngeren und besser qualifizierten Generation der

Arbeitsimmigranten. »Solche Hypothesen bedürfen der genauen Überprüfung«, schreiben Armin Hentschel und Peter Lohauß im Mietermagazin, »müssen aber, wenn zutreffend, als mögliche Hinweise auf eine er-
neute Degradation des Gebiets ernst genommen werden.«[27]
Anders als vor dem Fall der Mauer erzeugt der Druck von oben, der »Zitronenpreßeffekt«, wie ihn Rainer Sauter nennt, aber keinen politischen
Druck von unten. Nennenswerten Widerstand gegen den Abstieg
Kreuzbergs zum Armenhaus der Hauptstadt gibt es nicht. »Die Kreuz-
berger organisieren keinen Mietboykott, die Kreuzberger sparen«, sagt
Orlowsky. »Viele der Vorstellungen sind implodiert«, ergänzt Sauter. In
Kreuzberg herrscht ein politisches Vakuum. »Statt sich gegen Yuppies
zu wehren, müßte man gegen den Verfall der politischen Kultur kämp-
fen«, sagt Petra K.. Für die autonome Aktivistin ist es ein Zeichen des
Niedergangs, daß zahlreiche Künstler den Bezirk verlassen haben.
Kreuzberg bleibt zurück. »Es gibt nichts Kreatives mehr«, sagt sie. Rainer
Sauter spricht von einer Armutskultur, die sich in Kreuzberg beginnt
breit zu machen.
Noch vor der Wende stritten Autonome und Alternative um die politische Vorherrschaft im Kiez. Heute dagegen sind die Konflikte von damals überholt. Die Gegner von einst sind die Verlierer von heute. »Die
autonome Szene«, lobt Rainer Sauter im nachhinein, »hat viel im Bezirk
zusammengehalten.« Zwar habe es, entgegen dem Mythos, kein Miteinander, wohl aber ein tolerantes Nebeneinander gegeben. Heute freilich
gebe es nur noch ein Gegeneinander. Kreuzberg zerfalle – in Einzel-
kämpfer. Ein Autonomer lobt zurück: »Früher haben wir den Reformi-
sten vorgeworfen, daß sie die Konflikte kanalisieren, anstatt sie zu verschärfen. Heute wären wir froh, wenn die meisten der Konflikte hier
noch zu entschärfen wären.«
Neun Jahre nach dem Mauerfall, der einen neuen Wind durch Kreuzberg pfeifen ließ, hat die Gegenwart die Zukunftsvisionen von Hanno
Klein eingeholt. Statt einer »Stadtplanung der gut organisierten Vertreibung« findet jedoch heute der Wechsel zur gut organisierten Ordnungspolitik statt. Mittlerweile, meint der 68jährige Orlowsky resigniert, würden die Probleme anders gelöst: »Man erwartet keine Opposition mehr,
also schafft man die Bürgerbeteiligung ab und ruft die Polizei.« Und die
macht derweil keinen Unterschied mehr zwischen Autonomen und Alternativen. Bei der letzten größeren Protestaktion anläßlich der Eröffnung der Oberbaumbrücke bekam auch Rainer Sauter die Schlagstöcke
der Einsatzkräfte zu spüren.

## PSYCHOGRAMM EINER KRISE

Im Moment größten Ärgers spricht man meistens das aus, was man wirklich denkt. Der CDU-Fraktionsgeschäftsführer Volker Liepelt sagte am 8. September 1993, die Olympiagegner Berlins seien »geschmacklos, präpotent und Berlin-feindlich«. Was den gestandenen Politiker und Gefolgsmann von Eberhard Diepgen derart in Rage versetzt hatte, war ein Schreiben der Fraktion Bündnis 90/Die Grünen an die 91 Mitglieder des Internationalen Olympischen Komitees (IOC). Wenige Wochen vor der Entscheidung des IOC über die Vergabe der Sommerspiele im Jahre 2000 kündigten die Grünen für den Fall eines Berliner Regierungswechsels eine Volksentscheidung zum Thema Olympia an. Die sportpolitische Sprecherin der Oppositionsfraktion, Judith Demba, verwies in diesem Zusammenhang auf ein ähnliches Referendum in Denver: Nachdem die Stadt 1971 vom IOC den Zuschlag für die Winterspiele 1976 erhalten hatte, setzte eine Initiative namens »Bürger für Colorado« ein Referendum durch, in dem sich im November 1972 57 Prozent der Bürger gegen weitere finanzielle Zuwendungen für Olympia ausgesprochen hatten. Das IOC entzog Denver daraufhin die Spiele und vergab sie an die Konkurrenzstadt Innsbruck.

In dem Schreiben der Partei an die greisen Herren der Ringe wurde für den Fall einer bündnisgrünen Regierungsbeteiligung aber nicht nur eine Volksabstimmung, sondern die Sperrung der Innenstadt auch für die Autos der Sportfunktionäre sowie die Unterbringung der IOC-Mitglieder in »ordentlichen Mittelklassehotels« bei »angemessener Eigenbeteiligung« angekündigt. Fazit des CDU-Abgeordneten Volker Liepelt: »Die Berlinerinnen und Berliner wissen jetzt, in welcher Fraktion die Saboteure ihrer Zukunft sitzen.« Ein anderer CDU-Abgeordneter, der innenpolitische Hardliner Dieter Hapel, sprach sogar von einer »Kriegserklärung gegen die Interessen Berlins«.

Aufschlußreiche Worte. Selten wurde die Verknüpfung der Zukunft und der Interessen Berlins mit der Vergabe der Olympischen Spiele so deutlich und zugleich hilflos formuliert wie in jener Sitzung des Abgeordnetenhauses drei Wochen vor der »Jahrhundertentscheidung« des IOC in Monte Carlo. Berlin als Olympiastadt, als Tor zur Welt, das war so recht nach dem Geschmack der Politikerklasse einer Stadt, deren Selbstwahrnehmung sich noch immer aus den Bildern des Mauerfalls und der Öffnung des Brandenburger Tors 1989 speiste. Wie kein anderes Ereignis schien die Austragung der Olympischen Spiele zum magischen Datum der Jahrtausendwende die ehemalige Rolle Berlins als Nabel der Welt ins 21. Jahrhundert hinüberretten zu können. Prominentester Zeuge für eine solche Hoffnung war kein anderer als der frühere US-Präsident Ronald Reagan. Reagan hatte anläßlich einer Berlin-Visite im Juni 1987 nicht nur seinen sowjetischen Kollegen Gorbatschow aufgefordert, doch bitte schön die Mauer niederzureißen, sondern auch den Vorschlag unterbreitet, Berlin zur Olympiastadt zu machen.

Die Metapher von den Olympischen Spielen als Brücke zwischen Ost und West veränderte sich schon bald nach der Wende zu einer verzweifelten Kalkulation in Sachen Stadtentwicklung. Aus dem Hoffnungsträger Olympia wurde ein Strohhalm, ein Rettungsanker. Spätestens seit dem endgültigen Wegfall der Berlinsubventionen im Jahre 1991 war deutlich geworden, daß die ehemalige Frontstadt aus eigener Kraft wirtschaftlich nur schwer auf die Beine kommen würde. Angestachelt vom damaligen Daimler-Chef Edzard Reuter, dessen böses Wort von Berlin als Posemuckel 1991 die gesamte lokale Regierungskoalition aus dem Winterschlaf geschreckt hatte, wurde neben dem Regierungsumzug vor allem die Berliner Olympiabewerbung zur Schicksalsfrage erklärt. Für den ersten Chef der Olympia GmbH, Lutz Grüttke, waren die Spiele deshalb »die wichtigste Sache für diese Stadt. Olympia bringt Bewegung und auch den nötigen zeitlichen Druck, um mit Volldampf alles zu beenden. So gesehen ist Olympia der große Katalysator für viele Dinge. Ohne geht es nicht.«[28]

Mit beinahe religiösem Eifer versuchte auch Axel Zarneck, Autor einer ersten Machbarkeitsstudie, den Nutzen der Olympischen Spiele für Berlin zu belegen: »Das Projekt Olympia – unter einem geeigneten Motto – könnte dabei dem notwendigen Wandel der Stadt, der mit Sicherheit höchste Schwierigkeiten birgt, eine positive Grundstimmung bereiten.« Der »volkswirtschaftliche Nutzen« der Spiele wird in Zarnecks Studie dabei nicht weniger unkonkret bemüht: »Investoren, Handelspartner, internationale Institutionen, Messen, Tagungen und Kongresse sowie auch Touristen wird es nach Berlin ziehen, wenn ihnen – gebündelt im Brennglas Olympia – die neuen Perspektiven der Stadt vermittelt werden.«[29]

Tatsächlich war die Berliner Olympiabewerbung ein Katalysator oder Brennglas – weniger jedoch für die Zukunft der Stadt als vielmehr für die damit begonnene Übergabe der Stadtentwicklung in die Hände privater Investoren oder privatwirtschaftlich organisierter Gesellschaften wie der Berliner Olympia GmbH. Allein die Anstellung des Grüttke-Nachfolgers Axel Nawrocki als Chef dieser GmbH ließ sich der Berliner Senat jährlich 330.000 Mark kosten. Nawrocki avancierte damit zum bestdotierten Angestellten des »Unternehmens Berlin«. Doch schon vor der Bestellung Nawrockis war die Berliner Olympiabewerbung aus dem Ruder geraten. Geheime Dossiers über die sexuellen Neigungen der greisen IOC-Mitglieder gehörten ebenso zum Alltagsgeschäft der Berliner Olympioniken wie undurchsichtige Werbeverträge oder ein Geschäftsgebaren der Olympia GmbH, bei dem regelmäßig die Gewinne privatisiert, die Verluste jedoch sozialisiert wurden. Der Katalysator Olympia geriet in der deutschen Provinzhauptstadt zur Pleiten-Pech-und-Pannenveranstaltung.

Welch neurotische Züge die Bewerbung für das »Jahrhundertereignis« Olympia mit der Zeit annahm, zeigte sich vor allem in der Selbstinszenierung der stolzen Werber und in der Kluft zwischen der Eigen- und Fremdwahrnehmung. Dieser wahrhaft olympische Realitätsverlust manifestierte sich insbesondere in den offiziellen Dokumenten der Berliner Bewerbung, allen voran der 541seitigen Bewerbungsschrift sowie der rund fünfzigminütigen Videopräsentation auf der IOC-Sitzung vom 18. bis 23. September 1993 in Monte Carlo.

In der im Februar 1993 fertiggestellten Bewerbungsschrift erfuhren die IOC-Mitglieder nicht nur von der großstädtischen Architektur der Berliner Sportstätten, sondern auch etliches über die Großwetterlage Berlins: zum Beispiel, daß während des Austragungszeitraums im Juli 2000 nicht mit Überschwemmungen zu rechnen sei.[30] Vielmehr betrage die durchschnittliche Sonnenscheindauer, vorausgesetzt das Wetter hielte sich an die langjährige Statistik, 7,4 Stunden täglich. Aber auch von der politischen Wetterlage war die Rede. Voller Zuversicht wurde den besorgten IOC-Mitgliedern mitgeteilt, ein Regierungswechsel in Berlin sei völlig unwahrscheinlich, keine der Oppositionsparteien habe Chancen, an die Macht zu kommen. Gleiches, so die Bewerbung, gelte für etwaige Terroranschläge der Rote Armee Fraktion (RAF), mit der es eine Art begrenzten Waffenstillstand gebe, so daß von einer ruhigeren Phase terroristischer Aktivitäten gesprochen werden könne. Insgesamt wurden nach Angaben von Olympia-GmbH-Boß Nawrocki »mehrere hunderttausend Mark« in die Bewerbungsschrift investiert. Ein erstes Exemplar, mit der symbolischen Nummer eins versehen, war bereits im Januar 1993 dem IOC-Präsidenten und ehemaligen Franco-Anhänger Juan Antonio Samaranch übergeben worden.

Noch größenwahnsinniger kam die Videopräsentation daher, mit deren Hilfe die IOC-Mitglieder gewissermaßen in letzter Minute vom olympischen Standort Berlin überzeugt werden sollten. Man schrieb den 23. September 1993, punkt neun Uhr, als Berlin im Salle d'Etoiles als erstes in den Ring stieg. Es ist dunkel. Eine Stimme ertönt: »Ich – bin – ein – Berliner!«[31] Tosender Applaus für John F. Kennedy – freilich nicht von den an-

wesenden IOC-Mitgliedern, sondern aus den Lautsprechern des Palais
d'Omnisport von Monaco. Berlin hat seine Begeisterung für sich selbst
mitgebracht. Im Anschluß dürfen alle der Reihe nach, wie einst der amerikanische Präsident 1963, bekennen, daß auch sie Berliner seien.
Es war eine Präsentation mit Chic. Die sechs Herren im blauen Zweirei-
her, die beiden Damen mit eidottergelbem Halstuch. Bereits Tage zuvor
waren die Berliner Olympiabotschafter Diepgen, Bundesinnenminister
Kanther, Olympia-GmbH-Chef Nawrocki, Daimler-Boß Reuter, die beiden
deutschen IOC-Mitglieder Thomas Bach und Walther Tröger sowie die
Sportlerinnen Steffi Graf und Franziska von Almsick vom ZDF-Sportmo-
derator Günter Jauch auf Telegenität getrimmt worden. Was freilich auch
ein Jauch nicht vermochte, war, den Berliner Olympioniken halbwegs
passable Fremdsprachenkenntnisse zu verpassen. Während die Istanbuler
und selbst die Pekinger Delegation ihre Bewerbung in fließendem Eng-
lisch vortrugen, zeigten die deutschen Bewerber ihre ganze Weltläufigkeit
in schlecht gesprochenen Sätzen à la »We did a good job«.
Unterstützt von den TV-Bildern der Bertelsmann-Tochter UFA, dem
klangvollen Geplätscher von Smetanas Moldau und den unpassenden
Beifallsstürmen der eigens mitgebrachten hundert Claqueure des »För-
derkreises Olympia« nahm das Unheil für die Berliner Delegation seinen Lauf: Der Regierende stellte in seiner Rede vor allem die Funktion
Berlins als Ost-West-Drehscheibe in den Vordergrund und bemühte
dafür per Videoeinspielung die Herren Reagan und Gorbatschow. Der
steife Innenminister Kanther wurde – ebenfalls per Video – von Ernst
Reuter unterstützt, dessen Satz »you people of the world look at this city« von den Anwesenden freilich nur mit Staunen quittiert wurde. Ernst
Reuter-Sohn Edzard schließlich, dessen Konzern Millionen in die Berliner Olympiabewerbung gesteckt hatte, bemühte den Sport als »wichtig-
stes Element von Freiheit und Frieden«. Als einziger nahm Edzard Reuter auch zu den Olympiagegnern der deutschen Hauptstadt Stellung,
die den offiziellen Bewerbern in der Vergangenheit ein um das andere
Mal die Show gestohlen hatten. In einer Demokratie, gab sich Reuter
ganz als Liberaler, dürfe man natürlich seine Meinung sagen. Doch
auch Reuter hatte eine Meinung, die er abschließend den IOC-Altvorde-
ren mit auf den Weg gab: »Bitte hören Sie nicht auf Versuche, die Wahrheit zu zerstören. Die überwältigende Mehrheit ist für Olympische Spiele in Berlin.«[32]
Da war sie also, die Rede von der Wahrheit. Andere Wahrheiten, wie die
Nazi-Spiele im Jahre 1936, spielten bei der Berliner Olympiabewerbung
jedoch keine Rolle. Die Verdrängung unliebsamer zugunsten herbeigere-

deter Realitäten fand ihren Höhepunkt in der Antwort des Regierenden Bürgermeisters auf die Frage eines älteren französischen Journalisten. Dieser hatte Diepgen voller Besorgnis gefragt, wie das erst in sieben Jahren sein werde, wenn Deutschland wahrscheinlich an wirtschaftlicher und politischer Potenz gewonnen habe. Seine Antwort: »Das ist hier kein Zeitpunkt, Emotionen zu diskutieren.« Es gehe um Fakten, nicht um Gefühle. Deutschland sei ein Teil Europas, wenn Deutschland erstarke, erstarke automatisch auch Europa. Diepgen wörtlich: »Deutschland hat ein Recht darauf, als Partner akzeptiert zu werden.«[33]

Was der französische Journalist nicht wußte: Bereits im Vorfeld der Präsentation in Monaco waren die Verantwortlichen der Berliner Bewerbung allen Forderungen, sich mit der nationalsozialistischen Vergangenheit auseinanderzusetzen, konsequent aus dem Weg gegangen. Diese wahrhaft historische Verdrängungsleistung gipfelte schließlich in einer Werbeaktion des Kaufhausgiganten Karstadt, der in seiner Filiale am Neuköllner Hermannplatz eine riesige Schokotorte aufstellen ließ, die den Einmarsch der olympischen Mannschaften ins Berliner Olympiastadion 1936 nachstellte. Hakenkreuzfahnen inklusive. Kommentar von Karstadt-Geschäftsführer Rainer Schieholz: »Ich sehe keine Verbindung mit dem Nationalsozialismus, außerdem war ich 1936 noch gar nicht geboren und habe deshalb mit dieser Vergangenheit nichts zu tun.«[34]

Das Ergebnis der Berliner Selbstdarstellung und Vergangenheitsverdrängung, der Präsentation eines Bildes vor allem von sich selbst, einer Vorstellung, die mit Realität wenig, mit Wirklichkeitsverlust um so mehr zu tun hatte, ist bekannt: Berlin erhielt an jenem 23. September 1993 in Monte Carlo gerade einmal neun der 89 Stimmen der anwesenden IOC-Mitglieder. Schlechter schnitt nur Istanbul mit sieben Stimmen ab. Kurz zuvor hatte sich allerdings der Berliner Sport- und heutige Bausenator Jürgen Klemann (CDU) noch gerühmt, bereits 44 IOC-Stimmen »in der Tasche zu haben«. Neben den beiden deutschen IOC-Stimmen, kolportierten die Experten, haben sich vermutlich nur die IOC-Mitglieder aus den ehemaligen GUS-Staaten für Berlin als Olympiastadt stark gemacht. Vorbei war der Traum von der Jahrhundertchance, dem Katalysator für die Entwicklung Berlins, geplatzt wie eine Seifenblase.

Wenige Tage nach dem Debakel von Monte Carlo herrschte in Berlin Katerstimmung. Es schlug die Stunde der verhaltenen Kritiker. »Ungeschickt« seien die Berliner in Monaco aufgetreten, rügte der Vizepräsident des Deutschen Sportbundes (DSB), Manfred von Richthofen. Und Reinhard Heitzmann, einer der Sprecher der Olympia GmbH, erlaubte erstmals die Frage, ob nicht nur die Berliner Bürger andere Sorgen gehabt hätten als Olympia, sondern auch die Stadt und die handelnden Personen damit überfordert gewesen seien. Eberhard Diepgen schließlich, der ein ums andere Mal sein politisches Schicksal mit dem Regierungsumzug und dem Zuschlag für die Olympischen Spiele verknüpft hatte, ging auf Tauchstation. An seine Worte im Juli, da er noch aus der befürchteten Not eine Tugend zu machen gedachte, erinnerte er sich nicht mehr. Die Krise, so hatte der Regierende damals den Schweizer Schriftsteller Max Frisch zitiert, ist »ein produktiver Zustand, man muß ihm nur den Beigeschmack der Katastrophe nehmen«.

Von Krise als produktivem Zustand, gar als Chance, konnte im nacholympischen Berlin freilich keine Rede sein. Im Gegenteil: Als habe es das Debakel von Monaco nicht gegeben, herrschte in der deutschen Hauptstadt in Sachen neurotischer Selbstüberschätzung und Verdrängung der Realität business as usual. Die Psychologen nennen das Wiederholungszwang. Bereits im Juli 1994 sprach Daimler-Boß Edzard Reuter auf einer Tagung von Berlin wieder als dem »Keim einer Erfolgsgeschichte«: Die Positionierung Berlins am östlichen Rand der europäischen Union und damit die unmittelbare Nähe zu aufstrebenden Triademärkten erlaube es, so Reuter, »Berlin–Brandenburg in Vergleich zu setzen mit Metropolenregionen und global erfolgreichen Megazentren wie Dallas, das in der Reichweite zu Mexiko liegt, oder sogar zu Hongkong, an der Nahtstelle zur Volksrepublik China«.

Spätestens zu diesem Zeitpunkt war deutlich geworden, daß die Strategie der Olympiabewerbung, eine bloße Behauptung so lange zu wiederholen, bis jeder an sie glaubt, exemplarisch für die Mentalität und Schizophrenie der Berliner Politik stand. Dieses männliche Prinzip Hoffnung, eine Politik des Augen-zu-und-durch, verwundert um so mehr, als es die Berliner Verantwortlichen eigentlich hätten besser wissen können. Bereits ein Jahr vor der Anti-Olympia-Entscheidung in Monte Carlo hatte der damalige Wirtschaftssenator Norbert Meisner (SPD) ein Gutachten in Auftrag gegeben, in dem die Chancen der Berliner Wirtschaftsentwicklung ausgelotet werden sollten. Die »Strukturpolitische Expertenkommission« unter dem Vorsitz des Wirtschaftswissenschaftlers Treuner hatte darin bereits 1992 vor überzogenen Vorstellungen, »Fehlinvestitionen« und der damit einhergehenden »Behinderung des Strukturwandels der Berliner Wirtschaft« gewarnt.[35]

Drei denkbare Entwicklungsmodelle hatte das Gutachten formuliert und war dabei deutlich auf Abstand zur Berliner Senatspolitik gegangen. Die Optionen hießen: »europäische Dienstleistungsmetropole«, »Hauptstadt mit großstädtischer Wirtschaftsstruktur (Normalisierung)«

sowie bloßes »Regionalzentrum-Ost«. Das Fazit des Treuner-Gutachtens ließ an Klarheit darüber, daß die Berliner künftig kleinere Brötchen backen sollten, nichts zu wünschen übrig: »Die Kommission empfiehlt als künftigen realistischen Handlungsrahmen das Entwicklungsmodell ›Normalisierung‹«, hieß es im Abschlußbericht. »Eine Politik, die sich jetzt von den Vorstellungen des Metropolen-Modells leiten ließe, würde sich selbst und die Region Berlin überfordern.«

In der Tat sind die Rahmenbedingungen und »Megatrends«, die die elf Wissenschaftler – darunter Hans Heuer vom Deutschen Institut für Wirtschaftsforschung (DIW) und Ulrich Pfeiffer vom Bonner Institut Empirica – für das Modell »europäische Dienstleistungsmetropole« vorausssetzten, pure Wunschvorstellungen geblieben. Statt, nach einer alten Prognose von 1990, jährlich um 60.000 Einwohner zu wachsen, stagnierte die Bevölkerungszahl bereits zum damaligen Zeitpunkt. Aber auch in anderen Bereichen schien die »Freude, schöner Götterfunken«, die am Brandenburger Tor in der Sylvesternacht 1989/90 in den Himmel sprühte, die Sicht der Politiker zu trüben. Weder stieg – wie im Treuner-Gutachten als Soll für die Metropolenexistenz formuliert – die Berliner Wachstumsrate auf jährlich fünf Prozent; noch gelang der Berliner Wirtschaft eine »qualitative Umstrukturierung, die durch zahlreiche Unternehmensansiedlungen unterstützt wird«. Erst recht nicht zog der »expandierende Arbeitsmarkt hochqualifizierte Arbeitsplätze« an. Der Kaltstart zur europäischen Metropole, so lautet das Fazit, ist im märkischen Sand stecken geblieben. Berlin bildet seit 1993 sogar das Schlußlicht in der Wachstumsskala der bundesrepublikanischen Länder. Statt der vom Expertengremium empfohlenen »Normalisierung« durch die Orientierung auf eine »Hauptstadt mit großstädtischer Wirtschaftsstruktur« droht Berlin nun tatsächlich der Absturz in die Bedeutungslosigkeit eines »Regionalzentrums-Ost«. Auch dessen Voraussetzungen waren 1992 im Treuner-Gutachten formuliert worden – sie lesen sich heute wie eine Zustandsbeschreibung der Berliner Gegenwart: Der »Integrationsprozeß in Europa für Berlin« zeige nicht die erhoffte Wirkung. Die wirtschaftliche Strukturkrise in Osteuropa dauere an. Ferner komme es »zu massiven, Berlin belastenden Wanderungsbewegungen aus den osteuropäischen Staaten nach Westen«. Das Wirtschaftswachstum in Deutschland insgesamt und in Berlin liege deutlich unter dem langfristigen Trend, mit dem Ergebnis, daß es bei »starken Wanderungsbewegungen aus Ostdeutschland in die alten Bundesländer« bleibe. Zuletzt werde der Umzug der Regierung enorm verzögert, weshalb die »Stadt mit erheblichen Imageverlusten zu kämpfen« habe.

Wie weit Berlin von der von den Treuner-Gutachtern empfohlenen »Normalisierung« einer »Hauptstadt mit großstädtischer Wirtschaftsstruktur« tatsächlich noch entfernt ist, hat erst vor kurzem eine weitere Studie des DIW herausgestellt. »Aus der Skizzierung der Szenarien wird deutlich, daß die Kommission – wie die meisten anderen Betrachter – weder mit der tiefen Rezession 1992/93 noch mit der sich daran anschließenden und noch immer anhaltenden Wachstumsschwäche der deutschen Wirtschaft gerechnet hat«, heißt es in dem von Kurt Geppert erarbeiteten Gutachten.[36] »In der Realisierung des Zielszenarios ›Normalisierung‹ wird also zumindest eine Verzögerung eintreten.«

Vor diesem Hintergrund erscheinen auch die Säuberungsaktionen, die derzeit abwechselnd unter dem Stichwort »Hauptstadtreife« oder »Aktion sauberes Berlin« firmieren, in einem anderen Licht. Je enger der Spielraum der Politik in Zeiten der Deregulierung wird, desto wichtiger erscheint es, die politische Botschaft über Symbole zu formulieren, die man im öffentlichen Raum plaziert. Das öffentliche Rekrutengelöbnis vor dem Schloß Charlottenburg im Mai 1996 ist dafür ein gutes Beispiel, der vorgebliche Kampf gegen Schmutz und Kriminalität ein anderes. Die Folge: Der Krise ist, um bei Eberhard Diepgen und seiner Vorliebe für Max Frisch zu bleiben, der Beigeschmack der Katastrophe kaum mehr zu nehmen. Schließlich gehen die Wissenschaftler im Treuner-Gutachten davon aus, daß die »in dem Modell ›Normalisierung‹ skizzierte Entwicklung nicht automatisch eintreten« werde. »Die Umstrukturierung der Wirtschaft, die Modernisierung des öffentlichen Sektors und die Veränderung der räumlichen Arbeitsteilung in der Region« setzten nicht nur eine hohe Innovation in der Industrie und höhere Direktinvestitionen, sondern auch eine »weitere Erhöhung der Attraktivität der Region voraus«.

Attraktiv, so scheint es, ist derzeit aber nur das Berliner Umland. Schon jetzt verzeichnen die Umlandkreise einen viel größeren Zuwachs an unternehmensorientierten Dienstleistungen als die Hauptstadt selbst. Der Umbau zur Dienstleistungsstadt ist noch lange nicht vollzogen, da droht bereits eine neue Welle der Suburbanisierung die Berliner Innenstadtbezirke in ihrer städtebaulichen Qualität zu veröden.

Hat sich die Prophezeiung der Treuner-Gutachter bereits erfüllt? Oder sollte man in Berlin doch einmal damit beginnen, aus der Krise zu lernen, sie als Chance zu begreifen? Wohl kaum. Berlin ist und bleibt die Hauptstadt der Verdrängung. Entgegen der Warnung der Wirtschaftsweisen wird auch im Jahre vier nach der Olympiaentscheidung von Monaco weiter von der Metropole geträumt. So sollen etwa mit dem Berliner Masterplan 2,5 Millionen Quadratmeter Bruttogeschoßfläche für neue Berliner Stadtbürger mobilisiert werden. Es fragt sich nur, woher die kommen sollen. Schon jetzt reicht die Kaufkraft der Berliner nicht einmal aus, um all die Einzelhandelsstandorte, die seit der Wende entstanden sind, mit Leben zu füllen. Wenn neue Bewohner den Weg in die Stadt finden, so hat es Stadtentwicklungssenator Strieder selbst errechnen lassen, dann sind es keine hochqualifizierten Arbeitskräfte, sondern Zuwanderer aus Mittel- und Osteuropa.

Auch wenn inzwischen die Einsicht nahe liegt, daß Berlin auch künftig eher mit Prag oder Warschau verglichen werden sollte als mit London oder Paris, hängen die Unermüdlichen weiterhin ihrer Hoffnung nach. Es ist freilich eine Hoffnung ohne realen Hintergrund. Um so schlimmer wiegt der Wiederholungszwang für die weitere Entwicklung der Stadt. Segregation statt Mischung, Suburbanisierung statt attraktive Innenstadt, soziale Spaltung statt Angleichung der Lebensverhältnisse, diese Phänomene kann bereits jeder sehen. Sie werden durch die herrschende Politik der Verdrängung noch verschärft werden. Die Krise wird zum Dauerzustand. Der nächste Crash ist vorprogrammiert.

1   Vgl. den Fotoband »Im Obdachlosenasyl. Bilder aus dem städtischen Ob-
    dach ›Die Palme‹. Berlin 1894 – 1932«. Verlag Dirk Nishen, Berlin 1987.

2   Hajo Hoffmann: »Die Stadt – Funktionalität und Behaglichkeit«, in: »Die
    Stadt. Ort der Gegensätze«, Bonn 1996.

3   Klaus R. Scherpe: »Zur Einführung – die Großstadt aktuell und histo-
    risch«, in: ders. (Hrsg.): »Die Unwirklichkeit der Städte. Großstadtdarstel-
    lungen zwischen Moderne und Postmoderne«, Reinbek 1988.

4   Jean Baudrillard: »Das perfekte Verbrechen«, München 1996.

5   Kracauer, Siegfried: »Straßen in Berlin und anderswo«, Frankfurt/M.,
    1964.

6   Wolfgang Schäche: »Die Friedrichstadt in Berlin-Mitte. Geschichte, Be-
    stand und Planung«, in: Architektur in Berlin. Jahrbuch 1993/94, Ham-
    burg 1994.

7   Wilhelm Hausenstein: »Berliner Eindrücke«, in: Herbert Günther (Hrsg.):
    »Hier schreibt Berlin. eine Anthologie«, Berlin 1989.

8   Franz Hessel: »Ein Flaneur in Berlin«, Berlin 1984.

9   Vgl. Arch+, Nummer 122: »Von Berlin nach Neuteutonia«, Aachen 1994,
    sowie Annegret Burg: »Neue Berlinische Architektur. Eine Debatte«, Ber-
    lin, Basel, Boston 1994.

10  Vgl. Eva Schweitzer: »Großbaustelle Berlin. Wie die Hauptstadt verplant
    wird«, Berlin 1996.

11  »Tagesspiegel«, 29.4.1990.

12  Kurt Geppert: »Wirtschaftliche Entwicklungsperspektiven Berlins. Ein
    Überblick über einige vorhandene Studien«, Berlin 1997.

13  »Tagesspiegel«, 29.4.1990.

14  »Tagesspiegel«, 4.9.1997.

15  Vgl. »Sozialstrukturatlas Berlin. Fortschreibung 1997«, hrsg. von der Se-
    natsverwaltung für Gesundheit und Soziales.

16  Vgl. »Bevölkerungsprognose für Berlin bis zum Jahr 2010. Soziodemogra-
    phische und teilräumliche Differenzierung«, hrsg. von der Senatsverwal-
    tung für Stadtentwicklung, Umweltschutz und Technologie.

17  Vgl. »Wirtschaftsbericht Berlin 1997«, hrsg. von der Senatsverwaltung für
    Wirtschaft und Betriebe.

18  Vgl. Arbeitsmarktbericht 1995, hrsg. von der Senatsverwaltung für Arbeit,
    Berufliche Bildung und Frauen.

19  Stefan Krätke: »Stadt. Raum. Ökonomie«, Basel, Boston, Berlin, 1995..

20  Der Wettbewerb »Strategien für Kreuzberg« markierte 1977 das Ende der
    Kahlschlagsanierung. Um das »Umkippen« des Stadtteils zu verhindern,
    setzte der Senat nun auf eine behutsame und bewohnerorientierte Er-
    neuerung des »Strategiengebiets« zwischen Landwehrkanal und Spree.

Vgl. auch »...außer man tut es. Kreuzberg abgeschrieben und auferstanden«, hrsg. vom Verein SO 36, Berlin 1989.

21  »taz«, 29.4.1997

22  ebd.

23  ebd.

24  »Sozialstrukturatlas Berlin. Erste gemeinsame Berechnung für alle Bezirke«, hrsg. von der Senatsverwaltung für Gesundheit 1995 sowie »Sozialstrukturatlas Berlin. Fortschreibung 1997«, hrsg. von der Senatsverwaltung für Gesundheit für Gesundheit und Soziales.

25  Vgl. Bevölkerungsprognose für Berlin, a.a.O.

26  Vgl. Armin Hentschel und Peter Lohauß: »Kreuzberg nach der Sanierung. Ein Bezirk zieht Bilanz«, in: MieterMagazin 7+8/97.

27  ebd.

28  »Spandauer Volksblatt«, 30.6.1991.

29  Axel Zarneck: »Olympia-Studie«, Berlin 1990.

30  »taz«, 19.2.1993.

31  »taz«, 24.9.1993.

32  ebd.

33  »taz«, 23.9.1993

34  »taz«, 19.8.1993.

35  Gutachten der »Strukturpolitischen Expertenkommission« (sog. Treuner-Gutachten), hrsg. von der Senatsverwaltung für Wirtschaft und Technologie, Berlin. 1992.

36  DIW 1997, a.a.O.

# ZWEITER TEIL: STANDORTBESTIMMUNG

*»Diese Stadt, dieses brausende Verkehrszentrum, dieser prachtvolle Irrwitz von Lichtern, Motoren, Dynamos und Betonklötzen, diese großartige Mischung von Dieben, Kommerzienräten, Diplomaten, Hausbesitzern und Schrebergartenanwärtern hat keine eigentliche Tradition. Sie zieht Dich nicht in sich hinein wie Paris, sie nagelt Dich nicht fest wie Moskau, sie frißt Dich nicht auf wie New York und Schanghai. Berlin ist eine Bewegung ohne Mittelpunkt.«*
*(Richard Huelsenbeck: Berlin...Endstation, 1929)*

## POSEMUCKEL AM POTSDAMER PLATZ

Selten hatte ein Satz Berliner Politiker aller Parteien derart in Aufregung versetzt: »Redet nicht um den heißen Brei herum, sondern packt endlich entschlossen die Dinge der Stadt an. Es geht hier nicht um Posemuckel.« Indem er dem Berliner Wortschatz den Inbegriff des Provinziellen einverleibte, hat der damalige Daimler-Chef Edzard Reuter eine Debatte angezettelt, die bis heute die Gemüter bewegt. Ist Berlin tatsächlich Posemuckel? Oder nicht doch Metropole, wenigstens ein klein bißchen?

Der Zeitpunkt des Reuterschen Verdikts war bestens gewählt. Schließlich sprach Reuter nicht in irgendeinem Interview mit irgendeiner Zeitung von Posemuckel, sondern anläßlich der feierlichen Eröffnung des Berliner Stadtforums am 12. April 1991. Das Expertengremium von Stadtplanern, Architekten, Wirtschaftswissenschaftlern, Geographen, Soziologen und Politikern war vom damaligen Stadtentwicklungssenator Volker Hassemer als Beratungsorgan für wichtige Fragen der Stadtplanung ins Leben gerufen worden. Der Umstand, daß bereits die erste Sitzung in einer hitzigen Debatte endete, hing mit der Entscheidung der Wettbewerbsjury zum Potsdamer Platz zusammen. Als Sieger waren damals die Münchner Architekten Hilmer und Sattler gekürt worden.[1] So sehr deren Entwürfe – in Anlehnung an die Berliner Traufhöhe und unter Respektierung des vormaligen Straßengrundrisses – ein Grund zur Freude für die Verteidiger der europäischen Stadt wie Hans Stimmann (CDU) und Bausenator Wolfgang Nagel (SPD) waren, so entschieden wurden sie von den Investoren abgelehnt. Daimler-Benz, Sony Asea Bowery Brown und Hertie wollten keine »Konfektionsarchitektur«, sondern hoch hinaus, so hoch, wie die FAZ und das Frankfurter Architekturmuseum in ihrer mediengerecht präsentierten Show »Berlin morgen – Ideen für das Herz einer Großstadt« die Latte gehängt hatten.[2]

War Reuters Wort von »Posemuckel« im April 1991 noch als Warnschuß zu verstehen, so machte sein Generalbevollmächtiger in Berlin, Matthias Kleinert, ein halbes Jahr später ernst. Kleinert präsentierte mit dem Entwurf des Londoner Stararchitekten Richard Rogers die Investorenalternative zu den offiziell prämierten architektonischen »Notizen aus der Provinz«. Rogers› Aneinanderreihung verschiedener »identitätsstiftender« Hochhäuser kam einer Kampfansage an den Berliner Senat gleich, publizistisch flankiert von Matthias Kleinert. Im »Tagesspiegel« hatte der Mann aus der Schwabenhauptstadt den Entwurf Hilmers und Sattlers erneut als irgendwo zwischen Berlin und Posemuckel liegend kritisiert. Statt »Weltniveau«, »identitätsstiftender Visitenkarte für den Bauherren« oder einer »akzentuierten Stadtlandschaft« markiere die Wettbewerbsentscheidung die Provinzialität der Entscheider, allen voran die Volker Hassemers. Das Vertrauen der Investoren sei jedenfalls dahin. Jede »Kiez-Initiative« würde in Berlin besser behandelt werden als ein »Weltunternehmen«. »An symbolischer Stelle«, beendete Kleinert seine Philippika gegen den Berliner Provinzialismus, würden die »antikapitalistischen Spielchen der eingemauerten Idylle weitergetrieben.« Am Potsdamer Platz, daran ließ Kleinert keinen Zweifel, stehe die Existenz der Metropole auf dem Spiel.

Harter Tobak, den vor allem Volker Hassemer nicht unkommentiert lassen konnte. »Die Investoren werden meinen hölzernen Kopf schon noch sehen lassen«, donnerte Hassemer anläßlich der Eröffnung der Wettbewerbsergebnisse im Filmhaus Esplanade. Kurz zuvor hatte Sony, damals noch Mieter des Esplanade, den außer Konkurrenz erstellten Gegenentwurf von Richard Rogers über Nacht ins Hotel bringen lassen. Ein Affront, der den Stadtentwicklungssenator schließlich zu seinem sprichwörtlichen Satz veranlaßte, nunmehr den »Tiger reiten« zu wollen.

Daß sich der Tiger letzten Endes doch nicht reiten ließ, lag vor allem am Schatten, den Reuters Menetekel »Posemuckel« vorausgeworfen hatte. Von Anbeginn an war damit eine städtebauliche Debatte zur Entscheidungsfrage um die künftige Identität Berlins hochstilisiert worden. Deshalb blieb auch Volker Hassemer, wollte er nicht als Provinzpolitiker in die Berliner Geschichte eingehen, nichts anderes übrig, als klein beizugeben. Das Ergebnis ist bekannt. Insbesondere durch die nachfolgenden Architekturwettbewerbe geriet die Beschwörung des Leitbilds der europäischen Stadt am Potsdamer Platz zum bloßen Lippenbekenntnis. Statt dessen haben sich die Daimler-Manager mit ihrer Forderung nach einer »identitätsstiftenden Visitenkarte« durchgesetzt. Ob freilich die nunmehr fertiggestellten Hochhäuser von Renzo Piano und Arata Isozaki am Landwehrkanal tatsächlich den Hauch der Metropole atmen, darf getrost dem Urteil des

Publikums überlassen werden. Oder der visionären Kraft eines Kurt Tucholsky, der bereits 1919 in seinem Aufsatz »Berlin! Berlin!« gespottet hatte: »Berlin vereint die Nachteile einer amerikanischen Großstadt mit denen einer deutschen Provinzstadt. Seine Vorzüge stehen im Baedeker.«[3]

## METROPOLE ODER PROVINZ

Wie die Vorzüge Berlins aussehen, die im Baedeker nachzulesen sind, ließ Kurt Tucholsky offen. Die Nachteile dagegen sind heute noch für alle spürbar. Im Millionendorf Berlin entzünden sich heftige Auseinandersetzungen in der Regel nur an Themen, die andernorts eher ein müdes Lächeln erzeugen. Beispiel: Avus. Die von der SPD/AL-Regierung geplante Geschwindigkeitsbegrenzung auf der Stadtautobahn führte 1989 nicht nur zu hitzigen Mediengefechten, sondern löste darüber hinaus hysterische Reaktionen von ADAC und militanten Autofahrern aus. Oder die alles entscheidende Frage, ob das Brandenburger Tor nun für den gemeinen Autoverkehr – bis heute dürfen nur Busse, Taxis und Radfahrer passieren – geöffnet werden solle oder nicht. Selbst die zwanzig Tonnen Hundekot, die täglich auf dem Berliner Pflaster anfallen, sind noch immer für eine Schlagzeile gut – etwa wenn sich Umweltsenator Strieder (SPD) in der Boulevardpresse für die Bildung einer »Gassi-Polizei« ausspricht.

Doch nicht nur die Berliner Politik scheint eher kreisklassen- als bundesligatauglich zu sein, auch ihr Publikum läßt allenthalben zu wünschen übrig. Während die verstorbene Schauspielerin Marlene Dietrich wegen ihres Eintretens gegen Nazideutschland nach wie vor in weiten Kreisen als Vaterlandsverräterin gilt, darf der Provinzmime Harald Juhnke einen Alkoholexzeß nach dem andern zelebrieren und bleibt weiterhin der Liebling der echten Berliner. Offenbar, so scheint es, ist er einer von ihnen. Doch nicht nur der »Berliner Prolet« – und damit der kulturelle Mehrheitsberliner – gilt als provinziell, sondern auch sein alter ego: der Emporkömmling. Daß die reichen Berliner im wesentlichen Parvenüs sind, wußten bereits zeitgenössische Beobachter in den zwanziger Jahren zu berichten.[4] Daran hat sich bis heute nichts geändert. Als am 29. Februar 1996 eine Filiale des Pariser Modekaufhauses Galeries Lafayette in der Friedrichstraße ihre Pforten öffnete, stürmten nicht nur die »B.Z.«-Berliner den Glaspalast. Auch die oberen Zehntausend der Stadt, oder die, die sich dafür halten, bestanden bei der vorabendlichen Eröffnungsgala auf den eingeübten schlechten Manieren: Sie soffen, grölten, pöbelten und rissen Zoten.

Offenbar liegen die Ursachen für die Berliner Provinzialität tiefer, als daß sie am Potsdamer Platz mit hohen Häusern zugeschüttet und überbaut werden könnten. Gute Zeiten also für die Ursachenforscher. »Berlin ist durch die Inselzeit Provinz geworden. Berlin ist – auch durch Subventionen – künstlich am Leben erhalten worden«, versuchte der Düsseldorfer Werbemanager Michael Schirmer, der Sache auf den Grund zu gehen und stellte fest: »Berlin hat ein sehr großes Defizit an Professionalität.«[5] Anstatt freilich dort, am Grund, zu bleiben, drängt es auch den Werbepapst alsbald wieder nach oben: »Die Stadt muß sich entschließen, Metropole zu werden, eine neues Berlin zu werden. Da gibt es noch unglaublich viele Schwierigkeiten der Berliner, sich mit dieser neuen Rolle anzufreunden.«

Der Glanz der Metropole als Rezept gegen den Staub der Provinz? Oder als Beruhigungsmittel, frei nach dem Motto: Je mehr Glaspaläste in der Stadt stehen, desto weniger brauchen wir uns unserer Mietskasernen zu schämen?

»Keine Worte fallen derzeit öfter als die Begriffe ›Hauptstadt‹ und ›Metropole‹«, diagnostizierte der Berliner Korrespondent der »Neuen Zürcher Zeitung«, Eric Geiger, bereits 1992, »gemäß der Devise, daß man über nichts häufiger redet als über das, was man noch nicht hat oder ist.«[6]

Für den unbestechlichen Betrachter Geiger war der inflationäre Gebrauch des Wortes Metropole offenbar weniger Ausdruck der Beruhigung als der Hilflosigkeit. In der Tat: Alles, so scheint es, hat nur noch dann Rang und Namen, wenn es mit dem Appendix Metropole versehen werden kann. In seinem Gebrauch als Metapher und Synonym für Zentrum oder Hauptstadt zeigt sich zugleich die latente Drohung, die im Begriff der Metropole mitschwingt. Überall, wo es im Kampf mit der Konkurrenz nicht gelingt, die Tabellenführung zu übernehmen, droht der Abstieg, die Provinz. Dazwischen gibt es nichts. Entweder ist Berlin High-Tech-Metropole oder High-Tech-Provinz. Entweder es gelingt, Berlin zum führenden Standort für Medizintechnik oder Verkehrstechnologie zu machen, oder aber die Stadt liegt weit hinter ihren Möglichkeiten zurück. Alles oder Nichts – das entspricht ganz und gar der deutschen Befindlichkeit auf dem Weg zur »Normalisierung« nach der Wende. Was aber liegt – Berlin betrachtet – zwischen den Extremen? Zwischen der Rede von der Provinz, diesem »Millionendorf«, der größten Siedlung zwischen Oranienburg und Königs Wusterhausen, und dem Glamour einer europäischen Metropole, einer Stadt der Superlative?

Metropole im Sinne von Weltstadt war Berlin eigentlich nur für eine vergleichsweise kurze Zeit in seiner ohnehin nicht langen Geschichte. Es waren die in den Feuilletons der Berliner Zeitungen immer noch gerne bemühten »goldenen Zwanziger«, die der ehemaligen Preußenresidenz den Sprung in den Rang einer Hauptstadt der Kultur, des modernen urbanen Lebens, des intellektuellen Diskurses verschafften. Berlin war ein fruchtbares Pflaster für Feuilletonisten, die in ihren Miniaturen über das Berliner Alltagsleben Literaturgeschichte schrieben: für Schriftsteller wie Alfred Döblin, der mit der Montage der subjektiven Wahrnehmung seiner Protagonisten und den jeweiligen äußeren Realitäten der Stadt den modernen Großstadtroman kreierte oder für Theaterregisseure wie Erwin Piscator, der im Theater am Nollendorfplatz die Sehgewohnheiten der Berliner gründlich durcheinanderwirbelte. In den zwanziger Jahren konnte man Berlin tatsächlich in einem Atemzug mit Paris, Moskau oder New York nennen. Schließlich galt Berlin als Muß im Repertoire internationaler Künstler, war Berlin nicht nur Schauplatz, sondern auch Produktionsort für Kunst, gaben sich hier die geistigen, kulturellen und wissenschaftlichen Eliten die Klinke in die Hand. Von Selbstüberheblichkeit war freilich nichts zu spüren, eher von Normalität. Man hatte seine Bedeutung zur Kenntnis genommen im Berlin der Weimarer Republik, mehr aber auch nicht.

Überhaupt war von Metropole in den zwanziger Jahren noch wenig die Rede, zumindest nicht im positiven Sinne. Fritz Langs düsterer Stummfilmklassiker »Metropolis« stand eher in der Tradition expressionistischer Großstadtkritik, als daß er von urbaner Vielfalt und exzentrischem Großstadtleben inmitten einer Kultur der Differenz gekündet hätte. Selbst in der Großstadtliteratur Alfred Döblins, in den kulturhistorischen Betrachtungen Walter Benjamins oder in den Romanen, Stücken und Gedichten von Musil bis Brecht tauchte der Begriff der Metropole kaum auf. Kein Wunder. Schließlich wurde der aus dem Griechischen stammende Begriff bis zum Zweiten Weltkrieg fast ausschließlich im christlichen Kontext verwandt, etwa in den Erzbistümern Köln, Bamberg und Speyer, die als religiöse Metropolen von Metropoliten regiert wurden.

Anders als im angelsächsischen Sprachgebrauch, wo etwa rund um die »Inner-Cities« vom metropolitanen Land die Rede ist, hat der Begriff der Metropole in Deutschland auch keine verwaltungstechnische Funktion. Seine metaphorische Kraft für allerlei urbane Begehrlichkeiten wurde ihm erst nach dem Zweiten Weltkrieg verliehen, quasi als begriffliche Kompensation für ansonsten abhanden gekommene Bedeutungen. Und erst 1972 wurde die bis dato gültige Lesart von der Metropole als der Hauptstadt einer Provinz in Meyers Konversationslexikon von der Metropole als Zentrum, als Mittelpunkt abgelöst. Von nun an durfte man Stuttgart ungestraft Schwabenmetropole nennen und selbst das beschauliche Nürnberg avancierte nebenbei zur Frankenmetropole.

### SUSHI STATT BULETTEN?

Im Berlin der Nachwendezeit hat die alte Lesart von der Metropole als Hauptstadt einer Provinz freilich noch immer Gültigkeit: »Krampfhaft wird zwischen Spandau und Marzahn, Pankow und Tempelhof Weltmetropole gespielt, der Mythos der goldenen Zwanziger, der Mauer- und Frontstadt bemüht, um im Alltag doch stets am Bulettenstand zu landen«, kommentierte die »taz« im Januar 1996 die personelle Ausstattung der zweiten Großen Koalition. Als Inbegriff eines Bulettensenators gilt der Zeitung dabei der ehemalige Sportsenator Jürgen Klemann, der seine ganz persönliche Imbißbude im September 1993 in Monte Carlo aufgebaut hatte. Voller Stolz und nicht ohne die bei einem Auftritt auf internationalem Parkett gebotene Weltläufigkeit hatte der mächtige Kreisvorsitzende der Zehlendorfer CDU den Journalisten aus aller Welt verkündet, daß Berlin insgesamt 77 Kunststoffbahnen vorweisen könne – alle zusammen, man höre und staune, vierhundert Meter lang. Doch bevor Klemann auf jener Pressekonferenz weiter in metropolitanen Superlativen schwelgen konnte, wurde er erst einmal unterbrochen – das Funktelefon klingelte. »Nicht jetzt«, ließ der polyglotte Klemann seinen erstaunten Telefonpartner daraufhin wissen und teilte ihm sowie der versammelten Journalistenschar unverblümt mit, daß er sich gerade auf einer Pressekonferenz befinde. Während sich die Olympiagegner ob einer solchen Provinzposse auf die Schenkel klatschten, fand der Berliner FDP-Geschäftsführer Jürgen Biederbick Klemanns Verhalten »zum Mitschämen« und forderte den Regierenden Bürgermeister auf, den »peinlichen Proporz-Senator« schnellstens heimzuschicken. Diepgen freilich tat das Gegenteil: Statt Buletten-Klemann abzustrafen, berief er ihn nach den Abgeordnetenhauswahlen im Herbst 1995 erneut in die Landesregierung, diesmal als Bausenator. Das Rote Rathaus blieb Bulettenstand.

Wenn die »taz« (»Jedes Volk hat die Regierung, die es verdient«) das Unvermögen der Politiker als Kronzeugen für den politischen Provinzialismus der Hauptstadt benennt, unterliegt sie freilich einem weitverbreiteten Irrtum. Würde man das mittelmäßige Personal durch qualifiziertes oder den Bulettenstand durch eine Sushi-Bar ersetzen, so lautet die Konsequenz einer solchen Argumentation, wäre es vorbei mit der bleiernen Zeit der Provinzialität, und die glitzernde Zukunft der Metropole könnte beginnen. Das Bild vom falschen Personal hat auch schon den Werbemanager Michael Schirmer fasziniert, als er von Schwierigkeiten sprach, die die Berliner hätten, sich mit ihrer »neuen Rolle als Metropole« anzufreunden. »Das Problem Berlins«, sagte Schirmer, »ist die Bevölkerung, die noch nicht begriffen hat, daß diese neue Rolle eine wahnsinnige Chance ist.«[7]

Die von dem Ostberliner Stadtplaner Bernd Hunger einmal formulierte Diagnose einer mangelnden Liebe der Berliner Politiker zum eigenen Volk trifft offensichtlich auch auf weite Teile der (Ex-)Linken zu. Im Begriff der Metropole läßt sich deren Sehnsucht nach internationaler Bedeutung und Kosmopolitischem aufs trefflichste mit Edzard Reuters Ekel vor Posemuckel verbinden. Auf einen vorläufigen Nenner hat diese Abneigung gegenüber der Provinz der »Zeit«-Redakteur Klaus Hartung gebracht. Im Zusammenhang mit dem 1996 bekanntgewordenen Masterplan einer gigantischen »Urbanisierung« der Berliner Innenstadt rief Hartung den »Lackmustest für die Hauptstadtreife der Berliner Politik« aus.[8] Wie sehr Hartung dabei nicht nur die Berliner Politik, sondern auch die Mehrheit der Berliner für unreif hält, zeigte sich spätestens, als er von den Bürgerinitiativen der Stadt als den Niederungen des Berliner Sumpfes, als Betroffenheitsmilieu sprach.

## KIEZ, METROPOLE ODER GROSSTADT?

Im Denkbild der Metropole spiegelt sich der Wunsch nach Anerkennung durch andere. Erst im staunenden Blick des Betrachters wird man sich des eigenen Glanzes bewußt. Oder aber seiner eigenen Provinzialität. Diese Philosophie des Alles oder Nichts ist zugleich die Geschichte des männlichen Blicks auf Stadt, bei dem es – wie zum Beispiel in der Friedrichstraße – um den äußeren Schein, um die Fassaden und nicht um die innere Nutzung geht. Entsprechend verkürzt ist der Blick auf die Räume der Stadt. Sie dienen in erster Linie der Repräsentation, ihrer weiteren Dimensionen sind sie beraubt. Es sind keine vielgestaltigen Räume mehr, sondern ausformulierte Räume, die keine Fragen mehr zulassen, sondern scheinbare Antworten formulieren. In der Architektur markierte der Übergang von den minoischen Palästen hin zu den Königsburgen der Griechen den Beginn einer Akzentverschiebung vom Gehalt der Räume zu ihrer Gestaltung. Ein ähnlicher Umschlagpunkt ist heute noch im mexikanischen Juchitan, der »Stadt der Frauen«, sichtbar. Während die Märkte der Stadt, ihr Handel, ihre Feste in der Hand der Frauen liegen, bleibt den Männern noch immer das Rathaus. Bezeugt dort die Dissoziation von tatsächlicher und symbolischer Bedeutung eine gewisse Ironie, so ist daraus heute, wo die Börsen die Märkte abgelöst haben, bitterer Ernst geworden. Während die globalen

Kapitalströme immer schneller um die Erde fließen, glauben die Männer in den Rathäusern noch immer an die Größe ihrer Macht. Und an die identitätsstiftende Kraft des Superlativs, der in der Berliner Politik geradewegs zur Olympiabewerbung oder zur megalomanen Hochhausplanung am Alexanderplatz geführt hat.

Der amerikanische Stadtforscher Richard Sennett hat einmal gefragt, ob man einen Fehler immer deshalb wiederhole, weil einen die Hoffnung treibt, dieser Fehler könne sich wider besseres Wissen irgendwann doch noch als das Richtige erweisen. Dieses – zumeist männliche – Prinzip Hoffnung, diese Flucht nach vorn hat der Begründer der Stadtsoziologie, Georg Simmel, einmal mit den Worten beschrieben: »Der Mangel an Definitivem im Zentrum der Seele treibt dazu, in immer neuen Aufregungen, Sensationen, äußeren Aktivitäten eine momentane Befriedigung zu suchen.«

Oder aber der Mangel treibt zur hilflosen Abgrenzung der verbliebenen Reste »im Zentrum der Seele« gegenüber jeder Veränderung von außen. In Berlin findet man solche Wagenburgmentalitäten nicht nur im Bedürfnis der Bonner Ministerialen nach hermetisch abgesicherten und abgeschlossenen Regierungsbunkern, sondern auch in der Schrebergärtnerhaltung mancher Kiezkämpfer wieder. Auch in den Stadtteilen und Szeneöffentlichkeiten blüht mitunter die Kultur der Abschottung gegenüber mißliebigen Realitäten. Auf die Spitze getrieben wurde diese Fluchtkultur in den vergangenen Jahren von der selbsternannten Kreuzberger Kiezguerilla-Truppe »Klasse gegen Klasse«. Im Namen einer längst untergegangenen Arbeiterklasse galten der Gruppe Brandsätze, Psychoterror und Sprengstoffanschläge über Jahre als geeignete und legitime Mittel, um das »proletarische Kreuzberg« gegen die vermeintlichen Hauptfeinde – Yuppies, Alternative und die soziale Durchmischung – zu verteidigen. Wie sehr sich die Kreuzberger Probleme und Realitäten tatsächlich – allerdings in eine andere Richtung – verschoben haben, ist den Kiezkämpfern dabei offenbar genauso entgangen wie vielen rechten Jugendlichen, die Außenbezirke wie Marzahn oder Hellersdorf gerne ausländerfrei halten wollen.

Diese Kompensationsleistungen im Namen der Metropole, respektive des Kiezes, haben mit der tatsächlichen Existenz einer Großstadt als Ort der Widersprüche und damit auch der vielen autonomen Wirklichkeiten jedoch recht wenig zu tun. Als ein hervorragendes Beispiel für das problematische Verhältnis zur Metropole erweist sich die aktuelle Debatte um das Schicksal der multikulturellen Gesellschaft. »Man könnte sagen, daß erst die Migration die großen Städte wie Paris, London und

Berlin zu dem gemacht hat, was sie heute sind: Metropolen«, schreibt der in Berlin lebende Essayist und Lyriker Zafer Senocak.[9] Für Senocak entstanden erst in Folge der Migration »jene Unterschiede im Lebensstil, in der Kultur, ohne die eine Metropole undenkbar wäre«. Was eine Metropole als Metropole ausmacht, so Zenocak, »ist die Verschränkung dieser Gegensätze, ist das ambivalente Verhalten ihrer Bewohner gegenüber diesen Gegensätzen«.

Diesem – von Senocak noch als Metropole bezeichneten – Begriff der Großstadt als urbanes Laboratorium, als Ort der Neugier, der Annäherung an das Fremde, der Absage an eindeutige Zuschreibungen, droht von seiten der politischen Machthaber freilich nicht nur Mißachtung, sondern ein offener Angriff. Ganz in der Tradition des konservativen Sozialwissenschaftlers Wilhelm Heinrich Riehl, der die Metropolen Mitte des 19. Jahrhunderts als »Wasserköpfe der Zivilisation« bezeichnet hatte, denkt nicht nur der Berliner Innensenator im Zusammenhang mit seinen Lieblingsthemen Hauptstadt, Kriminalität und Sauberkeit bereits laut über die »Grenzen der multikulturellen Gesellschaft«[10] nach. Als Pendant zur Schönbohmschen Ausgrenzung droht den Berlinern nun auch noch eine neue Identitätsoffensive. Offenbar um den »Mangel an Definitivem in der Mitte ihrer Seele« auszugleichen, soll ihnen eine neue Mitte, eine neue Stadtmitte geschenkt werden.

## AB DURCH DIE MITTE?

Es ist ein Verdienst des ostdeutschen Psychologen Hans Joachim Maaz, die Kategorien der Sozialpsychologie wieder in die Diskussion um die Stadtentwicklung eingebracht zu haben. Ähnlich wie Georg Simmel um die Jahrhundertwende konstatiert auch Maaz einen Verlust der Mitte im Menschen, der insbesondere aus der »Psychologie des Beitritts« der DDR an die Bundesrepublik resultiere. »In diesem Prozeß«, argumentiert Maaz, »haben sich die spezifischen Fehlhaltungen und Einseitigkeiten aus östlicher und westlicher Sozialisation gegenseitig verstärkt und leider nicht relativiert und sich wechselseitig in Frage gestellt.«[11] Diese verlorene Mitte im Menschen drückt sich für Maaz in der simplen Frage aus: »Wer bin ich überhaupt noch, was will ich wirklich und was ist jetzt notwendig?« Für den Leiter der psychotherapeutischen Klinik in Halle besteht deshalb eine vorrangige Aufgabe nicht nur in der Bestimmung der Mitte des Menschen, sondern auch in der Neubestimmung der Mitte der Stadt. Repräsentation und Renommiergehabe liegen Maaz dabei freilich fern. Für ihn zeigt sich die Neubestimmung der Mitte vor allem in der Frage, »ob wir zu einer ›Einheit‹, die an die Menschen denkt und berücksichtigt, was diese wirklich suchen und brauchen, tatsächlich in der Lage sind«.

Im politischen Raum der Hauptstadt ist derzeit indes von einer anderen Mitte die Rede. Als erster hatte Innensenator Jörg Schönbohm die Parole ausgegeben: »Berlin ist nicht mehr länger die Summe seiner Kieze, sondern repräsentiert das Ansehen Deutschlands in den Augen der Weltöffentlichkeit.« Diente dieser Satz dem Innensenator als Legitimation für allerlei Säuberungsaktivitäten im Namen der Hauptstadtwürde, nahm sein sozialdemokratischer Kollege im Stadtentwicklungsressort den Schönbohmschen Anspruch auch städtebaulich beim Wort. »Die Besonderheit Berlins besteht darin, daß niemand mit Gewißheit und unwidersprochen behaupten kann, wo sich denn nun die Mitte, das Zentrum der Stadt befindet«, meint Peter Strieder[12] und beklagt, »daß trotz Wiedervereinigung der noch immer deutliche Riß im Stadtkörper weiterhin erkennbar bleibt.« Im Namen der deutschen Einheit plädiert er deshalb für eine Wiederaneignung des Zentrums und legte im November mit dem »Planwerk Innenstadt« einen Masterplan vor, der diese Zentrumsbildung nicht nur politisch-ideologisch, sondern auch städtebaulich und wirtschaftlich bewerkstelligen soll. In beiden Fällen ist jedoch nicht von der Mitte als »innerer« Einheit wie bei Maaz, sondern von Hauptstadt, Metropole und »Urbanisierung« als »äußerer« Einheit die Rede.

Die Stadt, auch ihre Mitte, als sozialen Ort zu erhalten, hieße das Gegenteil von Ausgrenzung oder Urbanisierung: nämlich Orte für soziales Handeln zu erhalten. Diese Orte können vielgestaltig sein: Straßen, Plätze, Freiflächen, öffentliche Räume, Zwischenräume. Was diese Orte aber brauchen, um als Kommunikationsorte, als Orte der städtischen Selbstvergewisserung zu funktionieren, ist ihre Nichteindeutigkeit, ihr Spiel-Raum. Nur Orte, deren (Be)nutzung und Gebrauch nicht von vornherein festgelegt ist, können auch als Orte kommunikativen Handelns in Besitz genommen werden. Werden solche vielgestaltigen Orte – Richard Sennett nennt sie »narrative Räume« oder »Räume voller Zeit« –, wie im Masterplan vorgesehen, »urbanisiert«, dann wird selbst dem postmodernen Leser des Textes Stadt die Möglichkeit eines eigenen Zugangs, der eigenen Deutung genommen. Soziales Handeln ist dann nicht mehr möglich.

Statt einer Masterplanung der Verdrängung ist deshalb eine öffentliche Debatte um den Erhalt der Stadt als Ort sozialen Zusammenlebens mehr als überfällig. Die Berliner Geschichte hält dafür immerhin einen Begriff bereit: die Berliner Mischung. Diese nicht nur städtebauliche und räumliche, sondern auch soziale Kategorie bietet deutlich mehr als der gängige Wandel durch Handel oder die äußeren Insignien einer

Hauptstadtidentität: Umgang mit der Differenz statt Leugnung, soziale Mischung statt Segregation, Polyzentralität statt Vereinheitlichung. In gewisser Hinsicht könnte die Berliner Mischung sogar einen paradigmatischen Beitrag für das gestörte Ost-West-Verhältnis leisten: nicht im Sinne eines zwanghaften Zusammenwachsens, sondern im Sinne eines gemeinsamen Lernprozesses, als Eingeständnis, daß die Verdrängung und Kolonisierung der Differenz nur zu weiterer Spaltung führen kann. Der Kampf um die Berliner Mitte zeigt sich deshalb auch als ein Kampf um das grundsätzliche Verständnis von Stadt.

»Es heißt, Berlin sei viele Städte«, schreibt der Architekturkritiker Wolfgang Kil, der 1996 – nicht zuletzt aufgrund seines entschiedenen Eintretens gegen den Berliner Masterplan – den Kritikerpreis des Bundes Deutscher Architekten erhalten hat. »Aber erst diese vielen Städte machen das neuzeitliche, das disparate, aufregende und kreative Berlin wirklich.«[13] Das ideologische Hauptmotiv des Masterplans, das »Primat« der Mitte, sei damit nicht nur eine »Absage an die Stadt der gelebten und öffentlich ausgetragenen Widersprüche«, sondern auch eine Absage an die Polyzentralität Berlins.

Anders als etwa Paris, Wien, London oder Rom ist Berlin in der Tat keine europäische Stadt mit klar definiertem Zentrum und konzentrisch angelegten Stadterweiterungen, die schließlich in einer städtischen Peripherie auslaufen. Berlin ist von seiner Gründung an eine duale Stadt, eine Stadt ohne Zentrum, eine »Stadt der vielen Orte« gewesen. Diese Polyzentralität zugunsten eines aus dem Boden gestampften »Primats der Mitte« aufzugeben, hieße nicht nur, Berlin völlig neu erfinden zu wollen, sondern auch den über Jahrhunderte gewachsenen genius loci der »vielen Orte« nachhaltig zu zerstören. Immerhin ist es gerade die Polyzentralität der Stadt, die Existenz als Stadt der vielen, jeweils wieder in sich gemischten Subzentren, die Berlin im Vergleich zu anderen europäischen Städten tatsächlich unverwechselbar macht.

Nun freilich, da es um die Urbanisierung der Mitte geht, soll diese städtebauliche Besonderheit, die dialogische Struktur der Stadt, plötzlich nichts mehr wert sein. Für Klaus Hartung ist die Polyzentralität Berlins nur mehr ein »grassierendes Ideologem«: »Jede europäische Metropole ist immer auch polyzentral, was durchaus keinen Gegensatz zum historischen Zentrum bedeutet«, schreibt Hartung. »Nur in Berlin schließt, so wird prätentiert, das eine das andere aus.«[14]

Keiner hat die von Hartung plötzlich so beklagte disparate Realität Berlins mehr bedauert als sein geistiger Stichwortgeber, der Publizist und Prognostiker des Potsdamer Platzes, Karl Scheffler, von dem im übrigen auch der vielzitierte Satz herrührt, Berlin sei dazu verdammt, immerfort zu werden und niemals zu sein. Für Scheffler fehlten Berlin von Beginn an »die Anzeichen für eine erwachende, über alle verteilte Schöpfungskraft, für die Tradition bildende Energie«. In seinem Buch »Berlin – ein Stadtschicksal«[15] führt Scheffler dieses Manko vor allem auf die Existenz Berlins als »Kolonialstadt« zurück. Berlin, »die zur Millionenstadt und Reichshauptstadt gewordene Siedlung germanischer Ackerbauern und wendischer Fischer«, schreibt Scheffler, »war niemals ein natürliches Zentrum, niemals die vorbestimmte deutsche Hauptstadt gewesen. Es lag von jeher weitab von den Stammgebieten der deutschen Kultur, ja, der deutschen Geschichte; es ist zu all seiner ungeschlachten Mächtigkeit wie nebenher emporgewachsen«.[16]

Bedauert Scheffler zutiefst die Existenz dieser »Grenzstadt«, vor deren Toren gleich »der Osten« beginne, versuchten die nationalsozialistischen Machthaber, allen voran der »Generalbauinspektor für die Reichshauptstadt« Albert Speer, den Ausbau Berlins zur Machtmetropole zu perfektionieren. Mit dem geplanten »Germania« sollte endgültig mit der Tradition Berlins als »Kolonialstadt« und zugleich mit der gesamten, in der Kleinstaaterei der deutschen Geschichte gründenden föderalen Struktur des deutschen Städtesystems gebrochen werden. Als die Masterpläne zum Bau von »Germania« schließlich in den Bombennächten des Zweiten Weltkriegs begraben wurden, besann man sich in Westdeutschland, nicht zuletzt auf Druck der USA, wieder auf das Leitbild des Föderalismus. Nicht nur der föderale Charakter der Bundesrepublik, sondern auch der föderale Charakter des Städtesystems mit einer Provinzstadt Bonn als Hauptstadt, einer Millionenstadt im Norden, einer im Süden, dem Ruhrgebiet in der Mitte und einem »Schaufenster«, einer »Frontstadt« im Osten sollte als Voraussetzung für eine demokratische Entwicklung anerkannt werden.

Diese Dezentralität im großen fand in der Polyzentralität Berlins im kleinen eine wahrhafte Entsprechung. Regiert wurde im Rathaus Schöneberg, die Touristen wanderten zum Kurfürstendamm, die Alliierten erließen am Kleistpark ihre »Kommandatura-Orders«, die Berliner kauften in ihren Kiezen ein, und die Spandauer durften Spandauer bleiben. Bestärkt wurde diese dezentrale, polyzentrale Struktur der Stadt vor allem in den siebziger Jahren, als mit dem Ende der Kahlschlagsanierung die behutsame Erneuerung der Gründerzeitquartiere begann. Die städtebauliche Qualität der Stadt – darin war man sich zumindest einig – bestand in ihrer Polyzentralität mit verschiedenen, jeweils wieder in sich gemischten Zentren als städtebaulicher Ausdruck dezentraler Vielfalt, als dialogischer Raum, der sich jeglicher Diktatur des Zentrums entzieht.

## WO LIEGT BERLIN?

Folgt man, auf der Suche nach dem Berliner Zentrum, den Geographen, so erfährt man immerhin, daß sich im Schnittpunkt von 52 31' 12" nördlicher Breite und 13 24' 36" östlicher Länge das Rote Rathaus befindet. Aber findet man dort Berlin oder doch nur Berliner Politik? Auch andere geographische Zuordnungen führen zumeist in die Irre. So steht der U-Bahnhof Stadtmitte nicht etwa für die Mitte der Stadt, sondern für einen Umsteigebahnhof an einer peripheren Kreuzung der Friedrichstraße. Schnitte man den Berliner Stadtplan entlang der Stadtgrenzen aus und balancierte ihn auf einem Bleistift, läge der Gravitätspunkt der Hauptstadt in der Kreuzberger Alexandrinenstraße. Ein Mißverständnis? Dann wäre die ganze Debatte um das Zentrum ein Mißverständnis. Erst recht getäuscht sehen sich diejenigen, die Berlin am Ende einer von sieben sogenannten Berliner Straßen vermuten. Berlin, so die Botschaft der Straßenschilder, müßte dann entweder irgendwo in Wilmersdorf, in Buchholz oder Zehlendorf liegen.

Glaubt man dagegen den Hochglanzbroschüren der Investoren, so ist die Frage nach dem Zentrum der Stadt vor allem eine Frage der Baumasse. Kein Wunder also, daß für die Daimler-Benz-Tochter debis, Sony oder den Heidelberger Großbaumeister Roland Ernst das Zentrum der Stadt am Potsdamer Platz zu finden ist. Andere wiederum, für die Zentrum und City weitgehend identisch sind, verorten den Berliner Mittelpunkt in der City-West, jenem hochverdichteten Gebiet rings um den Tauentzien und Kurfürstendamm, der auch von den meisten Touristen aus Westdeutschland noch immer als das Zentrum wahrgenommen wird. Aus der Perspektive der Macht dagegen liegt es dort, wo sich das politische Zentrum befindet, im künftigen Regierungsviertel im Spreebogen oder der Spreeinsel. Für die große Mehrheit der Ostberliner befindet sich das Berliner Zentrum hingegen am Alexanderplatz. Hier fand sich zu DDR-Zeiten nicht nur das größte Kaufhaus und der beliebteste Treffpunkt, hier manifestierte sich am 4. November 1989 auch die politische Öffentlichkeit vieler DDR-Bewohner. Für die Mehrheit der Besucher in Ostberlin liegt das touristische Zentrum dagegen im Nicolaiviertel. Aber nur die wenigstens Besucher dieser Disney-Altstadt wissen, daß es sich beim Nicolaiviertel um eine großangelegte Fälschung, um eine Neuinszenierung der Stadt auf historischem Grund anläßlich der 750-Jahr-Feier Berlins im Jahre 1987 handelt.

»Berlin ist auf einer weiten, einförmigen Sandebene inmitten der Provinz Brandenburg aufgebaut, von Norden, von Westen und von Osten allen Winden preisgegeben, die ihren kalten Odem ungehindert über

diese karge Erde wehen lassen können«, schrieb Jules Huret 1909, fünf
Jahre vor Beginn des Ersten Weltkriegs.[17] Der französische Chronist,
durch keinerlei Sentimentalitäten in seinem Blick auf Berlin und die
Berliner getrübt, scheute sich im Vorwort seines Reiseberichts »Berlin
um Neunzehnhundert« auch nicht, für seinen »Verriß« der Stadt die Berliner selbst als Kronzeugen zu zitieren: »Diejenigen Berliner, die Künstler sind – und es gibt solche –«, schrieb Huret, »wissen wohl, was ihrer
Stadt fehlt. Berlin – sagen sie – hat sich an den Füßen und Armen entwickelt, seine Extremitäten haben sich ausgedehnt, der Rumpf hingegen – sein Zentrum also – ist geblieben, wie es von jeher war.«[18]
Huret irrt ebenso wie Klaus Hartung. Nicht einmal das Zentrum konnte
bleiben, wie es war. Die »Doppelstadt« Berlin hatte von Anbeginn an
zwei Zentren: Berlin und Cölln. In Schefflers Klage über das Berliner
Stadtschicksal liest sich dies folgendermaßen: »Von Anfang an ist Berlin
ein Opfer seines Dualismus gewesen. Zwei Städte, zwei Verwaltungen,
zwei isolierte Interessen: was sagt da die gemeinsame Stadtmauer! Um
1307 erst wurden beide Städte einer gemeinsamen Verwaltung unterstellt; dann aber fand Friedrich der Zweite es bequemer, zwei konkur-
rierende und aufeinander eifersüchtige und sich gegenseitig lähmende
Städte zu beherrschen als eine, die ihm mit geeinter Macht entgegentre-
ten konnte. Er trennte um 1442 schon wieder die Verwaltung und es
blieb dann bei einem unfruchtbaren Dualismus bis zum Jahre 1709.«
Im Jahre 1709, als der von Scheffler beklagte »unfruchtbare Dualismus«
beendet wurde, ließ der acht Jahre zuvor als Friedrich I. gekrönte Kö-
nig in Preußen die verschiedenen Stadtteile zur königlichen Residenz
vereinen. Berlin war fortan ein Zusammenschluß der Doppelstadt Berlin und Cölln sowie der Stadterweiterungen Friedrichswerder, Doro-
theenstadt und Friedrichstadt. Als in den Jahren zwischen 1734 und
1738 die neue Akzisemauer, die vor allem die Soldaten der Garnison an
der Desertion hindern sollte, entlang der noch heute auf dem Stadtplan
erkennbaren Tore vollendet war, hatte sich das Weichbild Berlins schon
längst entlang der neuen Vorstädte weiterentwickelt. Als schließlich,
mit Beginn der Kasernierung der Soldaten, die Stadtmauer ihre Exi-
stenzberechtigung verloren hatte und in den sechziger Jahren des 18.
Jahrhunderts abgerissen werden konnte, hatten sich diese Vorstädte als
eigenständige urbane Gebilde entwickelt. Die Eingemeindung der Vorstädte sowie der noch außerhalb gelegenen neuen Quartiere wie Wedding, Moabit oder das heutige Prenzlauer Berg im Jahre 1860 stärkte
das polyzentrale Gefüge der Stadt also eher, als daß es es schwächte.
Schon bevor Berlin 1871 erstmals zur Hauptstadt des Deutschen Reichs

gekürt wurde, vollzog sich städtisches Wachstum an der Spree schon immer auch entlang der jeweiligen Siedlungskerne der Peripherie und damit nicht ausschließlich von innen nach außen.

Nachdem sich um die Jahrhundertwende im Zuge der Abwanderung der wohlhabenden Bevölkerungsschichten in den »Neuen Westen« rund um die heutige Gedächtniskirche sogar eine neue City herausgebildet hatte, erfuhr das polyzentrale Gefüge der Stadt im Jahre 1920 seine endgültige dialogische Gestalt. Mit dem »Gesetz über die Bildung der Einheitsgemeinde Groß-Berlin« verdoppelte sich nicht nur die Einwohnerzahl der Stadt mit einem Schlag auf 3,8 Millionen. Das Berlin der vielen Orte wurde nun noch einmal um viele Orte ergänzt: um die acht Städte Charlottenburg, Schöneberg, Spandau, Köpenick, Lichtenberg, Wilmersdorf und Rixdorf (das spätere Neukölln), und um weitere 59 Landgemeinden und 27 Gutsbezirke.[19] »Anders als etwa Paris«, schreibt der Historiker Henning Köhler, »das seit dem Mittelalter das eine große Zentrum darstellte und aus diesem Zentrum herauswuchs, wobei andere Siedlungskerne im Einzugsbereich kaum existierten, wurden im Berliner Raum die vorhandenen Dörfer der unmittelbaren Umgebung zu Kristallisationspunkten für ein eigenständiges Stadtwachstum. Das zeigte sich bei Schöneberg, Neukölln, Lichtenberg und Wilmersdorf besonders deutlich.«[20] Hinzu kam, daß mit der Bildung der Einheitsgemeinde auch ein Modell entwickelt wurde, das die Eingemeindung, wie es Engeli und Haus in der Zeitschrift Gemeindeverfassungsrecht nannten, »gleichzeitig mit einer Dezentralisierung der Stadtverwaltung verbinden sollte«.[21] Dezentralisierung, so lautete also die Botschaft der von der Weimarer Linken gegen die Rechte durchgesetzte Bildung der Einheitsgemeinde, bedeutet zugleich auch Demokratisierung.

Im Zuge der Wiedervereinigung scheint für derlei Demokratieverständnis freilich kaum mehr Platz zu sein. »Was hilft der postmoderne Glanz der Parlamentsbauten, des Außenministeriums oder Kanzleramtes, wenn sich davor oder dahinter die gestaltlosen und vermüllten Stadträume der historischen Mitte auftun«, sorgt sich – ähnlich wie Innensenator Jörg Schönbohm oder CDU-Fraktionschef Klaus Landowsky – auch »Zeit«-Redakteur Klaus Hartung mehr um die Hauptstadt- als um die Menschenwürde.[22] Da, laut Hartung, in Berlin leider nicht die Stadtbürger, sondern die Betroffenen den Ton angäben, bestünde die Gefahr, daß große Entwürfe vorab durch Verwaltungsabgleich und Gremiendemokratie zusammengestrichen würden. Um diese Befürchtung Hartungs, den Einfluß der kommunalen Selbstverwaltung und Bürgerbeteiligung, soweit wie derzeit möglich aus dem Weg zu räumen, soll nach dem Willen des Innensenators ab 1999 ein »Hauptstadtbezirk« – bestehend aus den bisherigen

Bezirken Mitte, Tiergarten und Kreuzberg – als Ansprechpartner der Bundesregierung zumindest für Planungssicherheit sorgen.

»Die Sehnsucht nach einer Mitte und einem Zentrum«, schreibt der Stadttheoretiker Florian Rötzer, entspreche nicht nur dem nostalgischen Festhalten an einem überkommenen Weltbild, sondern werde auch noch immer von der geopolitischen Ordnung eines Staates nahegelegt.[23] »Jeder Staat hat eine Regierung und benötigt einen Regierungssitz, also eine Hauptstadt, das Zentrum der politischen Macht.« Gleichwohl, weiß Rötzer, »hatte Berlin als Sitz des preußischen Königs nie die unangefochtene Zentralität wie etwa Paris, London, Madrid oder Wien besessen. Nicht nur die Macht, sondern auch wirtschaftliche und kulturelle Kräfte blieben auf zahlreiche Mittelpunkte und Regionen verteilt, wurden nicht vom Zentrum aufgesogen, auch wenn Berlin im 19. Jahrhundert schnell in den Rang einer europäischen Metropole aufrückte und zur größten Stadt in Deutschland wurde«.[24]

Wo also liegt Berlin? Berlin liegt anderswo, hat die Schriftstellerin Renée Zucker ihr jüngstes Buch über die Stadt genannt. Für Zucker ist Berlin keine Ortsbestimmung, sondern eine soziale Annäherung. Berlin, das ist die Stimme ihrer Bewohner, der die Erzählerin Gehör verschafft. Berlin, das ist auch die »Stumpfe Ecke« in Oberschöneweide, eine Eckkneipe in einer von »Abwicklung« entleerten Stadt- und Industrielandschaft der Gründerzeit, die keiner unsentimentaler und treffender beschrieben hat als der Ostberliner Reporter Alexander Osang. Berlin, das ist zudem der Handlungsort für die Protagonisten in den Filmen Dani Levys, die Stadt der Brachen und Nischen, der Häuserstümpfe, Einschußlöcher und notdürftig gedeckten Flachbauten, der Überreste aus den Bombennächten des Zweiten Weltkriegs. Berlin ist wie das Leben noch immer »eine Baustelle«, was Wolfgang Beckers preisgekrönter Film eindrücklich beweist. Berlin ist der Ort der unverwechselbaren Mischung aus Leben und Arbeiten in den Gründerzeitkiezen, der Baulücken dazwischen, der ehemals wilden Vegetation zwischen dem Potsdamer Güterbahnhof und dem S-Bahnhof Papestraße. Berlin ist der Begriff für eine unvollendete Stadt, ein Provisorium der Ungleichzeitigkeit, eine Stadt, in der Orte äußerster Hektik und zeitlose Räume, Be- und Entschleunigung eng nebeneinander liegen konnten.

»Ich kann den Potsdamer Platz nicht finden! Nein, ich meine hier... Das kann er doch nicht sein! Denn am Potsdamer Platz war doch das Café Josty. Nachmittags habe ich mich da unterhalten und einen Kaffee getrunken, das Publikum beobachtet, vorher eine Zigarette geraucht bei Löhse und Wolff, einem renommierten Tabakgeschäft gleich hier gegenüber. Also, das kann er doch nicht sein, der Potsdamer Platz, nein! Man trifft keinen, den man fragen kann.«

Das ist die Klage Homers, die Stimme des Berliner Erzählers, der, als er nicht mehr weiß, wovon er erzählen soll, müde in einen Sessel fällt, einen Sessel, der als Sperrmüll auf einer großen Brache steht, die einmal das Sinnbild der Metropole war: Potsdamer Platz.

»Aber ich gebe so lange nicht auf, bis ich den Potsdamer Platz gefunden habe! Wo sind meine Helden? Wo seid ihr, meine Kinder? Wo sind die Meinigen, die Begriffsstutzigen, die Ursprünglichen? Nenne mir, Muse, den armen unsterblichen Sänger, der, von seinen sterblichen Zuhörern verlassen, die Stimme verlor...«

Homer, der greise Erzähler in Wim Wenders› Liebeserklärung an die Berliner, »Der Himmel über Berlin« aus dem Jahre 1987, blickt nicht in die Zukunft, er sucht die Vergangenheit und findet nur: Gegenwart. Es ist eine ungeschminkte Gegenwart, die Wenders zeigt, eine Stadt ohne Farben, eine, die sich nicht in Pose wirft. Sind in den Stadtsimulationen der Infobox die Menschen nur die Kulisse für die Stadt der Zukunft, gilt das ungeteilte Interesse von Bruno Ganz und Otto Sander den Engeln im Himmel über Berlin, den Huren, Selbstmördern, Schauspielern, U-Bahnfahrern und ihrem Schicksal. Die Symphonie der Großstadt ist bei Wim Wenders die Geräuschkulisse aus Gedanken, inneren Monologen, aus Verzweiflung, dem kleinen Glück ihrer Bewohner. Berlin ist die Summe des Schicksals der Berliner, kein bauliches, sondern ein menschliches Mosaik. Es ist nichts urban in dieser Stadt, wo Zirkuswagen auf den Freiflächen vor Mietskasernen stehen, es ist nichts farbig an den Häuserfassaden. Die Stadt als gebauter Raum tritt zurück und gibt den Blick frei auf die, die sich in diesem Raum öffentlich bewegen.

Homer, der den Potsdamer Platz nicht finden konnte, hat etwas anderes gefunden: Berlin, die Großstadt. An der Stelle, an der heute der Potsdamer Platz der Möchtegernmetropole wiederentsteht, verschwindet Berlin, das Berlin seiner Bewohner wieder.

1  *Vgl. zum städtebaulichen Wettbewerber Eva Schweitzer: »Großbaustelle Berlin«, a.a.O.*

2  *Im Januar 1990 präsentierten das Deutsche Architekturmuseum (DAM) in Frankfurt am Main und die »Frankfurter Allgemeine Zeitung« eine Ausstellung, in der unter anderem einem künftigen Wettbewerb für den Potsdamer vorgegriffen werden sollte. Vorgestellt wurden fast ausschließlich moderne, avantgardistische Hochhauslandschaften, ganz in der Tradition ähnlicher Ausstellungen wie des »Kollektivplan Berlin« 1947 oder des Wettbewerbs »Hauptstadt Berlin« 1957. Vgl. dazu: »Berlin morgen – Ideen für das Herz einer Groszstadt«, hrsg. von Vittorio Magnagno Lampugnani und Michael Mönninger, Stuttgart 1991.*

3   Kurt Tucholsky: Gesammelte Werke, Band 2, 1919 bis 1920, hrsg. von
    Mary Gerold-Tucholsky und Fritz J. Raddatz, Reinbek 1975.

4   Vgl. Detlef Bluhm und Rainer Nitschke (Hrsg.): »Berlin ist das Allerletzte.
    Absagen in höchsten Tönen«, Berlin 1993.

5   »taz«, 6.2.1992.

6   »taz«, 2.9.1992.

7   »taz«, 6.2.1992.

8   Klaus Hartung: »Der Hauptstadtplan: Operation am offenen Herzen«, in:
    »Die ZEIT«, 29.11.1996.

9   »taz«, 16.5.1995.

10  Vgl. Kapitel 10.

11  Hans-Joachim Maaz: »Die entvölkerte Mitte – vom Verlust der sozialen
    Bindungen in Ostdeutschlands Städten«, in: »Die Stadt. Ort der Gegensät-
    ze«, a.a.O. Vgl. auch Hans-Joachim Maaz: »Der Gefühlsstau. Ein Psycho-
    gramm der DDR«, Berlin 1990.

12  Peter Strieder: »Identitätsstiftung für die Stadt«, in: »Planwerk Innenstadt
    Berlin. Eine Provokation«, hrsg. von der Architektenkammer Berlin, Ber-
    lin 1997.

13  Wolfgang Kil: »Würde, Idylle, Segregation. Wie ein ›Planwerk‹ versucht,
    die Metropole zu bändigen«, in: »Stadt. Plan. Mitte«, hrsg. von »taz« und
    »scheinschlag«, Berlin, Dezember 1996.

14  Klaus Hartung: »Berliner Ungleichzeitigkeiten. Zum Streit um das ›Plan-
    werk Innenstadt‹«, in: Kommune 4/1997.

15  Karl Scheffler: »Berlin – Ein Stadtschicksal«, Nachdruck der Ausgabe von
    1910, Berlin, 1989.

16  ebd.

17  Jules Huret: »Berlin um Neunzehnhundert«. Erstausgabe, München 1909,
    Reprint Berlin, 1979.

18  ebd.

19  vgl. Sigurd Schmidt: »Groß-Berlin entsteht«, in: »Vor 75 Jahren: Groß-Ber-
    lin entsteht«, hrsg. vom Landesarchiv Berlin, Berlin 1995.

20  Henning Köhler: »Berlin in der Weimarer Republik«, in: Wolfgang Ribbe
    (Hrsg.): »Geschichte Berlins«, Zweiter Band, München, 1987.

21  zit. nach Köhler, ebd.

22  Klaus Hartung: »Der Hauptstadtplan«, a.a.O.

23  Florian Rötzer: »Die Telepolis – Urbanität im digitalen Zeitalter«, Mann-
    heim 1995.

24  ebd.

# DRITTER TEIL: BERLIN IN BEWEGUNG

*»Es scheint, als gehe es nicht mehr darum, in der Metropole Fuß*
*zu fassen, sondern darum, das Transitorische mit Leib und Seele*
*als das ›Eigentliche‹ zu begreifen.«*
*(Klaus Scherpe)*

## WIE AUSGEWECHSELT: PRENZLAUER BERG

Ausgerechnet Burkhardt Kleinert. Ausgerechnet ein PDS-Mann, von der alternativ-subversiven Szene des Prenzlauer Bergs als Stadtrat ins Rennen geschickt, mußte sich Anfang 1997 das böse Wort vom »Schulkiller« gefallen lassen. Nicht nur von der SPD, sondern auch von seiner eigenen Basis. Was ist geschehen in Prenzlauer Berg? Womöglich Umwälzendes? Ursache für die Aufregung um Kleinert war der Schulentwicklungsplan des Bezirks, den der PDS-Stadtrat im Auftrag der Senatsschulverwaltung erstellt hatte. Ein Gymnasium und mehrere Grundschulen des Bezirks sollten, so stand es im Plan, mittelfristig geschlossen werden. Böse Absichten konnte man Burkhardt Kleinert freilich nicht unterstellen. Eher ein pragmatisches Verhältnis zur Realität, schließlich gibt es in Prenzlauer Berg Schulen, in denen mangels Schülern ganze Klassenzüge nicht mehr aufgestellt werden konnten. Insgesamt, so hat es die Senatsschulverwaltung errechnet, werden zum Schuljahr 2003/4 nur noch 162.500 Grundschüler in Berlin zur Schule gehen. Heute sind es noch 210.700.[1] Allein im Osten sinke, so die Verwaltung, die Zahl der Grundschüler von derzeit 98.900 auf 56.000, während im Westteil der Stadt in einigen Bezirken wenigstens noch mit geringfügigen Zuwächsen gerechnet werden könne.

Herrscht in Prenzlauer Berg also eher Kindernotstand als Schulnotstand? Bereits 1996 hatte Michail Nelken, der nimmermüde Betroffenenvertreter im Gleimviertel und PDS-Abgeordneter im Berliner Landtag, Alarm geschlagen. Immer mehr Familien würden den Prenzlauer Berg verlassen. »Dies betrifft nicht nur Touristengegenden wie den Kollwitzplatz«, sagte Nelken, »sondern auch die weniger attraktiven Quartiere wie den Falkplatz.« Von einigen Schulleitern in seinem Quartier hat Nelken auch erfahren, wohin die Reise geht: »Die finanziell schlechter gestellten Familien ziehen an den östlichen Stadtrand, von wo wiederum andere ins Umland oder die Nachwendesiedlungen ziehen.« Die Bessergestellten, so der Betroffenenvertreter, zögen gleich nach Karow-Nord, Pankow oder nach Brandenburg. Von Verdrängung könne dabei aber nicht automatisch die Rede sein. Es sei vielmehr, als warteten viele nur auf ein Signal, einen Anlaß, aus dem Bezirk wegzugehen. Von dieser Tendenz sind jedoch nicht nur die östlichen Gründerzeitquartiere betroffen. Allein im Stephankiez, wo etwa 10.000 Moabiter leben, ist der Bedarf an Grundschulen deutlich gesunken. Ging man bei der förmlichen Festlegung des mit Infrastruktureinrichtungen traditionell unterversorgten Erhaltungsgebiets[2] 1991 noch von einem Fehlbedarf an vier Grundschulen aus, sollen langfristig jetzt nur noch zwei neu gebaut werden.[3]

Kurz nachdem Nelken Alarm geschlagen hatte, stellte das Statistische Landesamt im Herbst 1996 seine turnusmäßige Bevölkerungsstatistik vor. Für den Prenzlauer Berg enthielten die amtlichen Ziffern geradezu demographischen Sprengstoff. Von den 145.000 Einwohnern des Bezirks, so das Landesamt, seien im Zeitraum zwischen dem 1. Januar 1991 und dem 30. Juni 1996 64.955 Personen weggezogen. Hinzugezogen seien fast genauso viele, nämlich 68.820. Vernachlässigt man die in dieser Statistik nicht gesondert gerechneten Mehrfachumzüge und Wiederfortzüge, so bedeutete dies, daß sich die Bevölkerung des Bezirks in einem Zeitraum von nur fünf Jahren nahezu zur Hälfte ausgetauscht und überdies deutlich verändert hätte.

Trotz dieser alarmierenden Zahlen dauerte es ein halbes Jahr, ehe in Prenzlauer Berg eine öffentliche Diskussion über die neue »Völkerwanderung« einsetzte. Auslöser dieser verspäteten, dafür aber umso heftigeren Debatte war wieder einmal die PDS. Bernd Holtfreter, wie Nelken auch Betroffenenvertreter im Bezirk und Abgeordneter im Landtag, hatte den Politologen Matthias Bernt beauftragt, die bezirklichen Wanderungsbewegungen genauer unter die Lupe zu nehmen. Dabei kam Bernt zu dem Ergebnis, daß sich nicht nur die Bevölkerung ausgetauscht habe, sondern daß sich in Prenzlauer Berg gegenwärtig eine erhebliche Veränderung der Sozialstruktur vollziehe. In Ermangelung wichtiger statistischer Daten, wie zum Beispiel die Entwicklung der Haushaltseinkommen, wertete Bernt vor allem die Altersentwicklung der Bevölkerung, die Haushaltsgrößen sowie die Bildungsstruktur aus. Sein Fazit: »Über die letzten fünf Jahre ist der Anteil der jungen Erwachsenen als einzige Gruppe gewachsen, während die Zahl der Kinder und der Älteren deutliche Rückgänge zeigt.«[4] Außerdem hätten die Sozialstudien über die Ausweisung von Milieuschutzgebieten in Prenzlauer Berg ergeben, daß die Zahl der »neuen Haushaltstypen«, also Singles oder Doppelverdiener ohne Kinder, sogenannte Dinks, signifikant gestiegen sei. Veränderungen gab es schließlich auch in der Bildungs-

struktur: »Auffällig ist (...) eine stark und stetig wachsende Anzahl an Abiturabschlüssen im Bezirk. Es liegt hier nahe, einen Zusammenhang mit den Zuwanderungen der letzten Jahre zu vermuten.«[5]
Bernts Prognose fällt düster aus: »Sollten sich die Veränderungen der Bevölkerungsstruktur in der angezeigten Richtung fortsetzen, sind erhebliche negative städtebauliche Auswirkungen zu erwarten: Entmischung der Bevölkerung und Verstärkung von Segregationsprozessen in der Gesamtstadt; damit einhergehend Destabilisierung und Zerstörung der vorhandenen sozialen und kommunikativen Netze.«[6]
So schlüssig die von Bernt beschriebenen Folgen einer solchen demographischen und soziostrukturellen Veränderung auch sein mögen, so umstritten ist doch sein Erklärungsansatz. Für den Verfasser der PDS-Studie ist der Wandel in Prenzlauer Berg vor allem ein Ergebnis der »Gentrification«, der Aufwertung eines innerstädtischen Wohnquartiers für Besserverdienende und Yuppies.[7] Dabei unterstellt Bernt, daß der größte Teil der wegziehenden Familien nicht freiwillig gegangen sei, sondern durch Sanierung, unterlassene Instandsetzung in Häusern mit ungeklärten Eigentumsverhältnissen, vor allem aber durch die Aufwertung des Prenzlauer Bergs zum Lifestyle-Bezirk vertrieben wurde.
Wahrhaftigen Wirbel im mit Sanierungsprofis dicht besetzten Prenzlauer Berg lösten Bernts Thesen schließlich aus, als er auf einer Veranstaltung im April 1997 mit dem Titel »Yuppietown Prenzelberg – wohin treibt unser Bezirk« den Sanierungsträger S.T.E.R.N. für die vermeintliche Vertreibung mitverantwortlich machte. »Die ablaufenden Veränderungen«, sagte Bernt, »scheinen sich dabei fast völlig der Beeinflussung durch die Politik der ›behutsamen Stadterneuerung‹ zu entziehen. Sie widersprechen diametral den von Senat und Bezirk gesetzten Sanierungszielen eines Erhalts der bestehenden Sozialstrukturen.«[8] Bernt zitierte in diesem Zusammenhang eine Studie des Stadtforschungsinstituts Topos, aus der hervorgehe, daß bei privat modernisierten Häusern etwa ein Drittel der Mieter ausgetauscht worden sei. Die neuen Mieter kämen zur Hälfte aus Westberlin, zur anderen Hälfte von außerhalb. Sie seien durchschnittlich jünger als die Altmieter, lebten in Ein- oder Zwei-Personen-Haushalten und verfügten über ein Einkommen, das dem Doppelten des Gebietsdurchschnitts entspreche, aber auch die durchschnittlichen Westberliner Einkommen übersteige.[9]
Bernts These vom »Ende der behutsamen Stadterneuerung« konnten die Vertreter von S.T.E.R.N. unmöglich auf sich sitzen lassen. Öffentlich geförderte Modernisierungen, die Ausweisung von Milieuschutzgebieten sowie die von den Bezirken festgelegten Mietobergrenzen böten jenen, die blei-

ben wollen, genügend Schutz, verteidigte S.T.E.R.N.-Chef Theo Winters die gängige Sanierungspraxis. Für Winters ist der Bevölkerungswandel in Prenzlauer Berg, vor allem aber der Wegzug zahlreicher Familien, weniger Ergebnis einer Verdrängung als vielmehr einer »Normalisierung« der Umlandwanderung. Dieser Meinung schloß sich auch die ehemalige Bezirksverordnete des Bündnisses Prenzlauer Berg und Mitstreiterin der Initiative »Wir bleiben alle«, Cornelia Kirchgeorg-Berg, an. Daß neue Bewohner, darunter viele Singles und Alternative in den Bezirk kommen, ist für Kirchgeorg-Berg noch lange kein Grund zur Besorgnis. »Prenzlauer Berg«, sagt sie, »war schließlich schon immer Transitbezirk.« Auch zu DDR-Zeiten. Immerhin habe die Atmosphäre im Kiez auch davon gelebt, daß viele aus dem Rest der Republik in den Bezirk zugereist seien.

Matthias Bernt hält dagegen: Gerade das Life-Style-Image des Bezirks, seine Attraktivität für potentielle Zuzügler, sei verantwortlich für den steigenden Investitionsdruck und die damit verbundenen Verdrängungsprozesse. Bernt fordert deshalb nicht nur, durch zusätzliche Infrastrukturangebote die noch verbliebenen Familien im Bezirk zu halten. Er setzt auch auf eine neue Sanierungspraxis. Die behördlichen Instrumente seien nur so gut wie jene, die sie zur Verfügung hätten. Der nach wie vor anhaltende Leerstand sowie die zunehmende Spekulation auch in den Sanierungsgebieten seien Hinweis genug auf mangelnde Umsetzung geltenden Rechts. Als Mitarbeiter im Kiezladen Dunckerstraße und Sprecher der lokalen Betroffenenvertretungen weiß er, wovon er redet: »Zahlreiche Eigentümer versuchen immer wieder, die Mietobergrenzen zu umgehen, indem sie die Mieter vorher rauskeln.« Die Folge: Saniert der Eigentümer eine leere Wohnung, wird die Begrenzung der Miete faktisch gegenstandslos. Kaum einer der neuen Mieter, die zu einem Mietpreis von fünfzehn bis zwanzig Mark pro Quadratmeter einziehen, kümmere sich um die Einhaltung der Obergrenzen. Das gleiche gelte in diesen Fällen auch für das Bezirksamt.

Bernt fordert deshalb wie auch andere Betroffenenvertreter eine schärfere Gangart des Bezirksamts gegenüber uneinsichtigen Eigentümern – etwa durch die Androhung und Durchführung von Ersatzmaßnahmen bei unterlassener Instandhaltung oder die Festsetzung von Bußgeldern bei Leerstand anstelle der bisher geltenden Praxis, Leerstand immer dann zu genehmigen, wenn der Eigentümer Sanierung verspricht.

So gegensätzlich auf den ersten Blick die Positionen von Bernt und Winters bezüglich des Bevölkerungsaustausches sein mögen, so einig sind sich die beiden in der Überzeugung, durch eine staatlich geförderte Sanierungspraxis diesen Wandel zwar nicht aufhalten, aber wenigstens verlangsamen zu können. Die Ursachen für diese Entwicklung in Prenzlauer Berg sind freilich durch den einseitigen Blick auf die Sanierung und die Wohnungspolitik nur unzureichend beschrieben. Es ist vielmehr die Veränderung im Gebrauchswert des Quartiers, das die Lebensqualität für einen Teil der Bewohner sinken und für einen andern steigen ließ. Oftmals stellt sich die Frage Stadt oder Land ja nicht nur infolge eines Eigentümerwechsels oder einer angekündigten Mieterhöhung, sondern auch beim Gang durch die Straßen des Viertels. Je größer die Entfremdung, je geringer die Bindung an den Kiez ist, desto größer die Bereitschaft wegzuziehen.

»Viele Leute ziehen auch weg, weil sie den ganzen Lärm, den Verkehr, den Streß nicht mehr aushalten«, behauptet Betroffenenvertreter Nelken. Vor allem aber die zahllosen neuen Kneipen, die nicht nur am Wasserturm oder rund um den Kollwitzplatz eröffnet haben, machen den Bewohnern des Bezirks arg zu schaffen. Ein Umstand, auf den die PDS-Fraktion und das Bündnis Prenzlauer Berg im Sommer 1996 erstmals reagiert haben. Mit einer Stimme Mehrheit in der Bezirksverordnetenversammlung haben beide Fraktionen einen Beschluß durchgesetzt, demzufolge die Schankgärten im Bezirk werktags um 22 Uhr schließen müssen, falls sich Anwohner wegen Lärmbelästigung beschweren. Für die Gastronomen, aber auch für CDU und SPD war dies der Auftakt zu einem »Kneipenkrieg«, der seitdem die Gemüter im Prenzlauer Berg beschäftigt. Und nicht nur die. »Berlin ist schließlich Hauptstadt, da kann man nicht die Gehwege um 22 Uhr hochklappen«, sorgt sich auch die CDU im Abgeordnetenhaus um das Image des Viertels. Stand Berlin damit wieder einmal mitten in Posemuckel?

Was vordergründig als »Kneipenkrieg« oder Provinzposse belächelt werden kann, stellt sich tatsächlich als einer jener zentralen Konflikte im öffentlichen Raum dar, die sich bei zunehmender Segregation in den Innenstadtbezirken noch verschärfen werden. Konkret geht es dabei um die Frage, wer den öffentlichen Raum eines Bezirks, seine Straßen und Plätze nutzt und nutzen darf. Vor allem aber geht es darum, wer sie gestaltet und ausformuliert. In Prenzlauer Berg, das bestreiten auch die Protagonisten der behutsamen Stadterneuerung nicht, hat eine neue urbane Minderheit begonnen, sich die Gewerbestruktur des Bezirks anzueignen. Allein rund um den Kollwitzplatz buhlen hundert Cafés und Kneipen um die Gunst der Life-Style-Society oder derer, die sich dafür halten. Die Zeichen der Zeit – die städtische Textur und Ästhetik von Konsum, Flexibilität und Erfolg – haben binnen weniger Jahre einen Entfremdungsprozeß in Gang gesetzt, dessen soziale Auswirkungen bisher weder abzusehen noch steuerbar sind.

Entsprechend schätzen nicht nur Politiker wie Bernd Holtfreter, sondern auch Stadtsoziologen und Raumforscher die Situation als äußerst kritisch ein: »Die selektive Verdrängung sozial benachteiligter Bevölkerungsgruppen, etwa durch Luxusmodernisierung oder Umnutzung von Wohnquartieren, aber auch Entmischungstendenzen könnten langfristig zu einer signifikanten Differenzierung und Polarisierung der Wohnbevölkerung führen«, erklärt Manuela Wolke vom Institut für Regionalentwicklung und Strukturplanung (IRS) in Erkner bei Berlin.[10] Das betrifft nicht nur »Gentrifizierungs«-Tendenzen wie in Prenzlauer Berg, sondern auch die Verschärfung der Situation in »Problembezirken« wie Kreuzberg oder Neukölln. Wie entscheidend dabei nicht nur der Erhalt der behutsamen Stadterneuerung ist, sondern auch das Image eines Quartiers, weiß der Bereichsleiter des Stadtforschungsinstituts Prognos, Lothar Mahnke. Für Mahnke vollzieht sich die soziale und räumliche Segregation entlang der bereits bestehenden Gebietscharakteristika. »Aufwertung wird es vor allem dort geben, wo das Gebiet schon heute eine hohe Attraktivität hat«, sagt Mahnke, »während sich die Abwertungstendenzen in den weniger attraktiven Quartieren verschärfen.«[11]

## DER ANDERE BERLINER UMZUG

Als Voraussetzung für eine solche neue soziale und räumliche Topographie der Stadt erscheint eine zunehmende Mobilität und Fluktuation ihrer Bewohner. In Berlin sind die Mieter seit Mitte der neunziger Jahre und seit der Fertigstellung zahlreicher nach der Wende begonnener Neubauvorhaben verstärkt in »Bewegung« geraten. Dies geht nicht zuletzt aus der gestiegenen Fluktuation im Sozialwohnungsbestand hervor – einem deutlichen Indikator für den Wandel auf dem Berliner Wohnungsmarkt. Die Anzahl der Umzüge pro Jahr und Bestand hat demnach 1995 mit sieben Prozent den Höchststand seit dem Mauerfall erreicht. Damals betrug die Fluktuation drei Prozent. »Früher gab es bei uns immer eine Schlange, heute müssen wir unsere freien Wohnungen inserieren«, sagt Erika Kröber, die Sprecherin der Wohnungsbaugesellschaft Marzahn. Im östlichen Plattenbaubezirk ist die Fluktuation von früher sieben auf elf Prozent gestiegen. »Wer eine Wohnung sucht, bekommt auch eine«, verspricht Kröber. Immerhin stünden nun erstmals zweihundert der 36.500 Wohnungen der Gesellschaft leer. Als Hauptgrund gelten die stabilisierten Einkommensverhältnisse: »Vor allem die Besserverdienenden ziehen weg.« Insbesondere das Umland hat es den umzugsfreudigen Marzahnern angetan. Dort sind mit 60.000 Wohnungen mittlerweile fast genauso viele Wohnungen seit 1989 gebaut worden wie in Berlin, Tendenz steigend.

Jedoch auch in den Innenstadtbezirken wird um- und hin- und hergezogen wie selten zuvor. Bei der Wohnungsbaugesellschaft in Prenzlauer Berg (WIP) beträgt die Fluktuation derzeit zwischen acht und zehn Prozent. Hauptursache auch hier: der Wegzug in besser ausgestattete Wohnungen, vor allem im Speckgürtel. »Gerade bei Ein- und Zweiraum-Wohnungen ist die Fluktuation sehr hoch«, sagt eine Mitarbeiterin der WIP. Noch 1994 sei die Umzugsrate deutlich niedriger gewesen. Bei der Gesellschaft für sozialen Wohnungsbau (GSW), der größten Vermieterin der Stadt, hat sich die Zahl der Umzüge in den letzten Jahren von drei auf acht Prozent erhöht. Verantwortlich sei hier, so die GSW-Mitarbeiterin Christina Pankhoff, vor allem »ein größeres Angebot im teuren Segment«.

Ist in Berlin damit das Ende der Wohnungsnot erreicht? Hat die enorme Bautätigkeit nach der Wende bei gleichzeitiger Stagnation der Bevölkerungsentwicklung das traditionelle Verhältnis von Nachfrage und Angebot auf dem Wohnungsmarkt umgekehrt? Sorgt der »Sickereffekt« – die Hoffnung, durch Umzug in teure Wohnungen stünden wieder billige dem Markt zur Verfügung – für ein ausreichendes Angebot für alle Wohnungssuchenden? Vor allzu großem Optimismus warnt Hartmann Vetter, der Hauptgeschäftsführer des Berliner Mietervereins. Vetter betont, daß es trotz der Entspannung auf dem Wohnungsmarkt nach wie vor an bezahlbaren Wohnungen mangele. Unterstützt wird der Mieterlobbyist dabei vom Wohnungsmarktexperten des Bausenators, Dietrich Kurth. Zwar sei die Wohnungsnot deutlich abgebaut worden, so Kurth, aber im preiswerten Segment herrsche noch immer eine deutliche Nachfrage. Der Grund dafür liege in der »spezifischen Einkommensstruktur« der Stadt. Niedrige Einkommen seien hier häufiger als in Hamburg oder München zu verzeichnen. Hinzu gesellt sich der Umstand, daß in den kommenden Jahren bis zu 300.000 Wohnungen aus der Sozialbindung herausfallen werden. Einer Mietenexplosion in diesem »Marktsegment« sind dann keine Grenzen mehr gesetzt.

Wie sehr die Karten in Berlin neu gemischt wurden, wie sehr sich die Bevölkerungsstruktur in den Bezirken bereits jetzt schon geändert hat, ist nicht zuletzt dem bereits an anderer Stelle erwähnten Berliner Sozialstrukturatlas zu entnehmen. Darin wird im wesentlichen die räumliche Verteilung »sozialer Ungleichheiten und sozialer Unterschiede« analysiert.[12] Entscheidende Kriterien sind dabei drei Merkmale: Erstens der Sozialindex, also die Anzahl der im jeweiligen Bezirk lebenden Sozialhilfeempfänger, Arbeitslosen und Alleinerziehenden. Zweitens der Altenindex, der über die Altersstruktur der Wohnbevölkerung Aussagen trifft und drittens der Statusindex, in dem die berufliche Ausbildung der Bewohner festgehalten wird. Bereits 1995, als der Sozialstrukturatlas erstmals für alle 23 Berliner Bezirke erschien, wies die Gesundheitsverwaltung auf nicht unerhebliche Unterschiede hin. Diese zeigten sich vor allem in der bezirklichen »Rangskala der sozialen Belastung«, wie es im schönen Soziologendeutsch der Verwaltung heißt, auf der Kreuzberg noch nach Friedrichshain, Wedding, Schöneberg, Tiergarten und Prenzlauer Berg den absoluten Schlußrang für sich reserviert hält. Mit Ausnahme des Bezirks Mitte sind damit ausschließlich sechs Innenstadtbezirke durch eine auffällige soziale Benachteiligung gekennzeichnet. In diesen Bezirken leben etwa 24 Prozent der Berliner Bevölkerung.

In der 1997 erfolgten Aktualisierung der Daten hat sich an der Konzentration sozialer Probleme auf die Innenstadtbezirke wenig geändert – wohl aber in der Rangliste der Innenstadtbezirke untereinander. Zwar ist Kreuzberg nach wie vor unangefochtenes soziales Schlußlicht in Berlin. Prenzlauer Berg jedoch, das 1995 noch auf dem vorletzten Platz landete, hat in den letzten drei Jahren drei Plätze gut gemacht und findet sich nun auf Platz 19 wieder. Abgerutscht ist dagegen der Wedding, von Platz 19 auf 21.

Während die Autoren des Sozialstrukturatlas sich über die Gründe dieser innerstädtischen Verschiebung in Schweigen hüllen, gibt die im Sommer 1997 erschienene Bevölkerungsprognose aus dem Hause Strieder durchaus Aufschlüsse über die sozialräumliche Binnendifferenzierung der Inner City-Bezirke.[13] Verantwortlich für die Änderungen der Sozialindices seien nämlich unter anderem die Bevölkerungsströme von und nach den einzelnen Bezirken. Während für die Ostberliner Innenstadtbezirke Prenzlauer Berg und Friedrichshain mit einem deutlichen Bevölkerungsrückgang gerechnet wird, soll die Anzahl der Bewohner in Kreuzberg, Wedding, Tiergarten, Neukölln und sogar Schöneberg weiter ansteigen. Dies sei vor allem auf das Anwachsen der ausländischen Bevölkerung von heute dreizehn auf siebzehn Prozent im Jahre 2010 zurückzuführen. »Der Anstieg des Ausländeranteils betrifft vor allem die Bezirke, in denen dieser schon vergleichsweise hoch ist«, heißt es in der Prognose.[14] So steige etwa in Kreuzberg der Ausländeranteil von 31,7 Prozent im Jahr 1995 auf 40,9 Prozent im Jahr 2010. Gleiches gilt für den Wedding mit einem Anstieg von 26,5 auf 37 Prozent. Auch real wird die Bevölkerung in den Westberliner Innenstadtbezirken steigen, in Kreuzberg um neun Prozent, in Wedding um vier, in Schöneberg um fünf und in Tiergarten um zwei Prozent. Strieders Prognose scheint damit in allen Punkten die Befürchtung der Regionalforscherin Manuela Wolke zu erfüllen. Bedingt durch den Anstieg der Binnenwanderung, aber auch der Wanderungen von und nach Berlin sind bereits deutliche Zeichen einer räumlichen und sozialen Segregation der Berliner Bevölkerung zu beobachten.

Zusätzlich warnt ein Gutachten der »strukturpolitischen Expertenkommission«[15] vor einer sich weiter verschärfenden Armutsdynamik. Sichtbarster Hinweis bisher: der Anstieg der Arbeitslosen und Sozialhilfeempfänger sowie der mißlungene Umbau der industriellen Wirtschaftsstruktur. Mehr als bisher wird also auch in Berlin von einer städtischen Unterklasse die Rede sein müssen, die für die sozialräumliche Polarisierung der amerikanischen Städte bereits charakteristisch ist. Der Stadtsoziologe Krummacher hat schon 1985 die Merkmale einer neuen urbanen Unterklasse definiert. Zu ihrer Herausbildung gehören »erstens das ständige Anwachsen der marginalisierten Gruppen; zweitens ihre zunehmende Verarmung, die aufgrund der Konstruktion des sozialen Sicherungssystems in der Bundesrepublik vorprogrammiert ist (...); drittens die allmähliche Zersetzung und Auflösung bisheriger Sozialkontakte und -beziehungen, da die gemeinsamen sozialen Bezüge und materiellen Voraussetzungen dafür entfallen; viertens schließlich die sozialräumliche Konzentration und Isolierung der Ausgegrenzten in Arbeitslosen- und Elendszonen«.[16]

Von einer Verdrängung der Armen an die Ränder der Stadt, wie sie Hanno Klein noch vorhergesehen hatte, ist ebensowenig auszugehen wie von einer großflächigen Aufwertung der Westberliner Gründerzeitquartiere zu urbanen Hochburgen der Yuppies und Dinks. Eine solche Aufwertung wird es allerdings mehr denn je in den Ostberliner Innenstadtquartieren geben – nicht zuletzt aufgrund der beginnenden »Verslumung«, wie sie für Stadtteile wie Kreuzberg bereits beschrieben worden ist. Daß SO 36 dabei kein Einzelfall ist, davon ist auch der Stadtsoziologe Erich Konter überzeugt: »Wir müssen uns von der Vorstellung verabschieden, das wäre noch in den Griff zu kriegen. Da werden ganze Gebiete absacken, das ist nicht mehr aufzuhalten.«

## DER LETZTE MACHT DAS LICHT AUS

Die rasanten Veränderungen, die derzeit in Prenzlauer Berg, Kreuzberg und den übrigen Innenstadtquartieren zu beobachten sind, bilden freilich erst den Auftakt für eine Entwicklung, an deren Ende nicht nur die Bewohnerstruktur Berlins wie ein Kartenspiel, sondern auch die Art und Weise der Nutzung der Stadt neu gemischt sein wird. Glaubt man einer Prognose von Helmut Birg vom Institut für Bevölkerungsentwicklung der Universität Bielefeld, so werden die deutschen Städte schon in zehn Jahren leer und überaltert sein. Birg, der einen »Wendepunkt in der Bevölkerungsentwicklung zwischen 2005 und 2010« erwartet, hat mit seinen Berechnungen zuletzt die Kommunen beim deutschen Städtetag 1997 in Hamburg alarmiert. Selbst eine höhere Geburtenrate unter Migranten werde die Entvölkerung der deutschen Städte nicht aufhalten können. Das gleiche gelte für eine verstärkte Zuwanderung aus dem Ausland. Darüber hinaus werde bis zum Jahr 2010 die Zahl der über Sechzigjährigen um dreißig Prozent ansteigen, während die Zahl der 20- bis 45jährigen um zehn Prozent abnehme.

In Berlin, dessen demographische und soziale Stabilität vor dem Fall der Mauer sowohl in West- als auch in Ostberlin auf eine Attraktivität für jeweils verschiedene Bevölkerungsschichten schließen ließ, zeigt man sich irritiert angesichts der enormen Veränderungen. Vor allem die Flucht über die Stadtgrenzen ins Berliner Umland wächst sich seit geraumer Zeit zu einer Massenbewegung aus. Über 22.000 Berliner, so meldete das Statistische Landesamt, habe Berlin allein 1996 an das Umland »verloren«. Nach dem bereits seit 1994 zu verzeichnenden realen Bevölkerungsrückgang war Berlin damit erstmals neben dem traditionellen Sterbeüberschuß auch mit einem negativen Wanderungssaldo konfrontiert. Der Grund: Die negative Wanderungsbilanz gegenüber dem Umland konnte 1996 erstmals nicht durch die traditionell positive Wanderungsbilanz aus dem Ausland ausgeglichen werden. »Damit«, bilanzierte das Landesamt, »setzte sich der seit 1994 zu beobachtende Bevölkerungsrückgang in verstärktem Maße fort.«

Die Wanderung werde in den nächsten Jahren »zum Strom anschwellen«, so auch die Schätzungen des Eduard Pestel Instituts für Sozialforschung. Der offiziellen Bevölkerungsprognose der Senatsverwaltung für Stadtentwicklung zufolge werden bis zum Jahre 2010 210.000 Berliner der Hauptstadt den Rücken kehren.[17] Damit, so Strieder, würde sich das Verhältnis Stadt- und Umlandbewohner westdeutschen Standards annähern. Während derzeit auf einen Umland-Brandenburger 4,3 Berliner kommen, liegt das Verhältnis in Hamburg bei 1 zu 1,5 und in München sogar bei nur 1 zu 1,3. Eine Berechnung der Landesbank Berlin geht sogar von 300.000 Berlin-Flüchtlingen bis zum Jahre 2010 aus.

Daß die Abwanderung aus Berlin sogar noch deutlich unterschätzt werden könnte, ist das Ergebnis der aktuellsten Studie des Forschungsinstituts Prognos, deren Ergebnisse im September 1997 bekannt geworden sind. Demnach zieht es bis zum Jahr 2010 400.000 Berliner in den Speckgürtel. Das sind fast doppelt so viele Stadtflüchtlinge, wie sie die

Stadtentwicklungsverwaltung in ihrer offiziellen Bevölkerungsprognose annimmt. Doch in der Prognos-Studie ist die Umlandwanderung nichts im Vergleich zum Massenexodus in Richtung alte Bundesländer und Ausland: Über 1,2 Millionen Berliner werden in den kommenden zwölf Jahren die Stadt verlassen.[18] Zusammen mit den 400.000 Umlandflüchtlingen hieße das, daß die Berliner Bevölkerung bis zum Jahre 2010 zu über einem Drittel ausgetauscht würde.

Während die Umlandwanderung vor allem Familien mit Kindern betreffe, erklärte Prognos-Mitarbeiter Lothar Mahnke, lägen die alten Bundesländer vor allem aufgrund ihrer besseren Beschäftigungssituation hoch im Kurs. Das gleiche soll für die 100.000 Studenten gelten, die anders als vor dem Fall der Mauer immer seltener in Berlin bleiben wollen. Während die Bevölkerungsprognose des Senats bis zum Jahre 2010 immerhin von einem positiven Bevölkerungssaldo in Höhe von 150.000 ausgeht, wird im Prognos-Szenario die Berlinflucht nicht mit Zuwanderungen ausgeglichen werden können. Laut Prognos werden in zwölf Jahren etwa 3,4 Millionen Menschen in Berlin leben, 100.000 weniger als noch 1995. Neben Migranten aus dem Ausland, deren Zahl jedoch sinke, sollen fast eine halbe Million Menschen aus den alten Bundesländern nach Berlin kommen. Das betrifft, so Mahnke, vor allem Besserverdienende oder Singles.[19] Auf etwa 20.000 Neuberliner schätzt Mahnke außerdem die Regierungsumzügler, in deren Troß noch einmal 30.000 Personen aus Verbänden und Lobbygruppen.

Gleichgültig, ob nun die Senatsverwaltung oder Prognos mit ihren unterschiedlichen Zahlenspielen recht behalten wird – in beiden Fällen werden die Wanderungsströme erhebliche soziale und räumliche Folgen nach sich ziehen. So kristallisiert sich laut Prognos bereits heute Mitte als bevorzugtes Wohngebiet der besserverdienenden Neuberliner heraus. Insgesamt aber werde sich – mehr noch als im übrigen Bundesgebiet – die soziale Spaltung verschärfen. Vor allem der Mittelstand falle weg.

Was hat die Massenbewegung der Umland-, Ost-, West- und Tiefenwanderung doch nun tatsächlich mit der Attraktivität Berlins und der Wahrnehmung von Stadt zu tun? »Die, die hier nicht geboren sind oder noch nicht so lange hier wohnen, sind wesentlich leidenschaftsloser gegenüber dem, was sich im Quartier tut«, weiß Prognos-Mitarbeiter Mahnke. Von einer Verdrängung aus der Innenstadt kann wohl nur die Rede sein bei jenen Bewohnergruppen, deren Lebensperspektive unmittelbar mit der Benutzung des Quartiers verknüpft ist. Das betrifft vor allem ältere Personen, die nicht mehr wegziehen wollen und können, Alleinerziehende oder Sozialhilfeempfänger, die auf billigen Wohnraum oder Transferleistungen angewiesen sind, oder zahlreiche Immigranten, die vorzugsweise in Vierteln leben, in denen die eigene Community ausreichend soziale und wirtschaftliche Netze bereithält. Für andere, mobilere und einkommensstärkere Bevölkerungsgruppen dagegen ist die eigene Lebensperspektive immer weniger mit der Stadt als Wohnort verbunden. Mitte September 1997 veröffentlichte die »taz« eine kleine nicht-repräsentative Umfrage unter ihren Mitarbeitern, die gleichwohl ein Stimmungsbarometer über die Motive der neuen, mobileren Stadtnutzung bereithält. Die Frage lautete: Was hält einen noch hier: der Kiez, die sozialen Bindungen? Kann man in Berlin überhaupt noch Wurzeln schlagen?

Hannes K. (35) wohnt seit 1993 in Berlin, zunächst in Wilmersdorf, später in Kreuzberg 61. Zusammen mit Freundin und Tochter lebt er in einer Wohngemeinschaft. Als er nach Berlin kam, sagt er, seien die alten sozialen Strukturen bereits in Auflösung begriffen gewesen. Obwohl er merkt, wie anstrengend es ist, in Berlin überhaupt noch Wurzeln zu schlagen, will er im Kreuzberger Graefekiez bleiben. Das Umland oder der Stadtrand kommen für Hannes K. nicht in Frage, zumindest nicht als Wohnort. Manchmal aber hat er das Gefühl, bald der letzte in der Stadt zu sein. Viele Bekannte und Freunde sind in den letzten Jahren weggezogen oder haben es vor: nach Indien oder auch nach Kassel. Berlin nach der Wende, sagt er, kotzt viele an.

Auch Conny G. (42). Seit 1980 wohnt sie in der Stadt, hat die Hausbesetzerzeit miterlebt und die autonome Bewegung. Doch das, was die Stadt in der achtziger Jahren ausgemacht habe, existiere nun nicht mehr. Berlin sei zu laut, zu aggressiv, habe zu wenig Lebensqualität. Viele ihrer Bekannten sind weg, sind nach Rahnsdorf, Erkner oder Hohen-Neuendorf gezogen. Es gibt eine Sehnsucht nach einer sozialen Struktur, sagt sie. Doch die wird immer weniger im Stadtteil als vielmehr im Kreis der Familie, im Haus im Grünen gesucht. Wenn sie aus Berlin wegziehen würde, dann gleich ins Umland. Die Berliner Außenbezirke kommen für sie nicht in Frage.

Bernhard P. (33) ist gebürtiger Berliner. Wegen eines Jobs hat er die Stadt bereits einmal verlassen. Nun ist er wieder in Berlin. Wegen eines Jobs. Viele seiner Freunde sind dagegen weg: in Schweden, in Indien, in Chile. Sie sind ausgewandert. Das Umland war ihnen zu nahe an Berlin.

Ganz anders dagegen Jens K. (33). Der gebürtige Ostberliner hat gerade erst mit seiner Familie eine neue Wohnung in Prenzlauer Berg bezogen. Die meisten seiner Bekannten sind noch in Berlin. Vielleicht, vermutet er, weil Ostberlin viel gewachsener sei als der Westteil der Stadt. Selbst diejenigen, die aus Thüringen oder Mecklenburg nach Ostberlin gekommen seien, hätten eine sehr viel größere Bindung an die Stadt als die meisten Westberliner. Ohne Datsche kann sich freilich auch Jens. K. das Stadtleben nicht vorstellen, vor allem wegen der Kinder. Wenn er einmal aus Prenzlauer Berg wegziehen würde, dann vielleicht nach Pankow. Seine Freundin, sagt er, zöge es im Wegzugsfalle freilich gleich ganz aufs Land.

Einige Wurzeln dagegen hat, obwohl aus dem Westen kommend, Christian F. (33) geschlagen. 1988 kam er von München nach Berlin. Kurze Zeit später, sagt er, seien viele seiner Bekannten nachgezogen. Die meisten sind noch hier, außer zweien, die der Hauptstadt wegen eines Jobs den Rücken gekehrt hätten. Wenn er Berlin einmal verlassen würde, sagt er, dann wegen einer anderen festen Stelle. Das Umland kommt für ihn nicht in Frage, es sei denn, er würde einmal Kinder haben. Er fände es immer traurig, wenn Leute erzählten, daß sie ihre Kinder in der Stadt großzögen.[20]

Der Massenexodus aus Berlin hat demnach viele Gesichter. Gemeinsam ist den Motiven der Stadtflüchtlinge allerdings der Umstand, daß Berlin beruflich, sozial oder räumlich nicht mehr genügend Perspektiven bietet. Berlin ist heute im Unterschied zu den Zeiten vor dem Mauerfall nicht mehr länger der Zielort urbaner Sehnsüchte, die Ankunftsstation für (Lebens)Künstler, Aussteiger oder Bundeswehrflüchtlinge. Berlin ist für viele nurmehr Durchgangsstation oder Ausgangspunkt für die weitere Lebensplanung geworden.

Zum Ende des Jahrhunderts hat sich damit nicht nur in Berlin, sondern in ganz Deutschland ein Trend umgekehrt, der noch in den achtziger Jahren als Wiederentdeckung der Innenstädte gefeiert wurde. Damals hatten die Theoretiker dieser »neuen Urbanität«, die Stadtsoziologen Walter Siebel und Hartmut Häußermann, das Ende der Stadtflucht ausgemacht, einer »schleichenden Erosion der Innenstädte«, als deren Ergebnis »Entleerung, Verfall und Verslumung drohten«.

1   »taz«, 13.2.1997.

2   Der Stephankiez wurde 1991 als erstes Berliner Gebiet mit einer städtebaulichen Erhaltungssatzung versehen. Ziel einer solchen Ausweisung zum »Milieuschutzgebiet« ist der Erhalt der städtebaulichen Eigenart des Gebiets, wozu auch die Sozialstruktur der Bevölkerung gehört. In Milieuschutzgebieten unterliegen Baumaßnahmen deshalb der Genehmigungspflicht durch das Bezirksamt, das vor allem privat finanzierte Modernisierungen auf ihre Sozialverträglichkeit prüft und dabei auch Mietobergrenzen festlegen kann.

3   Vgl. Berliner Mieterecho, November/Dezember 1996.

4   Matthias Bernt: Bevölkerungsentwicklung Prenzlauer Berg, Berlin, Januar 1997.

5   ebd.

6   ebd.

7   Vgl. Jörg Blasius und Jens Dangschat: »Gentrification. Die Aufwertung innenstadtnaher Wohnviertel«, Frankfurt/M. und New York, 1990

8   Matthias Bernt, a.a.O.

9   Vgl. Topos Stadtforschung/Mieterberatung Prenzlauer Berg: Privatmodernisierungen in Prenzlauer Berg, Berlin 1995.

10  Manuela Wolke: Manuskript zum Workshop »Migration in Stadtregionen der Neuen Bundesländer« am 16. Oktober 1996. Das Beispiel der Metropolenregion Berlin/Brandenburg.

11  »taz«, 13.9.1997.

12  »Sozialstrukturatlas Berlin« 1995 und Fortschreibung 1997, a.a.O.

13  »Bevölkerungsprognose für Berlin«, a.a.O.

14  ebd.

15  Vgl. Kapitel 1.

16  M. Krummacher u.a.: Regionalentwicklung zwischen Technologieboom und Resteverwertung, Bochum 1985.

17  »Bevölkerungsprognose«, a.a.O.

18  »Tagesspiegel«, 4.9.1997.

19  »taz«, 13.9.1997.

20  »taz«, 13.9.1997.

# VIERTER TEIL:
## NACHHALTIGKEIT ODER WACHSTUM?

*»Wenn ich aus dem Fenster auf den Alexanderplatz gucke, denke ich nicht an Ljubljana oder Prag, sondern nehme mir angesichts der vielen Autos vor, wieder mal mit dem Rad zu fahren. Ich glaube schon, daß Heimat ein positives Wort ist. Ein Ort, von mir aus ein ideeller, an dem man sich wohl fühlt. Zuhause fühlt. Es hat mit Stimmungen zu tun und mit Zeit. Mit viel Zeit. Es hat mit Erfahrungen zu tun, die man selbst gesammelt hat. Ich habe nie richtig verstanden, wie einige meiner Kollegen die Städte wechseln können wie die Hemden.«*
*(Alexander Osang)*

### DIE BERLINER STADTKANTE

Wer vom Brandenburgischen Bernau im Nordosten Berlins nicht über die Bundesstraße 2 in Richtung Hauptstadt fahren will, hat noch immer gute Chancen, ein geographisches Wunder zu Gesicht zu bekommen: die Berliner Stadtkante. Der eindrucksvollste Weg zu diesem Wunder führt über Schönow in Richtung Schönwalde und von dort schließlich einen kopfsteingepflasterten Weg entlang in Richtung Hobrechtsfelde. In diesem Ortsteil des durchaus boomenden Brandenburger Örtchens Zepernick scheint noch immer die Zeit stehengeblieben zu sein. Kein Straßenbauprogramm aus Potsdam hat Hobrechtsfelde im Jahr acht nach der Wende erreicht. An der Handvoll Häuser bröckelt der Putz. Einkaufsmöglichkeiten gibt es keine, dafür steht zweimal die Woche ein Fischhändler auf dem sandigen Streifen neben dem Kopfsteinpflaster. Eine wahre Idylle vor der Stadtgrenze.
Fährt man von Hobrechtsfelde weiter in Richtung Buch, so fand man noch vor zwei Jahren ein verwittertes, verrostetes Hinweisschild. Das Schild war zweigeteilt. Auf der unteren Hälfte las man ein durchgestrichenes »Zepernick, Ortsteil Hobrechtsfelde«, darüber stand schlicht und ergreifend: »Berlin«. Aber auch in Berlin Buch, Bezirk Pankow ist im weiteren Verlauf der Hobrechtsfelder Chaussee die Idylle noch lange nicht zu Ende. Zwar ist die Straße nach dreihundert Metern nun asphaltiert, doch außer einem Hof am Wegesrand ist von Stadt, gar von Großstadt, wenig zu sehen. Das ändert sich auch nicht, wenn man die nächste Hauptstraße überquert. Kaum hat man das ehemalige Stasi-

und Regierungskrankenhaus, in dem sich heute das Herzzentrum Buch befindet, hinter sich gelassen, landet man wieder auf einer Landstraße. Man passiert Bahnübergänge, kann seinen Blick über weite Felder schweifen lassen, überquert die Stadtautobahn und landet schließlich im Berliner Vorort Buchholz, einem langgezogenen und inzwischen etwas zu groß geratenen Straßendorf kurz vor Pankow. Bis zum Alexanderplatz und dem Fernsehturm sind es von hier aus nur noch zehn Kilometer.

Das Berliner Umland ist vielerorts tatsächlich noch das Land um Berlin. Diese stadt- und landschaftsräumlich einmalige Situation in Europa – durchaus wert, ins Weltkulturerbe der UNO aufgenommen zu werden – verdankt Berlin zweierlei Gründen: zum einen der geopolitischen Lage bis zum Mauerfall, zum andern dem spezifischen Wachstum der Großstadt entlang den Verkehrsachsen, die von der Innenstadt über die eingemeindeten Städte und Dörfer des polyzentralen Berlin in die Provinz führten. Ist diese Anordnung der Berliner Stadterweiterung der historische Grund dafür, daß sich zwischen den Radialen das Land gegen die Verstädterung behaupten konnte, so hat die geopolitische Besonderheit der Teilstadt durchaus unterschiedliche Siedlungsstrukturen in West- und Ostberlin hervorgebracht. Vor allem im Nordosten der Stadt, etwa von Prenzlauer Berg über Pankow, Niederschönhausen und Blankenburg bis ins Brandenburgische Schildow, finden sich noch immer die städtebaulichen Zeugnisse der gründerzeitlichen Stadterweiterung. Dagegen wurde in Westberlin der periphere Raum zwischen den verdichteten Gründerzeitquartieren und der Stadtgrenze oftmals mit Siedlungsmasse »aufgefüllt«. So führen etwa längs der Rudower Chaussee oder längs des Lichtenrader Damms ausgedehnte Ein- und Zweifamilienhaus-Gebiete unmittelbar an die Grenze Brandenburgs. Kann von »Stadtkante« etwa im Nordosten erst weit innerhalb Berlins die Rede sein, so markiert die Stadtkante im Süden die trennungsscharfe Grenzziehung zwischen Berlin und Brandenburg. Zur Aufrechterhaltung dieser Grenze müßte sich Brandenburg einseitig bereit erklären, auf die Besiedlung seiner an die Stadt grenzenden »Landkante« zu verzichten.

Ortswechsel: Dallgow, Havelland, »Stadtkante« zum Berliner Bezirk Spandau. Hier hat sich die Stadt oder das, was Investoren Stadt nennen, entlang der Bundesstraße 5 in Richtung Brandenburg ausgedehnt. Neuer Mittelpunkt dieser Verstädterung im Berliner »Speckgürtel« ist der Havelpark in Dallgow. Die Auswirkungen des 45.000 Quadratmeter großen Einkaufszentrums sind aber nicht nur in der weiteren Zersiedlung der unmittelbaren Umgebung, sondern auch in Berlin selbst zu spüren.

In der Spandauer Altstadt zum Beispiel droht der Havelpark die gewachsene Gewerbestruktur zu zerstören. Seit der Eröffnung des Einkaufsparks klagen die Einzelhändler in der Altstadt über Umsatzeinbußen von dreißig bis fünfzig Prozent.

## DAS SCHEITERN DER DEZENTRALEN KONZENTRATION

Als das Berliner Stadtforum im April 1991 vom damaligen Stadtentwicklungssenator Volker Hassemer aus der Taufe gehoben wurde, stand neben dem Potsdamer Platz und der wirtschaftlichen und städtebaulichen Zukunft der Stadt auch die räumliche Entwicklung innerhalb des »engeren Verflechtungsraums« auf der Tagesordnung. Als räumliches Leitbild war zusammen mit den Planern in Brandenburg die »dezentrale Konzentration« entwickelt worden, das heißt die Konzentration längs eines – nach dem S-Bahn- und dem Berliner Autobahnring – »dritten Rings« um die Hauptstadt. Mit der Orientierung auf diesen »äußeren Städtekranz«, zu dem unter anderem Brandenburg/Havel, Cottbus, Schwedt oder Frankfurt/Oder gezählt wurden, sollte die Aufmerksamkeit, vor allem aber die Investitionstätigkeit, vom sogenannten »Speckgürtel« weggelenkt und das unmittelbare Umland vor weiterer Suburbanisierung geschützt werden. Zwischen dem dritten Ring, das heißt dem äußeren Städtekranz und dem Zentrum, so beschrieb der Architekturkritiker Michael Mönninger das Leitbild der dezentralen Konzentration, »liegt ein weiterer Kranz von kleineren, nachgeordneten Städten. Sie befinden sich direkt im Einzugsbereich Berlins und sind den größten Begehrlichkeiten der Kernstadt ausgesetzt.« Für diese Städte, berichtet Mönninger, ist »etwas wie ein qualifiziertes Nullwachstum vorgesehen: keine Ausweisung von Neubauflächen, keine Förderungsprogramme, Verkehrsanschließung nur auf der Basis der bestehenden S-Bahn-Linien.«[1]

Ein schöner Traum, der spätestens mit dem Scheitern der geplanten Länderfusion zwischen Berlin und Brandenburg bei der Volksabstimmung am 5. Mai 1996 zerplatzte. Seitdem herrscht zwischen Berlin und Brandenburg, von einigen Kommissionen abgesehen, planerische Funkstille. Das Ergebnis: Zwei Drittel aller Brandenburgischen Landesmittel fließen inzwischen in den engeren Verflechtungsraum. 172 Wohnparks im nahen Umland zählt allein die »Zitty«-Broschüre »Häuser und mehr«. Das Leitbild der dezentralen Konzentration, das im Grunde als eine Fortschreibung der polyzentralen Struktur Berlins auf seine äußere Umgebung gelten kann, ist damit vorerst auf Eis gelegt. Mehr noch: Der Druck auf das Umland wächst nicht nur aus der Hauptstadt, sondern auch aus dem ursprünglich als Entwicklungsgebiet vorgesehenen »dritten Ring«. Gerade in den Berlin fernen Gegenden Brandenburgs hat ein deutlicher Wanderungsprozeß in Richtung der hauptstadtnahen Gebiete eingesetzt. Gelingt es den übrig gebliebenen Kommissionen nicht, durch eine weiträumige Ausweisung zahlreicher Umlandflächen zu Landschaftsschutzgebieten die Zersiedlung durch Gewerbegebiete und Wohnungsparks zu verhindern, droht dem Berliner Umland tatsächlich die Existenz des Speckgürtels. Die einmalige Chance, die Berliner Stadtkante zu erhalten, wäre damit vertan.

## EIGENHEIME FÜR BERLIN-FLÜCHTLINGE?

Doch der Erhalt der landschaftsräumlichen Qualitäten des Umlands oder der Berliner Stadtkante steht nicht gerade im Vordergrund der Politik in Potsdam und Berlin. Während die Brandenburgische Landesregierung vom rasanten Wachstum des Speckgürtels finanziell profitiert, beklagt die Berliner Finanzsenatorin Annette Fugmann-Heesing (SPD) die »steuerlichen Mitnahmeeffekte« der Berliner Umlandflucht. Nicht um den Erhalt der Grünflächen und Wälder geht es also, sondern um den Geldbeutel potentieller Steuerzahler. Trotz eines Schuldenbergs in Milliardenhöhe werden daher keine Mühen und Mittel gescheut, um potentielle Stadtflüchtlinge an ihrer Flucht zu hindern. Vor allem für Familien mit Kindern, die in der Stadt gehalten werden sollen, will die Finanzsenatorin in Berlin neues und kostengünstiges Bauland ausweisen. Damit schließt sich die SPD-Senatorin ihrem CDU-Kollegen Klemann im Bauressort an, der selbst seit Anfang 1997 eine Eigenheim-Initiative vorantreibt. Ziel dieser Initiative: die Förderung der Eigentumsbildung sowohl durch direkte Zuschüsse an die Bauwilligen als auch durch eine Verbilligung des Baulandes. Damit soll das bisherige Preisgefälle zwischen Eigenheimen in Berlin und denen in Brandenburg mittelfristig ausgeglichen werden und den stadtmüden Familien eine attraktive Alternative zu den Wohnparks in den Berliner Umlandgemeinden angeboten werden.

Doch läßt sich der Wegzug ins Umland überhaupt durch die Ausweisung weiterer Neubauvorhaben in den Berliner Außenbezirken verhindern? Wirft man einen Blick auf die Art und Weise der Umlandwanderung, so scheinen die »neuen Vororte« wie etwa Karow-Nord oder Französisch Buchholz lediglich Zwischenstation auf dem weiteren Weg nach Brandenburg zu sein. Einer Studie der Abteilung Wohnungspolitik beim Bausenator zufolge vollzieht sich die Umlandwanderung sukzessive. Ein Kreuzberger ziehe zuerst nach Tempelhof oder nach Lichten-rade, und am Ende werde er in Brandenburg landen. Die Wanderung, so zeigt es eine Grafik aus der Bauverwaltung, verläuft dabei in der Regel in der einmal eingeschlagenen geographischen Richtung. Während sich die Bauverwaltung aufgefordert sieht, die Abwanderung durch weitere Bautätigkeit am Stadtrand zumindest zu verzögern, interpretieren Kritiker dies als falschen Weg. »Die Politik sollte sich nicht auf diejenigen konzentrieren, die sowieso gehen wollen, sondern auf jene Menschen, die bleiben«, sagt der Architekturkritiker Wolfgang Kil. Kil zufolge könne die Umlandwanderung ohnehin nicht verhindert werden. »Für viele ist ein solcher Umzug eine Mentalitätsfrage, ein Lebensmodell. Sie halten es in der Stadt nicht aus.«[2] Selbst die Versuche, die Berliner durch eine verstärkte Orientierung auf Wohneigentum zur Seßhaftigkeit zu zwingen, ist in der Vergangenheit fehlgeschlagen. Von den fünfzehn Prozent Wohnungen, die die Wohnungsbaugesellschaft Gesobau veräußern wollte, sind bislang erst sieben tatsächlich an die Mieter verkauft worden. »Eine erschreckende Zahl«, so selbst die Reaktion der Finanzsenatorin während einer Diskussion des SPD-Fachausschusses Wirtschaft und Arbeit auf diese neueste Hiobsbotschaft. Offensichtlich müsse dem vom Senat angestrebten Wandel von der Mieter- zur Eigentümerstadt noch ein umgreifender Mentalitätsumschlag vorausgehen.[3] Wie gering der Wille der Berliner zur Eigentumsbildung immer noch ausfällt, zeigt indessen auch die Tatsache, daß selbst in den Wohnparks im Berliner Umland mehr als die Hälfte weiterhin zur Miete wohnt, die Besitzer bleiben in der Minderheit. Angesichts der anhaltend schlechten Arbeitsmarktsituation in der Region Berlin-Brandenburg mag es kaum verwundern, daß viele auch das Umland nur als eine weitere Durchgangsstation begreifen.

Anders als seine Kollegin im Finanzressort teilt Stadtentwicklungssenator Strieder mit dem Architekturkritiker Kil die Ansicht, daß sich die Flucht aus Berlin durch Neubaumaßnahmen nicht mehr aufhalten lasse. Während Kil indes für eine Politik im Namen der Bleibewilligen plädiert, hat der SPD-Politiker anderes im Sinn. Er will den großen Wurf, und der lautet: Verdichtung der Innenstadt. Damit könnten, so Strieder, gleich zwei Fliegen mit einer Klappe geschlagen werden: für die 1,5 Millionen Bürger, die laut Prognos in den nächsten zwölf Jahren nach Berlin ziehen werden, die Bereitstellung eines attraktiven Angebots in den Innenstadtbezirken, während sich die bauliche Konzentration auf die Stadtmitte gar als Auslöser eines Paradigmawechsels in Richtung nachhaltiger Stadtentwicklung erweisen könnte.

## WACHSTUM STATT NACHHALTIGKEIT?

Das »Ende des Mythos der Großstadt als eines Ortes gesellschaftlicher Integration« hat der französische Philosoph der Beschleunigung, Paul Virilio, bereits 1978 in seiner Schrift »L'Etat d'urgence« behauptet. »Der nationale Staat, hyperkonzentriert auf seine Terminals und andere Kontroll- und Überwachungsstellen«, schrieb Virilio, »beginnt seine Bande zu den Stadtbevölkerungen zu lockern, sein Milieu ist künftig der Nicht-Ort der Geschwindigkeit, das Nicht-Territorium einer Vektor-Politik, in der die Zeit dem Raum den Vorrang abläuft.« Die Stadt als Transitort, als enträumlichte Schnittstelle zwischen Verkehrs- und Datenströmen, hat auch in Europa mit seinen rund um die mittelalterlichen Kerne gewachsenen Städten bereits Einzug gehalten. Megalomane Kunststädte wie das längs des ICE-Knotens London, Brüssel, Paris im nordfranzösischen Lille aus dem Boden gestampfte EuraLille gehören ebenso dazu wie die südfranzösische Technopole Sophia Antipolis, eine im Nowhere gegründete Arbeits-, Wohn- und Freizeitstadt, eine Art Silicon Valley an der Côte d'Azur, in der bereits 1992 15.000 Menschen in 850 Betrieben arbeiteten.[4]

Die Auflösung der Stadt in die Region und ihr Spiegelbild, die Peripherisierung des urbanen Zentrums, hat in den Londoner Docklands ebenso bauliche Gestalt gefunden wie in der Hamburger City-Nord, in der Suburbanisierung in der Pariser Ile de France oder in der Stadtregion des Ruhrgebiets, mit 5,3 Millionen Einwohnern die größte Agglomeration Deutschlands. »Das Drama der gesichts- und geschichtslos gewordenen Städte«, schreibt deshalb der Berliner Architekturkritiker Michael Mönninger, »spielt sich nicht bloß in den berüchtigten Downtowns von Tokio, Taipeh oder Sao Paolo ab, sondern hat längst das Innere der europäischen Stadt erreicht.«[5]

Je lautstärker das Lamento über die »Krise der Stadt«, um so konzeptionsloser die Politik der kommunalen Verwaltungen. Als Gegenprogramm zur Auflösung der Städte, als Instrument zur Wiedergewinnung der Stadt als Ort der Integration plädiert Mönninger deshalb für das »urbanistische Ideal und Wunschbild« der »dichten, kompakten Stadt, die ihre räumlichen Ressourcen sparsam nutzt und ihre Verkehrs- und Menschenströme bündelt«.[6]

Städtische Verdichtung als Gebot der Stunde, als ultima ratio gegen die amorphe Gestalt eines Global Village, der Utopie (Ortlosigkeit) im eigentlichen Sinn des Wortes – nirgendwo ist dieses Leitbild konkreter als in der baden-württembergischen Landeshauptstadt Stuttgart. Bis zum Jahr 2008 wollen die Stuttgarter Stadtverwaltung und die Deutsche

Bahn AG das Gebiet der Stuttgarter Innenstadt um vierzig Prozent ihrer bisherigen Fläche erweitern. Um das Projekt »Stuttgart 21« möglich zu machen, sollen die gesamten Gleisstränge des Hauptbahnhofs und der Bahnhof selbst unter die Erde verlegt werden. Auf den gewonnenen hundert Hektar Fläche soll schließlich für 4,9 Milliarden Mark ein neues urbanes Stadtzentrum entstehen, mit Wohnungen für 11.000 Menschen und 24.000 Arbeitsplätzen. Ähnliche Pläne gibt es auch schon für Frankfurt am Main.

Wo keine innerstädtischen Flächenressourcen mehr existieren, orientieren sich die Kommunen dagegen am Leitbild der »dezentralen Konzentration«. Als Kontrapunkte gegen die Zersiedlung der Pariser Stadtregion setzte die Präfektur der Ile de France bereits 1991 auf die Weiterentwicklung des Konzepts der »villes nouvelles«. Dieses in den sechziger Jahren von Paul Delouvrier entwickelte Raumbild sah die Gründung fünf neuer Städte vor, die, so der Architekturkritiker Joseph Haniman, »wie ein Anker in die Pariser Region ausgeworfen wurden«.[7] Die entlang des Eisenbahnnetzes gegründeten Städte – Cergy-Pantoise im Nordwesten, Marne-la-Vallée im Osten, Evry und Melun-Senart im Südosten und Saint-Quentin-en-Yvelines im Südwesten – konnten den Flächenfraß der Banlieues, der Supermarktwüsten und Industriesteppen allerdings nicht verhindern. Eine im Auftrag der Regierung erstellte Expertise zur Lage von über 1.000 Gemeinden im Pariser Becken bildete deshalb die Ausgangsbasis für eine Qualifizierung des Konzepts der »villes nouvelles«. Es sollte versucht werden, das bis zum Jahre 2015 angenommene Wachstum der Region auf dreizehn Millionen Einwohner großräumig zu strukturieren. Das »schéma directeur« sieht nunmehr vor, die radikale Paris-Zentrierung durch die Konzentration auf periphere Städte im Umkreis von fünfzig Kilometern aufzulockern. Betroffen sind davon die Städte Nantes, Melun und Meaux. Das »schéma directeur«, schreibt Joseph Haniman, »plädiert für die Entwicklung eines Netzes von technologisch hochstehenden Mittel- und Kleinbetrieben in mittelgroßen Stadtagglomerationen nach deutschem Vorbild: weg von den Megastrukturen im Niemandsland, hin zur Zellenstruktur der gewachsenen Einheiten«.[8]

Beiden städtebaulichen und regionalplanerischen Konzepten, dem Projekt »Stuttgart 21« und dem Pariser »schéma directeur«, liegt eine ähnliche, seit den achtziger Jahren verstärkt diskutierte Annahme der Stadtentwicklung zugrunde: Durch eine nachhaltige Stadtentwicklung, durch urbane Verdichtung auf den vorhandenen Flächenpotentialen der Innenstädte sowie durch eine Orientierung auf einen Städtekranz in der Region könne eine Entwicklung verhindert werden, wie sie in den

Niederlanden als »randstaad« oder in der städtebaulichen Wüste von Los Angeles, diesem Sinnbild der urbanen Apokalypse, bereits traurige Realität geworden ist: ein Siedlungsbrei ohne Anfang und ohne Ende, dessen räumliche Chiffren nicht mehr die Zentren der Städte, sondern die Netze der Mobilität und der Kommunikation geworden sind.

Nach dem Scheitern der Länderfusion zwischen Berlin und Brandenburg und damit auch des Leitbildes der »dezentralen« Konzentration, heißt nun auch in Berlin Verdichtung das Gebot der Stunde. Um das anarchische, ungeordnete Wachstum im »Speckgürtel« auf ein erträgliches Maß zu beschränken, setzt Stadtentwicklungssenator Strieder scheinbar auf den letzten Trumpf: die unbebauten Flächen in der Innenstadt. Zusätzlich zu den 2,5 Millionen Quadratmetern Nutzfläche in der östlichen Innenstadt sollen zwei Millionen Quadratmeter in der City-West mobilisiert werden, insgesamt also fast viermal soviel, wie die neue Innenstadt im Konzept »Stuttgart 21« umfaßt. Unter den Stichworten Verdichtung, Nachhaltigkeit und Neubelebung der historischen Mitte soll, so Peter Strieder, auch die harte Stadtkante, dieses »System von Städten und Landschaften, die sich gegenseitig durchdringen«, wie es der Stadtplaner Cord Bahlburg formulierte, erhalten und der Suburbanisierung durch die Reurbanisierung städtischer Freiflächen entgegengewirkt werden. Damit, so meint auch Masterplan-Autor Hoffmann-Axthelm, erhielte man die einmalige Chance zur Modernisierung der Stadt, »indem sich Stadtökologie, Stadtwirtschaft, wirtschaftlicher Strukturwandel und mentale Neuorientierung der Berliner impulsgebend überschneiden«.[9]

Nachhaltigkeit, das klingt gut und ist sogar mehrheitsfähig. »Nachhaltige Entwicklung ist und bleibt auch für Städte die einzige Chance«, posaunte selbst Bundesbauminister Klaus Töpfer (CDU) im Juni 1996 auf der UN-Siedlungskonferenz Habitat II. in Istanbul. Doch was soll eigentlich nachhaltige Stadtentwicklung tatsächlich bedeuten? Was will man tun, was verhindern? Vor allem aber: Was tun und verhindern die Masterplaner, wenn sie zum vorhandenen Baubestand der Innenstadt 4,75 Millionen Quadratmeter Nutzfläche in den Stadtplan zeichnen?

Folgt man den Argumenten Hoffmann-Axthelms, so liegen die Ursachen für den Exodus aus Berlin vor allem in den »schlechten Lebensbedingungen der Innenstadt – Lärm, Schmutz, Stau.«[10] Durch die bauliche Verdichtung der Innenstadt, durch Reurbanisierung von »Stadtbrachen« im historischen Zentrum und durch den Rückbau »überdimensionierter Verkehrsschneisen« will der ehemalige behutsame Stadterneuerer jenes städtische Ambiente schaffen, mit dem die Berliner Mitte auch als Wohnort wiederentdeckt werden soll. Eine »nachhaltige Stadtentwicklung«, sekundiert

auch Hoffmann-Axthelms Auftraggeber Peter Strieder, »hat aus verkehrs-
technischen, sozialen und stadtkulturellen und ökologischen Gründen eine Stärkung des innerstädtischen Wohnens zur Voraussetzung«. Von den
2,5 Millionen Quadratmeter Bruttogeschoßfläche, die allein in der City-
Ost vorgesehen sind, sollen deshalb sechzig Prozent dem Wohnungsbau
vorbehalten werden. Das macht, folgt man einer Rechnung des Stadtplaners Harald Bodenschatz, ein Volumen von 13.000 Wohnungen. Dazu
könnten noch einmal 18.000 in der City-West hinzukommen.[11]
Anders als Hoffmann-Axthelm ist Strieder freilich ehrlich genug zuzuge-
ben, für wen in der Innenstadt gebaut werden soll. »Es wäre ein falscher
Eindruck, daß wir in der Berliner Mitte in erster Linie eine Familiensied-
lung konzipieren«, sagt Strieder. Auch die Stadtplanung, heißt es zur Begründung, müsse schließlich darauf reagieren, daß in Berlin mittlerweile
fast die Hälfte aller Haushalte Single-Haushalte seien. Dies entspricht
auch der Ideologie von Hans Stimmann, einst Senatsbaudirektor und
nunmehr Strieders Staatssekretär. Für Stimmann verkörpert der »neue
Stadtbürger mit Handy und Laptop« den künftigen Bewohner der Innenstadt. Da dieser Stadtbürger, so argumentiert Stimmann weiter, ohnehin
einen Aufenthalt auf Mallorca dem Besuch des innerstädtischen »Sanitär-
grüns« vorziehe, dürften zur Realisierung des innerstädtischen Woh-
nungsbaus auch die vorhandenen Frei- und Grünflächen zugebaut werden. Im Planwerk Innenstadt, monierte daraufhin der Architekturkritiker
Wolfgang Kil, stecke ganz wesentlich eine soziale Strategie: »Es geht
nicht um den Schutz der vorhandenen, sehr wohl ausdifferenzierten und
weiter im Umbruch vorhandenen Milieus, sondern um deren Austausch
durch jene vielbeschworenen neuen Stadtbürger.«[12]
Spätestens hier bedarf die Diskussion um den Begriff der Nachhaltigkeit
– wie jede Diskussion um zunächst wohlklingende Termini – einer ge-
naueren Untersuchung. Während der Masterplan für Michael Mönninger
den »Abschied von den gebauten Lebenslügen der Moderne« bedeutet,
entdeckt der an der TU Berlin tätige Architektursoziologe Werner Sewing darin sogar eine »vielleicht neue« Lebenslüge – jene nämlich der
Nachhaltigkeit. »Soziale Prozesse, Verhaltensänderungen und politische
Lernfähigkeit werden mit dem Plan nicht beeinflußt«, sagt Sewing.[13] Daher werde die Abwanderung der Mittelschichtsfamilien in den Speckgürtel weitergehen. »Das vielbeschworene Stadtbürgertum, das in Berlin ohnehin nur eine sehr schwache Tradition hat, wird nicht wiederentste-
hen, statt dessen werden ganz normale Investoren die Filetstücke des
um ›Bauherren buhlenden‹ Senats (Stimmann) verwerten. Die Stadt als
Ort menschlichen Zusammenlebens, so der Anspruch des Plans, wird

weiterhin woanders stattfinden.«[14] Auf den entscheidenden Grund dieser »neuen Lebenslüge« hat unterdessen der Stadtsoziologe und Stadtplaner Harald Bodenschatz hingewiesen, in dem er im Masterplan ohnehin nur ein »Festhalten an einer überzogenen Wachstumsplanung« erkennt. Damit, so Bodenschatz, reihe er sich ein in die Berliner Planungspolitik der Jahre 1991 bis 1993, »eine Zeit blinder Wachstumsgläubigkeit«.[15]

Ließe sich die gigantische Verdichtung der Innenstadt vor dem Hintergrund des von Strieder erwarteten Bevölkerungsanstieges – bis zum Jahre 2010 150.000 neue Bewohner – noch als Versuch eines »geordneten« Wachstums legitimieren, so räumt die jüngste Prognos-Studie mit diesen Entwicklungsplänen gründlich auf. Wenn es statt eines Bevölkerungswachstums in den nächsten zwölf Jahren einen Rückgang um 100.000 gibt, dann müßte das Gebot der Stunde »geordnetes Schrumpfen« heißen. Nicht zu Unrecht fordert deshalb die baupolitische Sprecherin der Bündnisgrünen, Ida Schillen, eine Neukonzeption der Berliner Wohnungsbaupolitik. Statt die ohnehin knappen Mittel für den Bau von Eigenheimen auszugeben und damit jene zu subventionieren, die sich ohnehin aus eigener Kraft auf dem Wohnungsmarkt versorgen könnten, müßten die staatlichen Gelder auf den vorhandenen Wohnungsbestand konzentriert werden. Dabei gelte es vor allem jene zu unterstützen, die nach wie vor auf preiswerten Wohnraum angewiesen seien.

1   Michael Mönninger: »Stadtentwicklung in Europa«, in: Die Stadt. Ort der Gegensätze, a.a.O.
2   »Berliner Zeitung«, 4.7.1997.
3   »Tagesspiegel«, 10.9.1997.
4   Michael Mönninger: »Die Zukunft der Technopolen: Sophia Antipolis«, in: ders. (Hrsg): »Last Exit Downtown. Gefahr für die Stadt«, Basel, Berlin, Boston, 1994.
5   Michael Mönninger: »Die Produktion des Raums«, in ders. (Hrsg): »Last Exit Downtown«, a.a.O.
6   ebd.
7   Joseph Haniman: »Hauptstadt oder Stadtregion: Paris«, in Michael Mönninger (Hrsg.): »Last Exit Downtown«, a.a.O.
8   ebd.
9   Dieter Hoffmann-Axthelm und Bernd Albers: »Planwerk Innenstadt Berlin. Projektgruppe Historisches Zentrum«, in »Planwerk Innenstadt Berlin. Eine Provokation«, a.a.O.
10  ebd.
11  Harald Bodenschatz: »Planwerk Innenstadt Berlin. Eine Bestandsaufnahme«, in: »Planwerk Innenstadt Berlin. Eine Provokation«, a.a.O.
12  Wolfgang Kil: »Würde, Idylle, Segregation«, a.a.O.
13  Werner Sewing: »Kein Masterplan, kein Meisterwerk«, in »Planwerk Innenstadt Berlin. Eine Provokation«, a.a.O.
14  ebd.
15  Harald Bodenschatz, a.a.O.

# FÜNFTER TEIL:
# DAS VERSCHWINDEN DER POLITIK

*»Politiker, die man einmal gewählt hat, kann man später, bei
erwiesener Untauglichkeit, zum Teufel jagen, in den Straßen,
Zentren, Parks, Häusern, Wohntürmen dagegen, die die Baumeister
entworfen haben, wird man auch in Zukunft umhergehen, schauen,
wohnen, essen, lieben, schlafen. Zwischen diesen Kulissen und
Versatzstücken, in diesem von einem anderen bestimmten Raum,
wird sich das Leben abspielen. ›Eine der Funktionen der Architektur‹,
sagt Edmund Bacon in seinem Buch Design of Cities, ›ist das
Schaffen von Raum, um das Drama des Daseins zu verschärfen.‹«*
(Cees Nooteboom)

## DER AUSVERKAUF

Berlin ist nicht nur arm. Berlin ist pleite. Allein 1998 müssen, so sieht es
der Haushaltsentwurf des Senats vor, sechs Milliarden Mark durch den
Verkauf landeseigenen Vermögens eingenommen werden. Da der Strom-
erzeuger Bewag bereits 1997 für 2,8 Milliarden Mark verkauft worden ist,
will die Finanzsenatorin Annette Fugmann-Heesing nun den landeseigenen Wohnungsbaugesellschaften an den Kragen. Vier Milliarden Mark
will sie alleine durch den Verkauf von Wohnungen und ganzer Gesellschaften einnehmen, um die Löcher im Haushalt auch nur annähernd
stopfen zu können. »Das geht jetzt ans Eingemachte«, kritisiert die bündnisgrüne Baupolitikerin Ida Schillen den »Ausverkauf der Stadt«. Je weniger Wohnungen es unter kommunaler Verwaltung gebe, desto geringer
werde der wohnungspolitische Handlungsspielraum. Das Bild, das Schillen von der Zukunft des Berliner Wohnungsmarkts malt, ist deshalb düster: Statt der heutigen Sozialwohnungen werde es im Jahr 2010 nur noch
etwa die Hälfte geben. Ohne den Einfluß der Politik auf die Vergabepra-
xis der landeseigenen Gesellschaften würde auch die Wohnraumversor-
gung für soziale Problemfälle immer schwieriger werden.
Die Bedeutung staatlicher Wohnungspolitik in Berlin war in der Vergangenheit eigentlich unumstritten. Sowohl der soziale Wohnungsbau
in den sechziger und siebziger Jahren als auch die öffentlich subventio-
nierte Altbausanierung in den achtziger Jahren sah sich dem im Städte-
baurecht geforderten Prinzip verpflichtet, die Wohnungsversorgung für

breite Schichten der Bevölkerung zu verbessern. Zweifelsohne hat das seit den siebziger Jahren eingeführte System der Wohnungsbauförderung jedoch zu einer wahren Kostenexplosion geführt, wobei die Mieten im sozialen Wohnungsbau oftmals genauso teuer sind wie in privat sanierten Altbauwohnungen. Anstatt jedoch die Wohnungsbauförderung durch eine umfassende Reform aus der Sackgasse zu holen, setzt der Berliner Senat auf Sparen und Verkaufen.

Insgesamt hält der Trend zum Ausverkauf in Berlin ungebrochen an. Zwar hat noch kein Senator vorgeschlagen, die Berliner Gehwege, Seen oder Wälder zu verkaufen, doch die Veräußerung sämtlicher nicht selbst genutzter landeseigener Grundstücke mittels eines gigantischen Immobilienfonds ist bereits in die Diskussion geraten. Fünfundzwanzig bis fünfzig Milliarden Mark, so die Finanzsenatorin, könnten durch diesen finalen Verkauf von sechzig Millionen Quadratmetern Stadt – das entspricht acht Prozent der Fläche Berlins – realisiert werden. Damit ließe sich gerade einmal das strukturelle Haushaltsdefizit bis zum Jahr 1999 ausgleichen, um den Preis freilich, daß Berlin dann nicht nur pleite wäre, sondern auch ohne finanzielle Reserven. Bei der von der Grünen-Politikerin Schillen im Zusammenhang mit dem wohnungspolitischen Kurswechsel bemängelten Preisgabe von kommunalpolitischen Steuerungsmöglichkeiten stellt sich deshalb auch die Frage nach dem Handlungsspielraum der Berliner Politik insgesamt, aber auch nach den Hintergründen der aktuellen Finanzkrise.

Kein Zweifel: Mit dem politischen und medialen Trommelfeuer, von dem das Berliner Haushaltsloch seit der Neuauflage der Großen Koalition im Februar 1996 begleitet wird, hat sich der Blick auf die Geschicke der Berliner Politik insgesamt verschoben. Unter dem Vorzeichen der Krise darf Politik nicht mehr länger als Gestalten, sondern muß fortan als Vollziehen äußerer Zwänge verstanden werden. Die Fakten, mit denen dieser paradigmatische Wechsel im Verständnis der Berliner Landes- und Kommunalpolitik begründet werden, sind in der Tat beeindruckend: Bis zum Jahre 1999 – einem Jahr vor dem Beginn des Regierungsumzugs – soll sich der Schuldenberg der deutschen Hauptstadt auf 32 Milliarden Mark angehäuft haben. Doch schon heute müßte sich die Stadt Berlin als »Unternehmen«, als das sie sich gerne ausgibt, längst auf den Weg zum Konkursrichter gemacht haben. Der Löwenanteil der Haushaltseinnahmen ist bereits durch Fixkosten und Zinsen gebunden. Von kommunalpolitischen Handlungsspielräumen oder gar Verteilungskapazitäten mag kaum einer mehr reden. Berlin – daran geht kein Weg mehr vorbei – ist also pleite.

Sparen in der Krise bedeutet jedoch zweierlei: Man kann das, was man hat, zusammenhalten, und/oder das, was man nicht hat, auch nicht ausgeben. Und immer dort, wo gespart wird, gibt es auch Verlierer und Gewinner. Beim Sparhaushalt des Landes Berlin stehen u.a. die zahlreichen Arbeitnehmer der privatisierten Unternehmen auf der Verliererseite, freie Träger im Kultur- und Sozialbereich genauso wie die auf die staatlichen Infrastruktureinrichtungen angewiesenen Haushalte. Zu den Gewinnern gehören all die privaten Zuwendungsempfänger und hochsubventionierten Wirtschaftsunternehmen, denen die Landesgelder teilweise direkt in die Tasche fließen: seien es die Baulöwen, die noch immer am nicht reformierten System der Neubauförderung verdienen, oder die Banken, die das Land mit Krediten über Wasser halten und immer mehr Zinsen dafür kassieren. Während im Sozial- und Jugendbereich, bei der behutsamen Stadterneuerung, der Kulturförderung oder der aktiven Arbeitsmarktpolitik – um nur einige der zentralen Felder zu nennen – rigoros gekürzt wird, blieben und bleiben die Berliner Prestigeprojekte wie der Tiergartentunnel, der Technologiestandort Adlershof oder die neuen Messe- und Großsporthallen unangetastet. Die Berliner müssen also nicht nur sparen, sie müssen auch eine gewaltige Umverteilung von unten nach oben mitfinanzieren. Gleiches gilt im übrigen auch für die Verwaltungsreform, die in ihren bisherigen Ergebnissen im wesentlichen dazu geführt hat, daß die Bezirke für die Defizite der Hauptverwaltungen aufkommen müssen.

Wie sehr die Finanzkrise analog zur Krise der Stadt insgesamt das Ergebnis einer nachgerade historischen Verdrängungsleistung ist, zeigt allein schon ein Blick auf ihre »Entstehungsgeschichte«. Am Anfang stand – ähnlich wie bei der Stadtentwicklung – die Euphorie. Klotzen, nicht kleckern hieß die Devise. Immerhin durfte eine europäische Dienstleistungsmetropole und Hauptstadt nicht den Charme einer westdeutschen Provinzstadt versprühen. Als das große Bauen im Jahre 1993 dann schließlich losging, hatte sich die Metropolen-Vision schon längst in einen schönen Traum verflüchtigt. Ungeachtet der Olympiapleite wurde man freilich nicht müde, mit überdimensionierten Projekten für den imaginären Boom von morgen zu bauen – um den Preis der Pleite von heute. Die kam schließlich ans Tageslicht, als 1996 Fugmann-Heesing den CDU-Politiker Elmar Pieroth im Finanzressort ablöste. Die neue Senatorin machte Kassensturz und siehe da: Nichts war mehr übrig. »Vor den Wahlen wurde so die Chance verpaßt, dem Wähler zu zeigen, wo, wann und was gespart werden soll und was die Parteien in dieser zentralen Frage für unterschiedliche Vorschläge anzubieten haben«, schrieb Harald Bodenschatz in einem Essay, in dem er dem neoliberalen Konzept eine »ökologisch-soziale« Sparperspektive entgegensetzte.[1] Auch nach den Wahlen sei eine programmatische Diskussion verhindert worden.

An einer solchen Diskussion konnte jedoch auch Fugmann-Heesing, die als ehrliche Maklerin der Berliner Finanzen schnell ihren Ruf als »eiserne Lady« weg hatte, kaum gelegen sein. Im Gegenteil: Der vom SPD-Fraktionsvorsitzenden Klaus Böger aus Hessen an die Spree geholte Politikimport hatte eine ganz andere Funktion: nämlich die Berliner auf den entscheidenden Übergang der bisherigen Kommunalpolitik zur Standortpolitik einzuschwören. Die Spardebatte, die als Sparzwang endete, kam da zur rechten Zeit. Die Botschaft dieses Paradigmenwechsels lautet unmißverständlich: Herkömmliche Politik können wir uns nicht mehr leisten. Es muß also umgedacht werden. Im Interesse aller, das heißt im Interesse der Unternehmen.

## KOMMUNALPOLITIK ALS AUSLAUFMODELL

Der Zusammenhang zwischen der Spar- und der zukünftigen Regierungspolitik wie auch die Frage nach dem lokalpolitischen Handlungsspielraum im Zeitalter der internationalen Städtekonkurrenz und Globalisierung werden derzeit in Deutschland in keiner Partei kontroverser diskutiert als innerhalb der SPD, der Partei der klassischen Kommunalpolitik. So trafen die beiden gegensätzlichen Leitbilder, das wirtschaftspolitische und das sozialpolitische, auch im März 1996 bei einem Kongreß der Sozialdemokratischen Gemeinschaft für Kommunalpolitik (SGK) aufeinander.

Die klassische Variante der Kommunalpolitik repräsentiert etwa Hajo Hoffmann, der SPD-Oberbürgermeister von Saarbrücken. Kommunalpolitik ist für Hoffmann »alles, was zwischen pränataler Medizin und Einäscherung liegt«.[2] Für all das, so Hoffmann, müsse die Stadt eine vernünftige Antwort finden. Dieses aus dem »Klassenkompromiß« des deutschen Wirtschaftswunders resultierende Prinzip staatlicher und sozialer Fürsorge wird auf der anderen Seite von Manfred Lahnstein, dem ehemaligen SPD-Finanzminister und heutigen Bertelsmann-Manager, aufs heftigste attackiert. Für ihn sind nicht Stadt und Sozialpolitik, sondern Stadt und Wirtschaftspolitik identisch. Seine Devise: »Ohne Wirtschaft gibt es keine Arbeitsplätze und keine Stadt.«[3] Ausgehend davon, daß »die Herstellung und Sicherung eines ausreichend hohen Beschäftigungsstandes« oberstes Ziel der Wirtschaftspolitik zu sein habe, müsse sich, so

Lahnstein, auch die SPD Klarheit darüber verschaffen, »daß nicht die Beschäftigung, sondern der Ertrag unverzichtbares Ziel unternehmerischen Handels ist«. Ein Wirtschaftsunternehmen, schrieb Lahnstein den Genossen hinter die Ohren, »ist eine auch soziale, aber keine sozialpolitische und auch keine beschäftigungspolitische Veranstaltung!«[4]

Damit hat Lahnstein bereits die wirtschaftspolitischen Voraussetzungen eines Wechsels von der klassischen kommunalen Fürsorge- zugunsten einer Standortpolitik formuliert, eines Paradigmenwechsels, der – zumal vor dem Hintergrund der wachsenden Städtekonkurrenz – allenthalben in den Rathäusern Einzug hält und auch in der Politikwissenschaft auf immer mehr auf Interesse stößt.

Für die Professorin und Politologin Margit Mayer von der Freien Universität Berlin bestand der »in der Nachkriegsära vorherrschende Typ lokalstaatlicher Politik primär im Vollziehen und Verwalten, Abfedern, Filtern und Kleinarbeiten zentralstaatlich gesetzter Politik«.[5] Nunmehr freilich erzwängen die »Bedingungen der neuen internationalen Konkurrenzstruktur« eine zunehmende Mobilisierung sämtlicher Bereiche der lokalen Politik für wirtschaftliche Entwicklung. Gleichzeitig, so schreibt Mayer in einer Untersuchung mit dem Titel »Stadtpolitik im Umbruch«, »ziehen sich die Kommunen aus Einrichtungen für den kollektiven Konsum zurück«. Dabei sei nicht nur der finanzielle Anteil für Konsumfunktionen, etwa im sozialen und gesundheitspolitischen Bereich, gesunken, sondern »es fand auch hier eine Umstrukturierung statt, die zunehmend nicht-staatliche (private, gemeinnützige, intermediäre) Organisationen in die Erbringung der diversen Dienstleistungen involvierte, wobei diese von der Kommunalregierung allerdings kontrolliert und reguliert werden«. Jüngstes Beispiel in Berlin für eine solche Umstrukturierung der konsumtiven Ausgaben ist das »Liga«-Modell für die sozialen Projekte, bei dem nicht mehr die Senatsverwaltung über die Mittelvergabe (oder besser Mittelkürzung) an die freien Träger beschließt, sondern eine »Liga« unter dem Dach des Paritätischen Wohlfahrtsverbandes. Das Land Berlin hat sich somit nicht nur der Aufgabe entledigt, selbst zu entscheiden, sondern ist künftig auch nicht mehr der Adressat möglicher Konflikte und Proteste.

Politischer Gestaltungsbedarf besteht demnach vor allem im Bereich der Wirtschaftsförderung und -beratung, im lokalen Standortmarketing, in der Förderung von Existenzgründern und in dem Bemühen, vorhandene Betriebe am Standort zu halten. Die Vermutung von Kritikern des Masterplans, die Berliner Politiker planten weniger für ihre Bewohner als für jene, die sie gerne in der Stadt sähen, bestätigt sich spätestens dann, wenn man einen Blick auf den Bedeutungszuwachs weicher Standortfaktoren wirft. »Kein vernünftiger Investor wird in eine Stadt gehen«, betonte Bertelsmann-Manager Manfred Lahnstein, »in der das Bildungs-, Ausbildungs- und Fortbildungsangebot nicht auf der Höhe der Anforderungen ist.«[6] Das gleiche gelte für die Kultur, die Freizeitangebote, die Naherholung und die Umweltqualität. Besonderes Augenmerk richtet Lahnstein dabei auch auf die Sicherheit: »Es ist vielleicht nicht jedem bewußt, daß die Kriminalstatistik für Standortentscheidungen durchaus eine Rolle spielt«. Mittlerweile, so weiß es Lahnstein aus eigener Erfahrung, hätten diese »weichen Standortfaktoren« und das Image der Stadt allein schon deshalb an Bedeutung gewonnen, weil die harten Standortfaktoren wie Verkehrsanbindung und Infrastruktur fast überall gut sind. Der Stadt Berlin hatte der ehemalige Bundesfinanzminister jedoch ein miserables Zeugnis ausgestellt. Lange Zeit nämlich trug sich die Bertelsmann-Holding mit dem Gedanken, ihren Sitz von Gütersloh nach Berlin an den Spittelmarkt zu verlegen. 1995 überlegte es sich Deutschlands größter Medienkonzern freilich anders. Berlin, das war überdeutlich, hatte keine goldene Zukunft vor sich.

## IST DER RUF ERST RUINIERT:
## BERLIN UND SEIN IMAGE

In ihrer vierhundert Seiten starken Untersuchung »Weiche Standortfaktoren« behaupten auch die Autoren Busso Grabow, Dietrich Henckel und Beate Hollbach-Grömig, daß im Zusammenhang mit der Unternehmensakquise das Image oder das Bild einer Stadt zum »weichsten aller weichen Standortfaktoren« zähle.[7] Vor allem in frühen Phasen einer Standortentscheidung, so die Autoren, »kann es der bestimmende Faktor dafür sein, ob ein neuer Standort überhaupt in Erwägung gezogen wird oder nicht«. Daß Standortpolitik gerade in Berlin zur Imagepolitik geworden ist, mag auch angesichts von Negativentscheidungen wie der Bertelsmann-Gruppe kaum überraschen. Mehr noch: Imagepolitik heißt in Berlin weniger, positive Images zu verstärken, sondern zuallererst, negative Bilder zu korrigieren. Immerhin haben auch Grabow und Kollegen festgestellt, daß Außenbilder von Städten »in der Tendenz relativ langlebig und stabil« seien. »Bilder zu produzieren und zu ›machen‹, die zudem noch glaubhaft sind und einen Wandel hin zu einer positiveren Wahrnehmung von Stadt oder Region bewirken, ist ein langwieriger und schwieriger Prozeß, wenn er – bewußt inszeniert – überhaupt gelingt«.[8]

Schwierige Zeiten also für die Bildermacher in Berlin. Nicht nur für die privaten wie Dirk Nishen, der mit seinem Film »Zentrum in Zukunft« in der Infobox am Potsdamer Platz durch die Ausblendung von Realität alles andere als glaubhaft wirkt, sondern auch für die verbeamteten Imagebildner im Senat oder die halbstaatlichen Organisationen wie »Partner für Berlin«, die »Berlin-Tourismus-Marketing GmbH« oder die Wirtschaftsförderungs-Organisationen. Namentlich in Berlin, so ergab eine vergleichende Untersuchung des Deutschen Instituts für Urbanistik (DIfU) aus dem Jahre 1995, werde die Langlebigkeit von Bildern und einzelnen Bildelementen besonders deutlich.[9] Dies betrifft freilich nicht – wie manche Marketing-Experten hoffen mögen – das Bild von Berlin als Nabel der Welt, als Mauerstadt, als Stadt Willy Brandts und John F. Kennedys. Es betrifft vor allem die sprichwörtliche Berliner Provinzialität, von der im Zusammenhang mit der deutschen Hauptstadt immer wieder die Rede ist. In der genannten Fallstudie, in der Großstädte wie Berlin, München oder Wien, aber auch mittlere und kleinere Städte wie Augsburg, Herne, Ingolstadt, Schweinfurth, Wolfsburg oder Würzburg anhand von Kriterien wie »kulturelles Bild«, »wirtschaftliches Bild«, »räumliches Bild« und »geschichtliches Bild« untersucht wurden, schneidet Berlin besonders schlecht ab: Zwar wird mit dem »kulturellen Bild«, das heißt mit den Philharmonikern, der Szene, der Existenz als Kulturstadt oder den Golden Twenties auch Positives assoziiert, aber eben auch allerhand Negatives wie »Schnauze« oder die Provinzialität der Stadt. Noch deutlicher wirkt das wirtschaftliche Bild von Berlin als »Subventionsstandort«. Das räumliche Bild ist noch immer mit den langlebigen Begriffen Osten und Insel besetzt, während das geschichtliche Bild noch weiter zurückgreift: Preußen, Reichshauptstadt, geteilte Stadt. Fazit der DIfU-Empiriker: »Das wirtschaftliche Bild ist das einer Industriestadt mit verlängerten Werkbänken, mit einem überproportional hohen Anteil von Beschäftigten in der Produktion, vergleichsweise geringen Qualifikationen sowie einem sehr großen öffentlichen Sektor.«[10] Verstärkt werde dieses »wenig positive Bild«, so die Autoren, »durch die vor allem auf den Westteil der Stadt bezogene Vorstellung vom Subventionsempfänger und der Berliner Subventionsmentalität.«[11]
Berlin-schädigend sei aber auch die Mentalität der Berliner – vielleicht ist das ja auch der Grund für das engagierte Plädoyer von Stadtbürgern wie Klaus Hartung und Hans Stimmann für bessere Manieren. Sowohl die Mentalität der Bewohner als auch die Sicherheit der Stadt, so das DIfU, seien von herausragender Bedeutung: »Städte, in denen die Mentalität der Bevölkerung durch Gesprächskultur und informelle Kontakte gekenn-

zeichnet ist, haben damit einen Standortvorteil.«[12] Unter den untersuchten Städten sei insbesondere Wien ein Beispiel für diesen Stadttypus. Ganz anders dagegen Berlin: »Den Gegenpol stellt Berlin dar, wo die Kommunikation zwischen Unternehmen und Verwaltung, aber auch zwischen den einzelnen Verwaltungsstellen nur schleppend und zögerlich abläuft.«

Ganz im Sinne ihrer Auftraggeber – das Deutsche Institut für Urbanistik wird mehrheitlich durch die darin vertretenen Kommunen finanziert – werden am Ende der Studie auch Ratschläge erteilt. »Berlin muß daher sowohl am Innenbild arbeiten als auch auf Außenwerbung setzen, um die Stadt langfristig zu einem ernsthaften Mitspieler im Städte- und Standortwettbewerb zu entwickeln.« Eine ähnliche Untersuchung der Firma Regio-Consult, die bereits 1993, also im Jahr der Olympiaentscheidung, veröffentlicht wurde, bestätigte, daß es sich bei den Autoren der DIfU-Studie durchaus nicht um Nestbeschmutzer, sondern die Verkünder einer unangenehmen Wahrheit handelte. Das Fazit von Regio-Consult: »Allerdings besteht – insbesondere auch bei potentiellen ausländischen Investoren – der Eindruck, daß die komparativen Standortvorteile weder energisch genug gefördert noch genutzt, noch wirkungsvoll verkauft werden. Dadurch ist ganz eindeutig ein Vertrauensverlust gegenüber Berlin eingetreten, der den Standort weniger interessant erscheinen läßt als noch vor zwei Jahren«.[13] Interessant ist, daß Regio-Consult auch die vorhersehbare künftige Entwicklung und die anhaltende Diskussion über den Regierungsumzug als schädlich wertet. Das gleiche gelte für die wachsenden sozialen Spannungen durch den Verlust an innerer Stabilität und industrieller Substanz.

Nicht zuletzt der festgestellte Umstand, daß »vor allem Ehefrauen von Führungskräften, die nach Berlin geworben werden sollen, erhebliche Vorbehalte gegenüber der Stadt haben«, veranlaßt das DIfU schließlich zur Aufforderung an den Senat, sich um ein neues »Leitbild« zu bemühen. »Für eine ›emotionale Konsolidierung‹, die auch glaubwürdig nach außen vertreten und vermittelt werden kann, ist allerdings eine Rückbesinnung auf die eigenen Kräfte und Stärken erforderlich.«[14] Diese Rückbesinnung, stellt das DIfU mit Blick auf die bisherige Selbstwahrnehmung und Verdrängungskünste der Berliner Politik fest, »war bislang nur wenig erfolgreich. (...) Die gescheiterte Olympiabewerbung und der Mangel an einem breite Bevölkerungsschichten einbeziehenden Grundkonsens können dafür als Beispiele angesehen werden.« An dieser Stelle, so schließen die Empiriker ihre Empfehlung, »wird damit abermals die Notwendigkeit eines ›identifikationsträchtigen‹ Innenbildes deutlich, das langfristig auch nach außen wirken kann.«

## DAS »IDENTIFIKATIONSTRÄCHTIGE LEITBILD«

Wie ernst Stadtentwicklungssenator Peter Strieder die Aufforderung des Deutschen Instituts für Urbanisitik nahm, zeigt nicht zuletzt die mit dem Berliner Masterplan verbundene Suche nach einem »identifikationsträchtigen Leitbild«. Die darin empfohlenen Maßnahmen zur »Urbanisierung« lesen sich fast wie die Empfehlungen der Experten in Sachen weicher Standortpolitik. »Berlin«, so hieß es in der DIfU-Studie, »erfährt beim wichtigsten weichen [personenbezogenen, U.R.] Standortfaktor, Wohnen und Wohnumfeld, eine negative Beurteilung durch die befragten Unternehmen. In den Expertengesprächen wurden die Wohnungsmarktengpässe als der entscheidende Hemmfaktor für die Attrahierung qualifizierten Personals von außerhalb der Stadt bezeichnet. Berlin muß auf die Expansion in diesem Bereich setzen, auch im oberen Segment des Wohnungsmarktes, denn für die langfristige Entwicklung der Stadt wird auch deren Attraktivität für qualifiziertes Personal von außerhalb ein wichtiger Faktor bleiben.«

Noch deutlicher werden die Autoren des Buches »Weiche Standortfaktoren«, die auch die DIfU-Studie in ihre Analyse mit einbezogen haben. »Maßnahmen zur Verbesserung des wichtigsten weichen personenbezogenen Standortfaktors Wohnen und Wohnumfeld sollten sämtliche Nachfragergruppen berücksichtigen und nicht über sozialpolitischen Überlegungen den anspruchsvolleren Bedarf beispielsweise von hochqualifizierten Arbeitnehmern vernachlässigen.« Diesen anspruchsvollen Bedarf der »neuen Stadtbürger« haben die Autoren bereits kenntlich gemacht. Die Kriterien lesen sich wie die Bedienungsanleitung zur Erstellung eines Masterplans: »Großstädte, die ein attraktiver Wohnstandort für wirtschaftliche Entscheidungsträger mit hohen Ansprüchen sein wollen, (müssen) für ausreichenden Wohnraum in ansprechenden und anspruchsvollen Wohnanlagen sorgen. Dabei sollte man nicht nur an die klassischen Einfamilienhaus- und Villenlagen denken, sondern im Sinne eines flächensparenden Bauens auch an die Schaffung großzügiger Wohnungen in innerstädtischen Mehrfamilienhäusern. In Städten, die die natürlichen Voraussetzungen mitbringen, gehören dazu auch die Diskussion und Planung von Wohnprojekten am Wasser, an Wasserfronten, die als besonders attraktiv gelten.«

Ist Peter Strieder damit der Prototyp des Berliner Imagesenators, der Masterplan die adäquate Umsetzung der vom Deutschen Institut für Urbanistik geforderten Arbeit an einem identifikationsträchtigen Leitbild zur Verbesserung des Negativ-Images der Stadt? Immerhin haben die

Standortwissenschaftler des DIfU keinen Zweifel daran gelassen, daß neben personenbezogenen Faktoren wie Wohnen und Wohnumfeld auch die Belange der Mentalität, der Sicherheit, mithin der allseits sichtbaren Optik der Stadt von entscheidender Bedeutung sind. Strieder wäre nicht Strieder, wenn er nicht auch in dieser Hinsicht etwas aus der Tasche zaubern könnte. Sein jüngstes Angebot im Jahrmarkt der Berliner Imagepolitik heißt deshalb: »Aktion sauberes Berlin«.

Der Inhalt dieser von den Medien begeistert aufgenommenen Kampagne ist schnell erzählt: öffentlichkeitswirksamer Kampf gegen Graffiti, Beseitigung des Hundekots, Sorge um die Gestalt öffentlicher Räume. Stadtbildpflege also. Schwieriger fällt den Kritikern eines solch autoritären Gestus' freilich die Bewertung der Aktion. Namentlich die Arbeitsteilung, die Strieder mit dem Berliner Innensenator Schönbohm einging, der den Kampf gegen Graffiti sogleich als Kampf gegen die Sprayer umdeutete und nun wöchentliche Erfolgsbilanzen in Sachen Festnahmen präsentiert, hat einige zu der vorschnellen Bewertung hingerissen, bei der »Aktion sauberes Berlin« handele es sich in erster Linie um den Versuch, Berlin endlich hauptstadtreif zu machen. Nicht jedoch die Hauptstadtpolitik ist seit geraumer Zeit der Dreh- und Angelpunkt der neuen Berliner Standortpolitik, sondern tatsächlich der Versuch, das Berliner Image für die Standortentscheidungen nationaler und internationaler Unternehmen aufzupolieren. Wie wenig Bedeutung der Umzug von Regierung und Parlament für die künftige Existenz Berlins als Wirtschaftsstandort hatt, ergab eine Befragung bei Verbänden, Organisationen und Vereinen. Dieser Studie von Herring, Baker und Harris ist zu entnehmen, daß nur 33 Prozent der Befragten die Meinung vertreten, daß der künftige Regierungssitz für Berlin von entscheidender Bedeutung sei.[15] Diese Untersuchung, so interpretiert es das Deutsche Institut für Urbanistik, mit der gebotenen Rücksicht auf die Berliner Hoffnungen, vorsichtig, »deutet also an, daß der Regierungssitzfunktion in Teilen eine geringere Bedeutung zukommen könnte, als vielfach angenommen wird«.[16] Hauptstadtreife, wie sie gebetsmühlenartig von Exgeneral Schönbohm gefordert wird, spielt daher weniger für das Image des Standorts Berlins als für die Bildung einer neuen nationalen Identität eine Rolle.

Doch nicht immer gelingt der Versuch, das Bild von Berlin und mit ihm das der Berliner aufzupolieren. Der bislang schwerste Rückschlag für die Bemühungen der Berliner Maskenbildner ereignete sich am 23. Juni 1996 beim Hauptstadtbesuch von Papst Johannes Paul dem Zweiten. Trotz intensivster Sicherheitsvorkehrungen war es der Berliner Polizei

nicht gelungen, zwei Farbeierwürfe aus autonomer Hand auf das Papst-
mobil zu verhindern. Zuvor war bereits auf einem schwul-lesbischen
Straßenfest am Nollendorfplatz in Schöneberg die Prostituierte Do-
menica heiliggesprochen worden. Nicht nur der Innensenator wütete
ob dieses imageschädigenden Rückschlags in alte Krawallzeiten. Selbst
Bundeskanzler Kohl tobte und ließ der Berliner CDU mitteilen, daß er
sich künftig zweimal überlege, ob er einem Staatsbesuch die deutsche
Hauptstadt noch zumuten könne. Hier nun tat sich tatsächlich das Feld
auf, das Schönbohm fortan bestellen durfte: Der Kampf um die Berliner
Hauptstadtreife, den er seitdem mit Vorliebe gegen besetzte Häuser,
Wagenburgen und angeblich kriminelle Ausländer führt.

Weitaus gewichtiger für die Standortentscheidung etwaiger »global
players« dürfte aber eine andere Peinlichkeit gewesen sein, die in der
Berliner Öffentlichkeit kaum beachtet worden war: die Selbstpräsenta-
tion Berlins in Paris. Ausgerechnet anläßlich der Eröffnung der »Grande
Arche« in der Seine-Metropole, eines der großen »grands projets« der
französischen Repräsentationspolitik, durfte sich Berlin mit einer Ausstellung in Szene setzen. Ihr Titel: »Berlin – une Capitale en Perspec-
tives« (Berlin – eine Hauptstadt mit Perspektiven). Doch was die Berliner Verantwortlichen dort präsentierten, wertete selbst die »Berliner
Zeitung« mehr als Blamage denn als Werbung für die Stadt. Statt die
Franzosen mit dem in der Tat einzig bewundernswerten Bau in der
Friedrichstraße, dem Glaspalast des Pariser Architekten Jean Nouvel für
die Galeries Lafayettes zu beeindrucken und damit der deutsch-französischen Freundschaft auch eine architektonische Komponente zu verleihen, setzten die Berliner Ausstellungsmacher lieber auf Bewährtes:
etwa die Kläranlage in Waßmannsdorf, das Heizkraftwerk des Bezirks
Mitte oder das neue Krematorium in Treptow. Voilà, c'est Berlin.

VOM STADTENTWICKLUNGSSENATOR ZUM
STANDORTMANAGER: VOLKER HASSEMER

Nicht die Stadt, sondern ihre Bewohner, ihren »Blick im Kopf« in Szene
zu setzen, war 1987, im Jahr des Kreuzberger Mai-Aufstandes, das Mo-
tiv einer gigantischen Westberliner Selbstvergewisserung unter den Bedingungen einer geteilten Stadt. In einer Zeit, als die Polizeitruppen
des damaligen Innensenators Wilhelm Kewenig Staatsgästen wie Ronald Reagan den Weg freiknüppeln mußten oder aber kurzerhand ganz
Kreuzberg 36 absperrten, als es heftige Debatten um die Abschaffung
der seit 1922 bestehenden Berliner Mietpreisbindung gab, feierte Berlin

seine 750-Jahr-Feier. Programmatisches Herzstück dieses Spektakels war die Ausstellung »Mythos Berlin«, die im Juni 1987 auf dem Anhalter Bahnhof eröffnet wurde. Weit entfernt von den sozialen und politischen Brennpunkten der Stadt präsentierte sich auf dem Ruinengelände des »angehaltenen Bahnhofs« (Walter Benjamin) das weltoffene, liberale Berlin. Selbst die wenigen Demonstranten, die den Weg von Kreuzberg oder dem Kurfürstendamm zum Askanischen Platz gefunden hatten, um die Besucher der Ausstellung von Beginn an mit den Schattenseiten dieser Weltoffenheit, dem polizeilichen Belagerungszustand in Kreuzberg, zu konfrontieren, liefen auf dem Gelände des Anhalter Bahnhofs ins Leere. Kein Polizist, der sie daran gehindert hätte, das kalte Buffet zu stürmen, kein Ausstellungsgänger, der einen Protestler nicht ebenso zum Repertoire großstädtischer Vielfalt gezählt hätte wie die ebenfalls vertretene Kunstschickeria. Westberlin, das waren im Selbstverständnis der Mauerstädter eben nicht nur Subventionen, verlängerte Werkbänke und verbarrikadierte Einfamilienhausgebiete, das war auch die Stadt der Studentenbewegung, der kulturellen Off-Szene, Berlin eben als Stadt der vielen Orte und der vielen zu diesen Orten gehörenden Menschen. »Die Ausstellung Mythos Berlin«, schrieb damals ihr Macher Eberhard Knödler-Bunte, »ist ein Angebot, dieser Stadt ins Gesicht zu sehen, so wie sie eben ist, unsicher und irritierbar in ihrem Selbstbewußtsein«.[17]

Aus heutiger Sicht lesen sich solche Sätze wohl deshalb so überraschend, weil der Blick auf die »unsichere und irritierbare« Realität in der Nachwendezeit so konsequent verdrängt worden ist. Doch nicht nur Ausstellungsmacher wie Knödler-Bunte teilten diesen ungeschminkten Blick auf die Stadt. Auch der für die 750-Jahr-Feier politisch verantwortliche Senator ließ die Kirche im Dorf: »Berlin«, schrieben der damalige Kultursenator Volker Hassemer und Ulrich Eckhardt im Vorwort zur Ausstellung, »war und ist mythenträchtig aus den Gegensätzen, die hier in kaum gedämpfter Härte aufeinanderstoßen. Berlin ist weltläufig und provinziell zugleich, sublim und grobschlächtig, einladend und abweisend, schwerfällig und agil, sentimental und kaltschnäuzig, kühn und kleinmütig, großmäulig und zurückhaltend, unschuldig und verkommen, prächtig und dürftig; es ist Atlantis und Würstchenbude. Die größte Stadt Deutschlands und die einzige, die den Mythos der Metropole ganz erfüllt.«[18] Berlin, davon waren Hassemer und Eckhardt überzeugt, »läßt sich nicht auf einen Nenner bringen, sondern nur in wechselnden Perspektiven darstellen, wenn das Bild eine angemessene Tiefenschärfe geben will«. Der Mythos Berlin sei die »Sammlung von Bildern«, die

»Geschichte der inneren Bilder; Träume und Alpträume, die in den Köpfen derer hausen, die diese Stadt erleben und erleiden«.[19]

Hier war er wieder, der Blick von Wim Wenders auf die Berliner, diese Collage innerer Monologe, diesmal formuliert mit dem unprätentiösen Vokabular eines CDU-Politikers, der bereits von 1981 bis 1983 als Senator des damals neugeschaffenen Ressorts Stadtentwicklung und Umweltschutz politische Erfahrung gesammelt hatte. Der Wahrnehmung derer, die »diese Stadt erleben und erleiden«, entsprach auch das Ausstellungskonzept vom Mythos Berlin: »Kein pädagogischer Zeigefinger lehrt, wie dieser ›Mythos Berlin‹ zu lesen ist, und keine politische Autorität verkündet, was die richtige Wahrnehmung von Berlin ist«, schrieb Knödler-Bunte in einem Aufsatz mit dem Titel »Wahrnehmungsgeschichte einer industriellen Metropole«.[20] »Hier«, so Knödler-Bunte, »ist alles Schein: Kulisse, Attrappe, Zitat, Spiel und Spaß. In dieser Ausstellungswelt von Simulationen ist nur der Besucher ›echt‹, mit seiner Neugier, mit seiner Bereitschaft, genau hinzusehen und eigene Wahrnehmungen zu überprüfen.«

Das klingt zunächst nach Postmoderne. Die Standortbestimmungen »Sand«, »Portikus«, »Bunker« oder »Südportal«, mit denen Mythos und Betrachter ins Verhältnis gesetzt werden sollten, haben jedoch mit den »Erlebnisräumen«, den Statistenpositionen der postmodernen Stadtinszenierung, wie sie etwa in der Infobox zelebriert wird, nur wenig zu tun. Die Simulationen am Anhalter Bahnhof waren ein Spiel mit den Möglichkeiten, die Kulisse war für die städtischen Akteure betretbar, die Attrappe Attrappe. Genau das ist der Unterschied zwischen »Spiel und Spaß« bei der Enträtselung des Mythos Berlin und seiner Chiffrierung in der Infobox zehn Jahre später.

Die in »räumliche Bilder übersetzten Spiegelungen der Stadt«, schrieb Knödler-Bunte, »schließen jede historische Rückkehr in eine Geschichte von vornherein aus, die problemlose Identität verspricht. Was heute ansteht, ist die Entdeckung der Berliner Gegenwart.« In der Infobox dagegen – dieser kaum dreihundert Meter entfernten Nachfolgeveranstaltung über das Selbstbild der Stadt – wird Gegenwart nicht als Produkt der Geschichte, sondern allenfalls als unzulänglicher Ausgangspunkt für die Zukunft inszeniert.

»Keine politische Autorität verkündet, was die richtige Wahrnehmung von Berlin ist.« Von dieser Philosophie einer Annäherung an die Realität durch Widersprüche ist nur wenig übriggeblieben beim einstigen Kultursenator. Heute setzt auch Volker Hassemer ganz auf Zukunft. »Wir bauen unsere Zukunft. Diese Botschaft ist angekommen«, bilanzierte

Volker Hassemer im Januar 1997, also knapp zehn Jahre nach der Berliner 750-Jahr-Feier, seine einjährige Amtszeit als Geschäftsführer der Marketing-Organisation »Partner für Berlin«.

Was aber ist die »Botschaft« des Volker Hassemer? Und wie hat sie sich verändert in diesen zehn Jahren? Ein typischer Parteiarbeiter, wie er noch heute den vorherrschenden Typus des Berliner Politikers ausmacht, war der 1944 im französischen Metz geborene Sohn eines Bundesbahndirektors noch nie. Eher ein Parteirebell. Kurz nach Abschluß seines ersten juristischen Staatsexamens in Saarbrücken ging Hassemer 1968 nach Berlin, schloß dort 1972 sein Studium ab und promovierte ein Jahr später. Seit 1968 Mitglied in der CDU, gehörte der im Rheinland aufgewachsene Hassemer bald zu den »Jungreformern« der Partei und wurde 1977 Mitglied des Kreisvorstandes der Wilmersdorfer CDU, die damals noch als überaus fortschrittlich galt und bei manchen CDU-Rechten als »sowjetisch Wilmersdorf« verschrieen war. 1981 schließlich wurde Hassemer von Richard von Weizsäcker zum Senator für Stadtentwicklung und Umweltschutz gemacht. Hassemers erste Amtshandlung bestand darin, eine umstrittene Baumfällaktion im Grunewald zu stoppen. Mit der Bildung der CDU-FDP-Koalition 1983 wurde Hassemer Kultursenator. Mit seinen noch immer unkonventionellen Positionen und Vorschlägen handelte er sich dabei nicht nur die Kritik der Opposition ein, sondern provozierte auch die Gegner in der eigenen Partei. Bei der Neuwahl des CDU-Landesvorstandes 1988 erzielte Hassemer deshalb das schlechteste Ergebnis der Partei. Erst recht befremdete Hassemer seine Parteifreunde mit seinem Eintreten für eine eigenständige DDR-Kulturpolitik noch nach dem Mauerfall. Während die CDU 1989 mit schnellen Schritten in Richtung Anschluß der DDR marschierte, wurde Hassemer zum persönlichen Berater des DDR-Kulturministers Herbert Schirmer. Innerhalb der CDU gehörte Hassemer zu den wenigen Politikern, die sich bis zum Herbst 1990 und dem Beitritt der DDR am 3. Oktober für einen langsamen, bedächtigen Annäherungsprozeß beider Seiten eingesetzt hatten.

Doch dies schien alles vergessen, als im Herbst 1990 die rot-grüne Koalition an den Häuserräumungen in der Friedrichshainer Mainzer Straße zerbrach, und mit ihr auch der politische Wartestand des Volker Hassemer zu Ende ging. Hassemer wurde zum zweiten Mal in seiner politischen Laufbahn Senator für Stadtentwicklung und Umweltschutz und damit über Nacht verantwortlich für den »Bau der Zukunft«. Die »Rolle seines Lebens«, attestierte ihm der »Tagesspiegel«. In dieser Rolle freilich hatte der CDU-Reformer nicht mehr die Stadt der Gegenwart, die »Geschichte der inneren Bilder« ihrer Bewohner im Blick, sondern die Stadt der Zukunft und mit ihr die inneren Bilder der Investoren. Aus der Stadt der gegenwärtigen Widersprüche wurde die Stadt der ungeahnten Möglichkeiten. Doch als die »acht Milliarden, die an seinem Schreibtisch sitzen und auf den Potsdamer Platz drängen«, ernst machten, wurde Hassemer wieder vorsichtig. »Die Gefahr von Fehlentwicklungen ist hoch. Aber deshalb wird doch niemand auf diese Wachstumsphase verzichten wollen. Wir müssen es nur gut machen«, sinnierte der Stadtentwicklungsboß der Hauptstadt im Juli 1991 in einem »Spiegel«-Interview.

Ganz und gar kein Macher wie sein Nachfolger Peter Strieder, sondern eher Moderator, wollte es Hassemer auch nicht alleine »gut machen«, sondern sich von zahlreichen Experten beraten lassen. Doch das Stadtforum, das Hassemer einberief und am 12. April 1991 von Edzard Reuter mit seinem Verdikt von Posemuckel eröffnet wurde, stand nur einmal – und das im Zusammenhang mit dem Konflikt um die Bebauung des Potsdamer Platzes – im Zentrum des Geschehens. Später zeichnete sich das Expertengremium, von Kritikern spöttisch als »Quasselbude« bezeichnet, vornehmlich durch zeitlose Debatten und Diskurse aus, während draußen, in der politischen Wirklichkeit der Stadt, Fakten geschaffen wurden.

Zu diesem Zeitpunkt hätte Hassemer noch die Möglichkeit gehabt, seine Bedenken – wie in früheren CDU-Zeiten – öffentlich zu machen. Statt dessen entschloß sich der amtsmüde Senator jedoch, mit dem Ende der ersten Großen Koalition seine politische Karriere zu beenden und sie an anderer Stelle fortzusetzen. Hassemer wurde im Januar 1996 als Nachfolger des erzkonservativen Wilhelm von Boddien zum Geschäftsführer der Marketing-Organisation »Partner für Berlin« gewählt. Hassemer selbst hatte diesen Schritt vom Stadtentwicklungssenator zum Standortpolitiker bereits Anfang 1995 begründet. Es sei seine Aufgabe als Senator gewesen, so Hassemer damals, das Gesamtbild der Stadt gegen die Partikularinteressen der Investoren zu verteidigen. Nun, da aber nicht nur sämtliche wichtigen städtebaulichen Wettbewerbe abgeschlossen seien, sondern auch der 1994 verabschiedete Flächennutzungsplan die räumliche Nutzung der Stadt festgelegt habe, sei es an der Zeit, Investoren zu werben.

Den Verlust der theoretischen Distanz im Blick auf die Stadt, der Volker Hassemers Parforce-Ritt durch die Entwicklung der klassischen Kommunalpolitik zur postmodernen Standortpolitik kennzeichnet, hat er nach einem Jahr Berlin-Marketing in seinen Worten so beschrieben: »Viele hinken hinterher, andere laufen vorneweg. Daß die ganze Stadt

›Los geht's!‹ schreit, kann man nicht behaupten. Da ist kein großes Feuer, nur viele Kerzen. Aber ohne jene, die voraus sind, könnte die Stadt
nicht in die Bewegung gebracht werden, in der sie jetzt ist.« Das betreffe, so Hassemer, nicht nur die Politik, sondern die Gesellschaft insgesamt, »ob Investoren oder andere Leute; Menschen, die Freude haben
an der jetzigen Herausforderung. Wahr ist, wir hinken hinter den Möglichkeiten dieser Stadt her und haben noch nicht den Rückstand aufge-
holt, mit dem wir 1989 gestartet sind.«[21]
Hätte der Kultursenator Volker Hassemer 1987 von »Rückstand« gesprochen? Wohl kaum. Nun aber, da nicht mehr die Menschen der Stadt das
Maß der politischen Dinge sind, sondern der Anspruch der Existenz als
Metropole die Höhe der Latte bestimmt, gilt Berlin als eine Stadt, die
aufzuholen hat. Nicht mehr Gestalten, sondern Werben steht deshalb
auf dem stadtpolitischen Programm des Volker Hassemer. In diesem
Werben ist Hassemer freilich nicht unumstritten. Ausgerechnet Ulrich
Eckhardt, der Intendant der Berliner Festspiele, mit dem Hassemer
1987 das Vorwort zum Ausstellungskatalog »Mythos Berlin« verfaßt hatte, kritisiert inzwischen die vordergründige Imagepolitik: »Wir brauchen keine Hochglanzseiten. Ein kritischer Aufsatz über Berlin bewirkt
viel mehr als Kamele unter dem Brandenburger Tor. ... Berlin ist eben
nicht einfach und rückstandslos zu konsumieren. Berlin ist ein Dschun-
gel, ein Labyrinth voller Gegensätze. Alles ist zerrissen, eine Ungleichzeitigkeit von etablierter und Untergrundkultur.« Damit, so Eckhardt
müsse man werben, »wenn überhaupt«.
Eckhardts Zweifel an den Werbebemühungen der neuen Standortmanager teilt auch Kurt Geppert vom Deutschen Institut für Wirtschaftsforschung (DIW). Die krampfhafte Suche nach einem Leitbild, sagt er, sei
im Grunde nur ein »weiteres Symptom für die Krise«. Volker Hassemer
freilich ficht solche Kritik nicht an. Er sieht seine Aufgabe vor allem
darin, eine veränderte Wirklichkeit zu beschreiben. Es ist allerdings eine in hohem Maße unzulängliche Wirklichkeit, die die Gefahr in sich
birgt, die Realität zugunsten der eigenen Bilder von der Zukunft zu ver-
leugnen. Wer Gegenwart aber nicht als Ergebnis der Geschichte, sondern lediglich als Mangelbild der Zukunft begreift, wird um so leichter
die disparaten Erscheinungen einer solchen Gegenwart, ihre Widersprüche, vor allem aber ihre Bewohner, »die diese Stadt erleben und erleiden«, als Zukunftshemmnis betrachten. Vor allem in Zeiten einer
schwindenden Öffentlichkeit und fehlenden politischen Diskussion in
der Stadt sind im Namen der Zukunft die gegenwärtigen Bewohner und
ihre Probleme zur Verdrängung freigegeben.

1    Harald Bodenschatz: »Berlin im Sparzwang«, in: »Architektur in Berlin.
     Jahrbuch 1996«, hrsg. von der Architektenkammer Berlin, Hamburg 1996.

2    Hajo Hoffmann: »Die Stadt – Funktionalität und Behaglichkeit – Provo-
     kationen«, in: »Die Stadt. Ort der Gegensätze«, a.a.O.

3    Manfred Lahnstein: »Ohne Ökonomie keine Stadt«, in: »Die Stadt. Ort der
     Gegensätze«, a.a.O.

4    ebd.

5    Margit Mayer: »Stadtpolitik im Umbruch«, in: Kitz, Keil, Lehrer u.a.
     (Hrsg): »Capitales Fatales. Urbanisierung und Politik in den Finanzme-
     tropolen Frankfurt und Zürich«, Zürich 1995.

6    Manfred Lahnstein, a.a.O.

7    Busso Grabow, Dietrich Henckel, Beate Hollbach-Grömig: »Weiche Stan-
     dortfaktoren«, Stuttgart, Berlin, Köln. 1995.

8    ebd.

9    Deutsches Institut für Urbanistik (Hrsg.): »Bedeutung weicher Standort-
     faktoren in ausgewählten Städten. Fallstudien zum Projekt weiche Stan-
     dortfaktoren«, Berlin 1995.

10   ebd.

11   ebd.

12   ebd.

13   Regio-Consult: »Stärken und Schwächen der Region Berlin aus der Sicht
     ausgewählter Multiplikatoren der Wirtschaft«, in: Arbeitsgruppe Standort-
     marketing (Hrsg.): »Schlußbericht der Arbeitsgruppe Standortmarketing«,
     Berlin 1993.

14   Deutsches Institut für Urbanistik (Hrsg): »Bedeutung weicher Standortfak-
     toren in ausgewählten Städten«, a.a.O.

15   Herring, Baker, Harris: »Standortentwicklung in der Bundeshauptstadt
     Berlin 1994. Eine Umfrage unter Verbänden, Vereinen und Organisatio-
     nen in Deutschland«, Berlin 1994.

16   a.a.O.

17   Eberhard Knödler-Bunte: »Mythos Berlin. Wahrnehmungsgeschichte einer
     industriellen Metropole«, in: Mythos Berlin, Ausstellungskatalog, Berlin
     1987.

18   Volker Hassemer/ Ulrich Eckhardt: Vorwort zum Ausstellungskatalog My-
     thos Berlin, a.a.O.

19   ebd.

20   a.a.O.

21   »Der Spiegel«, 28/1991.

# SECHSTER TEIL:
# DAS VERSCHWINDEN DER ÖFFENTLICHKEIT

*»An den Orten endlosen Wartens bedrückte mich die Ödnis besonders.*
*Architekten, schlaft ihr!? Soziologen, was tut ihr? Es liegt doch*
*auf der Hand. Es fehlen Räume für wirkliche Kommunikation.*
*Sie findet ja statt: auf den Fluren der Ämter, in den Wartezimmern*
*der Kinderärzte und an den Haltestellen. Da trifft man*
*die Lehrerin, die Kinderärztin und eine Kollegin aus dem Institut.*
*Man würde schon mal einen Kaffee trinken miteinander,*
*doch kein Ort, nirgendwo.«*
*(Simone Hain)*

### DAS VERSCHWINDEN DES ÖFFENTLICHEN RAUMS

Sucht man eine Annäherung an das, was verlorene Öffentlichkeit sein
könnte, so muß man vor allem nach den Räumen fragen, wo diese Öffentlichkeit überhaupt stattfinden kann. In Berlin sind viele Orte und
Plätze, die in der Regel als öffentliche Räume bezeichnet werden, in
den letzten Jahren verlorengegangen. Es ist ein rasanter Verlust, der
nicht nur in den Hunderttausenden von Quadratmetern Stadtfläche, die
seit der Wende mit Büro- und Geschäftshäusern zugebaut worden sind,
zum Ausdruck kommt. Es geht vor allem auch um die Art und Weise,
wie die Nutzung der Stadt mehr und mehr reglementiert werden soll.
Zum Beispiel am Reichstag. Wo nach dem Willen von Bundesbauminister Töpfer im Frühjahr 2000 der Bundestag seine Arbeit aufnehmen
soll, herrschte nicht nur in den beiden Wochen der Reichstagsverhül-
lung eine friedliche und zivile Bürgeratmosphäre. Bis zur Entscheidung
des Bundestags, Regierung und Parlament nach Berlin zu verlagern,
war der Platz vor dem Reichstag im Besitz der Berliner Freizeitkicker.
Vor allem samstags und sonntags zogen Hunderte von Fußballspielern
samt Troß zum Wallot-Bau und machten dem Platz der Republik alle
Ehre. Nur die Inschrift über dem Eingangsportal – dem deutschen Volke
– wollte nicht so recht zur Szenerie vor dem Reichstag passen. Es war
nicht das deutsche Volk, daß sich diesen Ort inmitten der Stadt angeeig-
net hatte, es waren die Berliner, vor allem deutsche und türkische Fußballspieler und weiter hinten, zwischen Entlastungsstraße und der Kon-
greßhalle, mehrheitlich türkische und kurdische Familien, die im Sommer den östlichen Tiergarten für Grillfeste nutzten. Daß mit dem Ge-

kicke vor dem Reichstag Schluß sein müsse, hat bereits 1991 Stadtentwicklungssenator Hassemer deutlich gemacht. Eine solche Nutzung
entspreche nicht dem Geiste Lennés, der den Platz einst angelegt hatte.[1]
Aber auch das Grillen im Tiergarten soll – geht es nach dem Willen der
hauptstädtischen CDU – bald ein Ende haben. Für die Berliner Oppositionsparteien ein Vorhaben, dem zuallererst fremdenfeindliche Motive
zugrundeliegen.

Nicht immer verschwinden öffentliche Räume so sichtbar wie vor dem
Reichstag, wo sich heute nur noch Kräne und Bagger tummeln. Einige
Kilometer weiter südlich etwa erstreckte sich entlang der S-Bahn eine
bizarre Landschaftstopographie, die kurz vor dem S-Bahnhof Papestraße in einer Enge vor drei Tunneln mündete. Zwei der Tunnel waren
mit beinahe undurchdringlichem Dickicht zugewachsen, der andere
wurde noch bis vor kurzem als Gleis für die Güterbahn benutzt. Vor allem am Wochenende trafen sich hier jene Berliner, die dem Rummel
der Großstadt entfliehen und sich an diesem Ort zumindest für einige
Stunden in eine Art Zauberwelt entführen lassen wollten. Heute ist der
Platz vor den drei Tunneln zubetoniert.

Gemeinsam ist der Vertreibung der Fußballspieler, der geplanten Verdrängung türkischer Familien aus dem Tiergarten sowie der Versiege-
lung ehedem ungenutzter Flächen der Wunsch, bestimmte, vermeintlich stadtuntypische Nutzungen nicht mehr zuzulassen, bzw. ihre Verdrängung mit der Denunziation als »Anachronismen« oder »Maueridyl-
len« vorzubereiten. Das betrifft nicht nur die Wagenburgen längs der
Spreeufer, sondern auch Kinderbauernhöfe und andere flächeninten-
sive und damit unrentable Nutzungen. Wird die Stadt in ihrer Benutzung
freilich nach den Bedingungen der Rentabilität neu durchdekliniert, bedeutet dies vor allem einen schwerwiegenden Verlust für all die Aktivitäten und Menschen, die auf öffentliche Plätze und Orte angewiesen
sind. Reglementierungen und Verbote inclusive. Die Luft zum Atmen
unter dem Himmel über Berlin wird dann wieder etwas dünner werden. Die Stadtflucht ist auch dafür ein Beweis.

Um so bemerkenswerter erscheint es daher, wenn ein Investorenpro-
jekt sich einmal nicht nur den Erhalt, sondern sogar die Herstellung
städtischen Lebens auf die Fahnen schreibt. Toni Sachs Pfeiffer ist jedenfalls von ihrem Modell städtischer Öffentlichkeit überzeugt. Drei
Jahre lang hat die in New York geborene Kommunikationsforscherin
geredet, geplant, Interviews geführt und verhandelt. Drei Jahre Arbeit
hat sie in ein städtebauliches Vorhaben investiert, das für Berliner Verhältnisse, zumal in der Friedrichstraße, tatsächlich ungewöhnlich ist.

Auf 23.000 Quadratmetern Grundstücksfläche im Zentrum der Stadt soll eher gekleckert als geklotzt werden, sind vierzig einzelne Häuser statt grobschlächtiger Architekturbouletten, fünfzig Prozent Wohnanteil und überdies ein Platz vorgesehen, der dem ganzen noch eine urbane Programmatik verleihen soll. Es handelt sich um das »Ei am Tacheles im Johannisviertel«.[2]

Mit ihrer Planung scheint sich Toni Sachs Pfeiffer die Überwindung aller städtebaulichen Ödnis als oberstes Ziel gesteckt zu haben. Ein »neues Quartier mit den bekannten Tugenden der Berliner Mischung« schwebt ihr und dem Planungsbüro Michael Lowe/Arup Urban Design für das Tacheles-Areal zwischen Oranienburger und Johannisstraße vor: Wohnen, Arbeiten, Freizeit und Kultur sollen bis zur Fertigstellung des Johannisviertels im Jahr 2002 »eng miteinander verwoben« sein. »Tag und Nacht«, versprechen die Planer, »wird das Johannisviertel kein Ort sein, den man nach Dienstschluß verläßt, sondern ein Stück Stadt mit allen Gegensätzen und Spannungen, die ein innerstädtisches Quartier entfalten kann.«[3]

Doch ist das tatsächlich möglich: großstädtisches Leben, das »angestrebte Stück Stadt mit allen Gegensätzen und Spannungen« einfach am Reißbrett zu entwerfen? Ist es denkbar, dem schleichenden Verfall an öffentlicher Kommunikation eine neue Idee städtischen Zusammenlebens entgegenzusetzen, wenn man nur kleinteilig und »urban« genug baut? Der Stadtsoziologe Hartmut Häußermann an der Humboldt Universität Berlin zeigt sich angesichts solcher Versprechungen eher skeptisch. »Wenn man heute von Urbanität spricht«, ärgert er sich, »sind meistens Äußerlichkeiten gemeint, etwa kulinarische Angebote, mit denen der Konsument unterhalten werden soll.« Öffentlichkeit jedoch, verstanden nicht nur als Bild des Städtischen, sondern auch als deren Wirklichkeit, kann für Häußermann nur dann entstehen, »wenn es auch Orte gibt, die nicht der ökonomischen Verwertung unterworfen sind, Orte, die sich nicht verplanen lassen, deren Nutzung den Nutzern vorbehalten bleibt.«[4]

Warum aber sollte man einen solchen Ort an einer Stelle schaffen, wo es ihn bereits gibt? Gerade die Tacheles-Ruine mit ihrer Freifläche ist für viele ihrer Nutzer ein innerstädtisches Areal, auf dem man sich aufhalten kann, ohne vertrieben zu werden, auf dem man an jeder Ecke etwas Neues entdecken kann, ein Ort, ganz nach dem Geschmack des Soziologen Häußermann: »Das Typische und Aufregende an städtischen Szenen ist, daß man mit etwas konfrontiert wird, das man nicht erwartet. Und dazu gehört natürlich auch das Widerständische, das Anarchische.« Verglichen mit dem Ist-Zustand der Freifläche würde eine Bebauung – und sei sie noch so ambitioniert wie das Johannisviertel – hier nur den weiteren Verlust eines öffentlichen Raums bedeuten. Für Hartmut Häußermann ist das Tacheles deshalb bereits seit langem zum Symbol für die künftige Nutzung der Stadt und ihrer Räume geworden.

Konkret geht es dabei auch um eine strittige Frage unter den Theoretikern des Urbanen: Sind die Auflösungserscheinungen unserer Gesellschaft ein – zumindest mittelbares – Ergebnis der Auflösung unserer Städte in funktionale Schlaf-, Wohn- und Amüsiermaschinen? Wenn ja, würde das bedeuten, daß sich der Kommunikationsmangel durch die Rückbesinnung auf die urbanen Qualitäten der europäischen Stadt wieder beheben ließe, der Stein mithin das Bewußtsein bestimmt. Oder ist die Auflösung der Städte nicht vielmehr Ausdruck veränderter menschlicher Kommunikation? Brauchen wir in einer Zeit, in der jedes private Thema in Talk-Shows öffentlich behandelt wird, tatsächlich noch den öffentlichen Stadtraum? Und wenn ja, wer braucht ihn dann?

## KANN MAN IN DER PASSAGE KÜSSEN?

Henry Cobb, der in Ecken und Kanten vernarrte Architekt des Quartiers 206 in der Friedrichstraße, hat wie jeder, der von sich reden machen will, eine Vision von der Mitte: Die unterirdischen Friedrichstadtpassagen, erklärt er kurz und bündig, »sind von der Lage, der Nutzung und Gestaltung der Mittelpunkt der Friedrichstraße«. Der Optimismus Cobbs ist typischfür die Nachwendeeuphorie, in der vor allem die Passage wiederentdeckt worden ist.

Das »Angebot öffentlichen Raums auf privatem Gelände« (Jonas Geist) feiert im Warenkorb der Architekten in der Tat fröhliche Urständ. In der Frankfurter Allee locken seit 1996 eine Passage, eine Plaza und ein Center in die trockene, abschließbare Welt des Konsums. In der Steglitzer Schloßstraße läßt sich die »Galleria« durchs gläserne Gewand schauen und am Potsdamer Platz soll neben der debis-Mall gar ein futuristisch überdachtes »Urban Entertainment Center« die Konsumenten in den Bann ziehen. Im Kampf um die paar Mark, die der Kunde am Standort Berlin noch in der Tasche hat, gilt das Warenhaus mit seinem Hang zum Vollsortiment aus der Sicht der Investoren als Auslaufmodell. Spezialisierung und »Erlebnisshopping« inmitten der Accessoires des Städtischen liegen dagegen voll im Trend.

Stadtplaner und Politiker wie der ehemalige Senatsbaudirektor Stimmann haben bereits seit längerem gewarnt: Mit den Passagen und Ein-

kaufszentren werde die Straße entwertet und auf ihre reine Verkehrs-
funktion reduziert, der öffentliche Raum gewissermaßen von der Stadt
in ihre Gebäude geleitet und damit privatisiert. Werden die Rechnungen der Investoren aufgehen und mit ihr die Bedenken der Passagen-
gegner bestätigt werden, oder verweist nicht schon heute die Glanzlo-
sigkeit und das Elend der Ku'damm-Passagen auf eine ganz andere Entwicklung?

In der City-Passage etwa, der zur Knesebeckstraße gelegenen Seite des
Ku'damm-Karrees, stößt man allenthalben auf schummrige Beleuchtung in noch schummrigeren Kneipen. Außer ein paar Jugendlichen,
die hier herumlungern, verirrt sich kaum einer in diese dunkle Ecke der
City-West. Die zum Ku'damm gelegenen Einrichtungen des Karrees, die
wie das Theater am Kurfürstendamm nicht den Ladenschlußzeiten unterliegen, sind sogar durch eigene Zugänge von der Straßenseite aus er-
schlossen. Das Karree, so scheint es, nimmt sich als Passage selbst nicht
ernst. Das spüren auch die potentiellen Kunden. Während in den schä-
bigen Durchgängen – trotz des Faceliftings durch die neue Wegert-Ga-
lerie – eine beinahe gedrückte Stimmung herrscht, geht man draußen
am Kurfürstendamm wie immer seiner Wege: geschäftig oder neugierig,
provinziell oder betont hauptstädtisch. Städtisch eben.

Nicht anders das Schicksal der Gloria-Passage. Selbst der städtebauliche Durchbruch zur Kantstraße brachte der bis dahin »blinden« Passage
nicht den erhofften Durchbruch bei den Kunden. Statt dessen kündet
eine Neonröhrenschrift an den Eingängen – »Zur Kantstraße« und »Zum
Kurfürstendamm« – davon, wie die Passage tatsächlich genutzt wird:
nicht zum Einkaufen, sondern als Abkürzung zwischen beiden Straßen.
Und Düttmanns Ku'damm-Eck schließlich, ohnehin keine Passage, sondern ein amorphes Shop-in-shop-Gebilde, dessen größte städtebauliche Leistung es war, die Atmosphäre des Bahnhofsviertels hin zum Kurfürstendamm zu verlängern, wird derzeit abgerissen. Geplant ist ein
Hochhaus mit einem Fünf-Sterne-Hotel.

Jedes Bedürfnis, so es nur lukrativ genug erscheint, schafft sich seinen
eigenen Raum. Diese Banalität stand, wenn man so will, am Anfang der
Passagengeschichte. Architektonische Innovationen – die Verwendung
von Glas und Eisen als Konstruktionselemente – und die Entdeckung
des Konsums durch eine neue städtische Mittelschicht im Paris des
frühen 19. Jahrhunderts – mit seinen Straßen ohne Trottoirs – haben
den Boden für einen Bautypus bereitet, der dort, wo er noch existiert,
tatsächlich etwas von dem Luxus vermittelt, mit denen man die Passagen gemeinhin verbindet.

Von Pariser oder Mailänder Luxus kann in den Passagen der Postmoderne – aller Suche nach dem individuellen Kauferlebnis und den Urbanität simulierenden Dekorationen zum Trotz – keine Rede mehr sein.
Vielmehr herrscht in den Passagen – so sie nicht ohnehin der B-Ebene
eines x-beliebigen Hauptbahnhofs gleichen – die gleichmacherische
»Kultur« der Filialisten und Franchiser. Die Bennetons und Hennes &
Mauritz, denen offenbar jede Miete lieb ist, solange sie sich in den 1a-
Lagen tummeln dürfen, vermitteln nicht nur Langeweile, sondern auch
das Gefühl, daß man eine Passage in Berlin von einer in Dessau nicht
mehr ohne weiteres unterscheiden kann. Die Überraschung, die dem
Passanten im städtischen Raum noch immer entgegenschlägt, die Hoffnung auf eine Entdeckung hinter der nächsten Straßenecke, weicht hier
der Enttäuschung, exakt das zu finden, was man erwartet hat. Jede
Markthalle ist da aufregender. Kein Wunder also, daß die für das Frühjahr angesetzte Eröffnung der Friedrichstadt-Passagen zweimal verschoben werden mußte. Zahlreiche leerstehende Läden sprechen noch
heute der Hoffnung von Henry Cobb Hohn.
Doch in der zögernden Haltung vieler Einzelhändler und Filialisten liegt
nicht der einzige Grund, warum die Friedrichstadt-Passagen von Anfang
an unter keinem günstigen Stern standen. Berlin ist einfach kein gutes
Pflaster für Passagen. Bereits die erste Passage, die 1873 eingeweihte
»Kaisergalerie«, die die Ecke Friedrich-/Behrenstraße mit den Linden verband, steckte von Beginn an in der Krise – und dies, obwohl Kaiser Wilhelm I. persönlich in der Passagen-Gruppe saß. Otto Glagau, ein zeit-
genössicher Beobachter, berichtete: »Auf der Passage ruhte von vor-
neherein ein Fluch. Nur mit Not gelang es, die Läden zu vermieten, nachdem man zuerst die in Aussicht genommenen Mieten bedeutend herab-
gesetzt hatte. Die Konzerte verunglückten, die Festsäle blieben leer, die
großen Restaurants in den oberen Etagen fanden bald keine Pächter
mehr.«[5] Peter Mugay erwähnt in seinem Friedrichstraßen-Buch, die erste
Jahresbilanz der Passagenaktionäre sei deprimierend ausgefallen. »Sie
hatten zubuttern müssen. Und die Berliner blieben fern. Höchstens Auswärtige schlenderten durch, guckten hier, kauften dort etwas.«[6]
Noch schlechter als der Kaisergalerie, die sich durch eine Verbesserung
des kulturellen Angebots wirtschaftlich bald erholen konnte, ging es
dem 1908/9 gebauten Passagenkaufhaus, dem heutigen Tacheles. Nur
fünf Jahre dauerte es, bis der Betreiber pleite ging. Der Stahlskelettbau
wurde fortan von der AEG als »Haus der Technik« genutzt.
Und hätte nicht der Westberliner Senat 1974 das Gelände des von der
Skandalarchitektin Sigrid Kressmann-Zschach gebauten Ku›damm-Kar-

rees kurz nach seiner Fertigstellung für 22,7 Millionen Mark gekauft, die Serie der Pleiten und Pannen hätte sich auch in Wirtschaftswunderzeiten fortgesetzt.

Auf die wirtschaftlichen Risiken der Passagen hat Jonas Geist bereits 1969 in seinem Standardwerk über diesen »Bautyp des 19. Jahrhunderts« aufmerksam gemacht. »Das spekulative Moment«, schrieb Geist, »das Risiko, ist für die Passage wesentlich und nur schwer durch genaue Kalkulation und geschickte Plazierung zu verhindern.«[7] Die Ursachen für Mißerfolg oder Erfolg seien dabei vor allem aber außerhalb der Passagen zu suchen. »Veränderung in ihrer Umgebung, in der Zusammensetzung des Publikums, und der Wandel des Raumgefühls sind einige Gründe.«[8]

Diese Veränderungen betreffen die Friedrichstraße zuerst. Zwar wird die Magistrale noch immer als Sinnbild städtischen Lebens zitiert. Und selbst Kurt Tucholsky, der sich »eine Villa im Grünen, vorn die Ostsee, hinten die Friedrichstraße« wünschte, konnte sich diesem Hang zur Stilisierung nicht entziehen. Doch spätestens mit den Stadtbeschreibungen des Flaneurs Franz Hessel war klar geworden, daß die Friedrichstraße nur mehr Vergangenheit war, von ihrem Mythos lebte.

Hessel war es auch, der Walter Benjamin ermuntert hat, die europäische Kulturgeschichte am Beispiel der Passagen aufzuschreiben. Doch Benjamin beschrieb in seinem fragmentarisch gebliebenen »Passagenwerk« nicht nur den Typus des aufkommenden Flaneurs in den zwanziger Jahren des 19. Jahrhunderts – er berichtete im Zusammenhang mit der zunehmenden gesellschaftlichen Mobilität auch von einem »Schock« über das Verschwinden des öffentlichen Raums. Mit der Zurichtung des Stadtraums auf den Konsum hat er als Aufenthaltsort für unterschiedliche Gruppen und Individuen ausgedient – aus dem Theatrum Mundi wurde ein Theatrum Konsumendi: »Die brutale Gleichgültigkeit«, schreibt Benjamin, »die gefühllose Isolierung des einzelnen auf seine Privatinteressen, tritt umso widerwärtiger und verletzender hervor, je mehr diese einzelnen auf den kleinen Raum zusammengedrängt sind.«[9]

War dieser »Schock« nach Ansicht des Tübinger Stadtplaners Andreas Feldtkeller bestimmend dafür, daß die Reste der innerstädtischen Quartiere – mit ihrer der europäischen Stadt eigenen Öffentlichkeit – der funktionalen Entmischung durch die Moderne trotzen konnten[10], so scheint derzeit ein zweiter »Schock« über den Verlust des Öffentlichen am kollektiven Unterbewußtsein zu zehren. Es ist dies auch das Bedürfnis »nach Orientierung und Kommunikation«, von dem der Literaturwissenschaftler Klaus Scherpe spricht. Nur sei dieses Bedürfnis »überlagert und irritiert durch den technologischen Transfer, der gegenwärtig mit unseren fünf Sinnen veranstaltet wird«. Gleichwohl, so scheint es, evoziert der Versuch, amerikanische Bilder des Privatkonsums gegen die öffentliche Struktur der euopäischen Stadt zu setzen, eine regelrechte Abwehr gegen »das Angebot öffentlichen Raums auf privatem Gelände«. Während die Shopping-Malls in den USA die ökonomische Antwort der Investoren auf das Sicherheitsbedürfnis der kaufkräftigen Mittelschicht darstellten, wird das strenge Reglement in den Passagen – deren räumliches Erschließungssystem einst den Gefängnisbau revolutionierte[11] – hier oftmals als störend empfunden. Selbst im Europa-Center, um dessen Kundschaft – anders als beim Ku·damm-Karree – noch gekämpft wird, verbreiten Wachschützer und Überwachungskameras weniger ein Gefühl von Sicherheit als Sterilität. An das Vokabular des öffentlichen Raums dagegen, dessen sich die Erbauer postmoderner Konsumwelten so gerne bedienen, erinnern allenfalls ein paar Wegweiser.

Berlin ist eben doch noch nicht Los Angeles, wo auf dem Bunker Hill eine künstliche Komsumwelt für die Mittelschichten die radikale Spaltung der Downtown in eine Erste und eine Dritte Welt markiert. Der Kurfürstendamm mit seinen breiten Bürgersteigen und seinem urbanen Hinterland ist dafür beredtes Beispiel. Allen Unkenrufen und Warnungen der AG-City vor Schmutz und Kriminalität zum Trotz: nicht der Kurfürstendamm ist tot, seine Passagen sind es.

So sehr auch die neuen urbanen Mittelschichten die postmoderne Inszenierung des Städtischen lieben, etwas »authentischer« als die kalte Kunstwelt der Malls muß sie schon ausfallen. Daß der zweite »Schock« über das Verschwinden des öffentlichen Raums ausgerechnet von denen ausgeht, um deren Geldbeutel sich die Investoren bemühen, ist der Preis, den die Verwertungs- und Wachstumeuphoriker mit ihrer Mißachtung städtischer Nutzungsmischung nun zu zahlen haben. Auf die Einöde städtebaulicher Monostrukturen, die jede Regung städtischer Lebendigkeit zur Exotik verdammt, hat schon in den siebziger Jahren die Schriftstellerin Brigitte Reimann hingewiesen. Angesichts der Plattenbausiedlungen in Hoyerswerda hat sie die Gretchenfrage des öffentlichen Raums formuliert: »Kann man in Hoyerswerda küssen?«[12]

Kann man in der Friedrichstraße küssen? Oder wird auch dort einmal das Küssen nur noch Teil einer Inszenierung sein? Daß das Küssen aber zu jenen »stets gegenwärtigen Bedürfnissen« gehört, von denen Klaus Scherpe spricht, daran wird kaum einer Zweifel hegen. Wo aber soll sie küssen, die neue städtische Mittelschicht? Wo soll sie sich zeigen? Wo ihre Bedeutung demonstrieren? Wo ihren Hedonismus zelebrieren?

## PRENZLAUER BERG: NEW URBAN PUBLICITY

Es ist nichts Neues, daß die frisch eröffneten Bars rund um den Kollwitzplatz mittlerweile in den Lifestyle-Supplements amerikanischer Magazine
besprochen werden. Auch nicht, daß ein findiger Schweizer die ur-
sprüngliche Idee der Alternativwährung »Knochengeld« kurzerhand
zweckentfremdet hat und seitdem in der Feinkosthandlung »Brunos« in
der Kollwitzstraße »Knochenwein« für 140 Mark vertickt. Selbst die Tatsache, daß ein Spekulant in der Gethsemanestraße – unweit der Kirche, die
im Oktober 1989 im Mittelpunkt der Auseinandersetzungen zwischen
Bürgerbewegten und den DDR-Ordnungskräften stand – ein »Boarding-
House« für Manager eröffnen wollte, klingt wie Schnee von gestern.
Wenn sich aber ein ehemaliger Stammgast in die Szenekneipe »Gaststätte
am Wasserturm« verirrt, wird er vom Wirt begrüßt wie ein verloren ge-
gangener Sohn. »Nur noch Touristen hier«, lamentiert dann der Wirt und
zuckt mit den Schultern: »Aber soll ich die etwa nicht mehr bedienen?«
Doch die gerufenen und nicht mehr los zu werdenden Geister toben
durch immer neue Räume. Schräg gegenüber, am Eingang des alten
Wasserturms, hing lange Zeit ein Plakat: »Hamlet im kleinen Wasser-
speicher«. Die Frage jedoch, wer an diesem Hot-spot der urbanen Begehrlichkeiten sein oder nicht sein darf, scheint längst beantwortet zu
sein. Die Bewohner des Bezirks meiden den Trampelpfad an der
Knaack-, Ecke Rykestraße mittlerweile ebenso wie die städtischen
Trendsetter die Kreuzberger Kulissen. Den ehedem öffentlichen Raum
vor dem Wasserturm haben andere in Besitz genommen. Aufgeschlos-
sene, kulturell interessierte Menschen zumeist, die sich auf die
prickelnde Tour in den Osten bestens vorbeitet haben. Schließlich steht
mittlerweile in jedem Reiseführer, wo das »wahre Herz des Prenzel-
bergs«, gar wo der »einheimische Prenzelberger« zu finden ist.
Vorbei sind die Zeiten, in denen die Nachwende-Bilder des Prenzlauer
Bergs mit seinem eigentümlichen Charme von Verfall und DDR-Reko,
von Verweigerung und trotzigem »Wir bleiben alle« die Atmosphäre des
Ortes bestimmten. Das – je nach Lesart – »steinerne Meer« oder »größte
Sanierungsgebiets Europas« bietet statt dessen die äußere Hülle für Vergnügungen jedweder Provenienz, eine Art Installation für eine New Urban Publicity, die sich schon lange nicht mehr mit den Gegenden um
den Wasserturm, den Kollwitzplatz oder die Husemannstraße zufrieden
gibt. Die postmodernen »Locations«, die sich wie Schnittstellen zur schönen, heilen Welt so wunderbar kontrastreich in die alten, zeitlosen Orte
des Provisoriums montieren lassen, haben das Weichbild des Bezirks

längst eingenommen. Kaum mehr eine Straße, in der nicht eine Boutique vom Hedonismus derer kündet, die sich ihn leisten können.
Vom Nachwende-Wort des »Kreuzbergs des Ostens« ist jedenfalls keine Rede mehr – der Unterschied ist ausgelotet: »Delikatessenläden, Mode und Lifestyle im Kiez gelten nicht mehr als Erfindungen des Klassenfeinds«, heißt es im Feuilleton einer Berliner Zeitung. »In Prenzlauer Berg kippt keiner Kübel voller Exkremente in schicke Eßtempel wie einst in Kreuzbergs Oranienstraße. Keine anonyme Gruppe, die sich ›Klasse gegen Klasse‹ nennt, wirft Molotow-Cocktails in Feinkostgeschäfte. Und autonome Politgruppen treten hier nicht in Erscheinung.«[13]
Prenzlauer Berg – die wunderbare Welt der Postmoderne? Weit über zehn Jahre sind bereits vergangen, seitdem sich die neue Entdeckung der Stadt in zahlreichen Maßnahmen zu ihrer Verschönerung niederschlug. Da wurden neue, historisierende Laternen auf ebenso neu hergerichtete Gehwege gestellt, Gauklerfeste organisiert und die öffentlichen Orte und Plätze einer Stadt mit Bedacht aufgepeppt. Um als Stadt mit einzigartigem Flair wahrgenommen zu werden, mußte ihr ein neues Gesicht verpaßt werden, mußte das äußere Bild verschönert, mußten ihre kalten, zugigen Ecken, die deutlichen Überreste einer nun als fatal empfundenen autogerechten Stadtplanung neu möbliert werden. Schön sollte sie sein, die neue Stadt, bequem, zum Wohlfühlen. »Urbanität«, schrieb bereits vor zehn Jahren der Literaturwissenschaftler Harald Jähner, »noch vor 15 Jahren eine nahezu unbekannte Kategorie, die allenfalls eine Handvoll Soziologen beiläufig gebrauchte, ist heute zum Zauberwort des Zeitgeistes geworden.«[14]
Das freilich, so Jähner, gelte jedoch nicht mehr nur für die Stadtpolitik, die eine »Urbanisierung« schon früh als Möglichkeit zur Imagebildung erkannt hat, sondern vor allem auch für die Bewohner der Städte selbst. Je abstrakter der lebensweltliche Alltag im Zeitalter der Kommunikationsgesellschaft und der neuen Medien werde, desto größer werde das Bedürfnis nach städtischer Idylle. »Die sinnliche Zusammenballung der Menschen in der großen Stadt verwirrt die meisten Menschen nicht mehr, sondern orientiert sie umgekehrt über ihre eigene Existenz, in dem sie ihnen ein interpretierendes, erleichternd konkretes Inbild der Vergesellschaftung anbietet, viel konkreter als die Gesellschaft in Wirklichkeit ist.«[15]
Urbanität als Ersatzbefriedigung – das ist freilich ein großer Unterschied zur städtischen Öffentlichkeit, wie sie der Soziologe Hans-Paul Bahrdt in den sechziger Jahre als Charakteristikum der Stadt ausgemacht hatte. »Die positive Kulturleistung der Entwicklung einer Öffentlichkeit«,

schrieb Bahrdt, »besteht zu einem guten Teil darin, Kommunikationsformen zu entwickeln, die die Distanz, die gegeben ist und bestehen bleibt – ja bestehen bleiben soll, zu überbrücken.«[16] Nicht der Marktplatz steht deshalb für Bahrdt im Zentrum der Entstehung der Städte, sondern öffentliches Handeln, nicht Urbanität, sondern Stadtgesellschaft.

Die beiden Annäherungen an Stadt als gebauter Raum und soziale Umwelt hat bereits im sechsten Jahrhundert nach unserer Zeitrechnung der Spanier Isidor von Sevilla beschrieben. In seinem begriffsgeschichtlichem Wörterbuch »Etymologiae« führte er die Bedeutung des Worts Stadt/City auf zwei Ursprünge zurück[17]: Urbs als Stadt der Steine und Civitas als Stadt der Menschen. Der immense Bedeutungszuwachs, den sämtliche vom Wortstamm urbs abgeleiteten Begriffe in den vergangenen Jahrzehnten zu verzeichnen hatten, bleibt jedoch ohne die Krise der Civitas unverständlich. Es ist dies vielleicht auch eine Fußnote der Postmoderne. Unbestritten ist, daß die Krise der Gesellschaft ihren Niederschlag zumeist in ihren räumlichen Ballungszentren, den Städten, findet. Mit der Krise der Massenproduktion und des Massenkonsums, der sozialen Mobilität und der sozialen Sicherung, mit dem Beginn der dritten industriellen Revolution und des »Kommunikations«-Zeitalters waren nicht nur die Städte gezwungen, die Bedingungen ihrer Existenz neu zu reflektieren, sondern auch die in ihnen lebenden Menschen.

## DIE NEUE KULTUR DER STÄDTER

Sommerabend am Wasserturm in Prenzlauer Berg. Es ist neunzehn Uhr. Vor der »Gaststätte am Wasserturm«, einem Szenelokal, sitzen zwei Kurzgeschorene. Beide mögen etwa achtzehn Jahre alt sein. Sie unterhalten sich, flüsternd beinahe, über das letzte Fußballspiel gegen die Westmannschaft, über »die Türken, die dort mitspielen und ganz schön hart an den Mann gehen«. Sie trinken Bier. Schweigen. Reden dann weiter. Irgendwann stehen sie auf. Sie haben sich umgeschaut und gemerkt, daß sie irgendwie nicht mehr dazugehören. Überall an den Tischen haben andere Platz genommen. Andere, die lauter sprechen, nicht über »Türken, die hart an den Mann gehen«, sondern über das »Ambiente hier am Wasserturm«.

Kaum sind die beiden Kurzgeschorenen gegangen, setzt sich eine Gruppe Schwaben auf ihren Platz. Sie tragen Lederjacken trotz des Sommers, eine Frau hat ihre Haare grell gefärbt. Sie reden laut, als müßten sie sich beweisen, daß sie das Recht darauf haben, an diesem Platz zu sitzen. An ihrem Platz, daran lassen sie keinen Zweifel. Sie ha-

ben diesen Platz eingenommen mit ihren Stimmen und ihren Lederjacken. Sie trinken Prosecco. Niemals kämen sie auf die Idee, sie hätten
die Kurzhaarigen verdrängt.

Die neue urbane »Lebensart« ist für die beiden Soziologen Helmut Berking und Sighard Neckel eng mit der Individualisierung der Lebensstile
verknüpft. In dem Maße, in dem die Institutionen Arbeit, Beruf und Familie ihre identitätsprägende Kraft verlieren, beginne eine »neue Runde
der Vergesellschaftung«, werde der einzelne zur »lebensweltlichen Re-
produktionseinheit des Sozialen«.[18] Dabei werde deutlich, wie sehr sich
die Menschen dessen bewußt seien, daß Identität so ohne weiteres nicht
mehr zu haben sei, sondern der »Effekt einer merkwürdigen Mischung
aus subjektivem Schicksal, kombinatorischem Geschick und inszenato-
rischen Fähigkeiten ist«. Nicht mehr um Identität geht es also den neuen
Bewohnern der Innenstädte, sondern um Identitätspolitik, um das Spiel
mit den Lebensstilen, die jene Leerstellen scheinbar füllen können, die
nach Berking und Neckel der »gegenwärtige Modernisierungsschub im
Austausch zwischen Individuum und Gesellschaft hinterläßt«.[19]

Wie sehr das Verschwinden der öffentlichen Räume mithin auch ein Verschwinden des Bedürfnisses nach solchen Räumen ist, beschreibt auch
der Architektursoziologe Werner Sewing: »Unter meinem Arbeitszimmer-
fenster ist ein Café, da stehen jetzt wieder viele Tische, und ich bin völlig unfreiwillig Zeuge der Gespräche an den Kaffeehaustischen. Nun
könnte man sagen, ich sei völlig begeistert, ich bin Soziologe und die
Öffentlichkeit hockt vor meinem Fenster. Aber diese Gespräche sind oft
völlig langweilig. Öffentlicher Raum ist in dieser Form erstmal Aggrega-
tion von Privataktivitäten. Willi trifft Erna und Erna trifft Willi.«[20]

Der amerikanische Stadtforscher Richard Sennett hat diesen Prozeß des
Verschwindens der Öffentlichkeit bereits in den siebziger Jahren als »Ty-
rannei der Intimität« bezeichnet.[21] Ist freilich nichts Öffentliches mehr zu
berichten, ist dies auch ein Hinweis auf das Verschwinden öffentlichen
Handelns. Wenn es um nichts anderes mehr geht als Privates, als um die
Selbstinszenierung zum Zwecke der Wahrnehmung durch andere, ist
dies auch ein Zeichen des Verschwindens von Politik – nicht nur bei den
Stadtpolitikern, sondern auch bei einem Großteil ihrer Bewohner.

## WIR BLEIBEN ALLE – WIE WIR SIND?

Berlin-Alexanderplatz, 4. November 1989. 500.000 waren dem Aufruf
zahlreicher Künstler gefolgt, um der SED ihre Meinung zu sagen. Und
es waren 500.000 gekommen, die tatsächlich etwas zu sagen hatten: auf

Spruchbändern, provisorischen Holztafeln und Transparenten. Eigene Gedanken, Forderungen, Hoffnungen, manche von ihnen in Versform, die meisten ironisch, humorvoll. An diesem Tag haben viele Ostberliner versucht, die öffentlichen Angelegenheiten ihres Landes selbst in die Hand zu nehmen, für einen Moment tatsächlich das Volk zu sein.

Ein Jahr später sah wieder alles anders aus: Man hatte die D-Mark gewählt, wegen der Sicherheit, und nun, am 3. Oktober, sollte man also auch noch den Rest bekommen: das politische, soziale und rechtliche System der Bundesrepublik Deutschland. Vereinigung nannten das die meisten, Beitritt andere, womit sie recht hatten, und Anschluß wieder andere, die es nicht wahrhaben wollten. Den Anspruch, die öffentliche Sache – die res publica – in die Hand zu nehmen, hatten die allermeisten von ihnen aufgegeben, abdelegiert, zurück an die Politiker. Die kritische politische Öffentlichkeit hatte sich an diesem ersten Feiertag der Vereinigung aus der Mitte der Stadt zugunsten eines Volksfestes zurückgezogen. Verschwunden war sie freilich nicht. Bereits einen Tag vor den offiziellen Vereinigungsfeierlichkeiten rund um das Brandenburger Tor war ein »deutschlicher Zug« vom Lenné-Dreieck, wo noch zu Mauerzeiten Besetzer für deutsch-deutsche Verwirrung gesorgt hatten, in Richtung Prenzlauer Berg gezogen. Dort am Kollwitzplatz sollte »sieben Minuten vor Zwölf« die »autonome Republik Utopia« ausgerufen, die »öffentliche Sache« also wieder zurückerobert werden.

Und in der Tat. Auch zwei Jahre nach dem Anti-Vereinigungsspektakel am Kollwitzplatz gab es in Prenzlauer Berg noch immer eine kritische politische Öffentlichkeit, immer wieder ins Gedächtnis gerufen von einer Initiative mit dem programmatischen Namen »Wir bleiben alle«.

»Wir bleiben alle« – das klang nicht nur kämpferisch, es war auch eine ironische Drohung. Das Kürzel der Gruppe, W.B.A., unterschied sich nur in der Interpunktion vom damaligen Wohnbezirksausschuß der Nationalen Front, WBA. Waren die WBA's in den anderen Wohngebieten von Berlin, Hauptstadt der DDR, willige Vollstrecker zentralistisch verordneter Parolen gewesen, so hatten die Stadtteilaktivisten rund um die Oderberger Straße es geschafft, »ihren« WBA zu unterwandern. »Das erste, was wir nach unserem Putsch unternommen haben«, erinnert sich Bernt Holtfreter, einer der damaligen Aktivisten, »war, die unvermeidliche Sicherheitskommission durch eine Kulturkommission zu ersetzen.« Damit war, zumindest in der Oderberger Straße, der sozialistische Normalzustand vom Kopf auf die Füße gestellt worden. Nicht mehr der verlängerte Arm der SED entschied im WBA von nun an über Veranstaltungen, Konzerte, Lesungen oder Filmvorstellungen, sondern die Bewohner selbst. Eine Protestkultur, die sich bis zum Ende der DDR hielt und mit dem Widerstand gegen die vorgesehene Kahlschlagsanierung der Oderberger und Rykestraße auch politische Erfolge erzielen konnte. »Das Kürzel W.B.A. ist damit auch der Anspruch, unter den neuen Verhältnissen Oppositionspolitik zu machen«, so Holtfreter.

Oppositionspolitik sowie Politik ganz allgemein bedeutete in den Nachwendejahren in Prenzlauer Berg vor allem Öffentlichkeitsarbeit. »Das betrifft vor allem die Mieter«, sagt Gerhard Heß, damals Sprecher der Berliner MieterGemeinschaft. »Viele von ihnen kannten sich mit dem neuen Mietrecht nicht aus. Auf der anderen Seite gab es schon die ersten Spekulanten. Deshalb war es notwendig, sich zusammenzuschließen.« Heß erinnert sich noch an ein Mietshaus in der Fehrbelliner Straße, wo die Miete einer Wohnung nach der Sanierung zweitausend Mark kosten sollte. Beispiele dieser Art gab es zuhauf. Eines davon war die Kollwitzstraße 89.

Nachdem es dem privaten Eigentümer gelungen war, die letzten Wohnungen im Vorderhaus zu entmieten, ließ er die Katze aus dem Sack. Das Gründerzeitquartier sollte nicht etwa saniert, sondern einer gänzlich anderen Bestimmung zugeführt werden. In der Kollwitzstraße 89 sollte ein Hotel entstehen. Für Bernt Holtfreter war damit das Faß übergelaufen. Doch nicht nur für ihn. Auch Matthias Klipp, zu DDR-Zeiten bereits für den Oppositions-WBA aktiv, wollte der Umwandlung eines Wohnhauses in ein Luxushotel nicht tatenlos zusehen. Zusammen mit etwa dreißig Personen aus dem bürgerbewegten und linken Umfeld des Prenzlauer Bergs besetzten sie im Mai 1992 die Kollwitzstraße 89. Die Medien stürzten sich mit Verve auf die Aktion. Der Grund: Anders als Bernt Holtfreter hatte Matthias Klipp auch nach der Wende ein politisches Amt inne. Auf Vorschlag der Liste Bündnis Prenzlauer Berg war er zum Baustadtrat des Bezirks gewählt worden. Ein Stadtrat als Hausbesetzer – das war so ganz nach dem Geschmack der Presse.

Obwohl die Besetzung ohne unmittelbaren Erfolg endete, waren die Prenzlauer Berger doch wachgerüttelt worden. Die Losung »Wir bleiben alle« sprach vielen aus der Seele. Zu einer Zeit, in der von Mietobergrenzen und Sanierungsgebieten noch wenig, von Bonner Grundmietenverordnungen und der Wohnungsbaupolitik einer Irmgard Schwaetzer, von Vertreibung und Mietenexplosion umso mehr die Rede war, versprach die Aktivität einer Initiative zumindest die Möglichkeit, auf die eigenen Ängste aufmerksam zu machen. »Dazu kam, daß die meisten Mieter noch die gleichen Probleme mit ihren Vermietern hatten. Die meisten Häuser waren damals ja noch in der Verwaltung der Wohnungsbaugesellschaft«, erinnert sich der Politologe Matthias Bernt, damals ebenfalls Mitstreiter bei »Wir bleiben alle«.

Die Politik der Bundesregierung, die Sorge im Kiez um die eigene Zukunft sowie die Aktivitäten einzelner Spekulanten waren schließlich auch verantwortlich für den Riesenerfolg einer eher beiläufigen Idee. »Irgendwann kam mal einer und fragte, ob wir nicht eine Demo gegen die Mieterhöhungen machen wollten«, erinnert sich der einstige W.B.A.-Aktivist Wolfram Kempe. Gesagt, getan. Innerhalb von nur anderthalb Wochen wurde pünktlich zur ersten Sitzung des Bundestags über die neuen Mietpreissteigerungen eine Demonstration organisiert, deren enormer Zuspruch selbst die kühnsten Hoffnungen der Organisatoren überstieg. Mehr als 10.000 Mieter waren dem Aufruf von »Wir bleiben alle« gefolgt.

Prenzlauer Berg, Kollwitzstraße, fünf Jahre später. In der Kollwitzstraße 89 wurde zwar kein Hotel gebaut, aber eine Luxussanierung konnte nicht verhindert werden. Die Bonner Mieterhöhungen sind längst Alltag geworden, nun steht der Übergang ins westliche Vergleichsmietensystem ins Haus. Wir bleiben alle?

Manche sind geblieben, manche nicht. 60.000 zogen fort, viele haben sich verändert. Matthias Klipp, zum Beispiel, trägt nun manchmal Anzüge. Als Abteilungsleiter der Landesbank Berlin sieht er sich dazu verpflichtet. Bernt Holtfreter versucht seit Ende 1995, seiner Sache als Abgeordneter der PDS treu zu bleiben. Als ehemaliger Aktivist der DDR-Opposition hat er dafür viel Prügel einstecken müssen: von den Bürgerbewegten, die nicht einsehen wollten, warum ausgerechnet die PDS, und von den Kiezaktivisten, die nicht einsehen wollten, warum ausgerechnet das Parlament. Wolfram Kempe schlägt sich mit den Niederungen des politischen Alltags nur noch selten herum, um so mehr dagegen mit wohlfeilen Sätzen und Kolumnen in der subversiven Zeitschrift »Sklaven«, einer Art Kulturkampfpostille Ost gegen West, die ihre politisch-anarchische Sehnsucht in der Kneipe »Torpedokäfer« verbarrikadiert hat. Matthias Bernt schließlich hat seine politische Arbeit professionalisiert und versucht nun als Wissenschaftler, Phänomene wie Aufwertung zu erforschen, ohne dabei die politische Alltagsarbeit gänzlich in Vergessenheit geraten zu lassen.

Was ist passiert in all diesen Jahren? Wo ist sie geblieben, die politische Öffentlichkeit in Prenzlauer Berg? Ist aus der autonomen Republik Utopia ein ganz realer Ort geworden – für unpolitische Trendsetter, eitle Karrieristen und wehmütige Nostalgiker? Ist die politische Öffentlichkeit des Bezirks mit jenen verschwunden, die ihn verlassen haben? Oder hat sich doch mehr verändert im Bezirk als am äußeren Wandel,

an der ständig steigenden Zahl neuer Kneipen oder Wohnungsangebo-
ten von 5.500 Mark für eine 180 Quadratmeter-Wohnung am Kollwitzplatz abzulesen ist? Macht die Individualisierung der Lebensstile auch
vor den einstigen Aktivisten nicht halt? Waren sie es womöglich, die die
Geister gerufen haben, die nun um den Wasserturm toben?

## DAS JAHR DER VERÄNDERUNG: 1993

1993 ist nicht zuletzt das Jahr der gescheiterten Berliner Olympiabewerbung gewesen. Nichts haben die Berliner Politiker aus dieser Niederlage
gelernt. Aber auch für einen Teil der politischen Öffentlichkeit der Stadt,
die Opposition gegen den Größenwahn der Berliner Politik, markierte
die Olympiaentscheidung eine entscheidende Zäsur. Vor dem September 1993 war es ein leichtes gewesen, die Pleiten-Pech-und Pannen-Se-
rie der Olympiabewerbung ins mediale Licht zu rücken. Mit der Hälfte
der Bevölkerung im Rücken fiel es nicht schwer, mit Aktionen und Aktivitäten Aufmerksamkeit zu erregen. Adressat der NOlympic-Kampagne
war schließlich weniger der Senat, sondern 91 greise Herren, bei deren
Meinungsbildungsprozeß in Sachen Berliner Olympiatauglichkeit man
ein gehöriges Wort mitzureden gedachte. Meinungskundgebungen wie
der Brief der Fraktion Bündnis 90/Grüne an das IOC, die den CDU-Politiker Hapel zu der Äußerung trieben, sie kämen einer »Kriegserklärung
gegen die Interessen der Stadt« gleich, waren deshalb Dreh- und Angelpunkt einer Imagebeschädigungs- und Abschreckungspolitik, die
schließlich im Anti-Olympia-Video der Bewegung ihren Höhepunkt
fand. Darin hielt ein Vermummter einen Stein in der Hand und drohte:
»We will wait for you!« Für die Herren der Ringe, die diesen Film zuge-
sandt bekommen hatten, eine deutliche Botschaft.
Es ging also weniger darum, die städtische Öffentlichkeit zu mobilisieren, die die antiolympische Opposition mobilisieren wollte, sondern
darum, den anti-berlinischen Ressentiments noch einige andere hinzu-
zufügen. Zumindest vor diesem Hintergrund unterschieden sich die
Olympiagegner gar nicht so sehr von den Olympiabewerbern. Beide
hatten ein Bild der Stadt zu präsentieren: die einen die weltläufige Metropole mit ihrer Infrastruktur und ihrer wirtschaftlichen und politischen Zukunft, die anderen die Stadt der Hausbesetzer und Oppositionellen, die Stadt der Straßenschlachten, jenes Bild von Berlin also, das
– geronnen in der griffigen Formel von der »Hauptstadt Kreuzberg« –
bereits von der CSU gegen den Regierungssitz Berlin ins Feld geführt
worden war.

Spätestens nach der Entscheidung von Monte Carlo zeigte sich aber auch für die Olympiagegner das ganze politische Debakel einer solchen Bilderpolitik. Weder die Olympiabefürworter noch die Opposition hatten eine Idee davon entwickelt, was Berlin denn anderes sein könnte außer Olympia- oder NOlympia-Stadt. Als der durchaus populäre Verteidigungskampf, den die Olympiagegner jedoch wieder einmal mehr im Namen der Bevölkerung als zusammen mit ihr geführt hatten, erfolgreich geschlagen war, als man Berlin nicht mehr gegen das Riesenspektakel in Schutz nehmen mußte, zeigte sich mit aller Deutlichkeit, daß man keinen Begriff davon hatte, wofür man eigentlich kämpfte. Zwar engagierte sich ein Teil der Anti-Olympia-Bewegung von nun an in diversen Bündnissen, der Rest der Opposition jedoch und mit ihr die sowohl politische als auch mediale Öffentlichkeit verschwand. Sie verlor sich im großen Wandel, der sich in den neunziger Jahren von einer aktiv-politischen hin zu einer passiv-kulturellen Öffentlichkeit vollzog.

Für die Veränderungen in der Kollwitzstraße gilt das gewissermaßen im kleinen. Je mehr das Politische schwand, desto mehr schuf sich das Vergnügen Platz. 1993, das Jahr des NOlympia-Erfolgs, war gleichzeitig das Jahr der Niederlage des Politischen. 1993, als die Autonome Republik Utopia zu Grabe getragen wurde, war auch das Jahr, in dem die ersten Kneipen rund um den Wasserturm eröffnet haben. Ein reiner Zufall?

## LINKE UND URBANISIERUNG

Über die Aufwertung von Altbau- und ehemaligen Arbeiterquartieren zu Wohnvierteln mit einem den kulturellen Erwartungen des städtischen Mittelstands entsprechenden Ambiente gibt es seit den achtziger Jahren auch in Deutschland verschiedene Untersuchungen. Sie behandeln sowohl die Ursachen einer solchen »Gentrification« als auch deren Verlauf. In ihrem Buch »Die neue Urbanität« haben Walter Siebel und Hartmut Häußermann versucht, die wissenschaftlichen Befunde zusammenzufassen[22]: Als die »Pioniere der Reurbanisierung« sehen sie dabei vor allem die Alternativen, »die zuerst in die Altbauquartiere eindringen, wo Wohnungen zu relativ günstigen Preisen zu haben sind«. Wert werde dabei nicht nur auf die Gestaltung der eigenen vier Wände, sondern auch auf die des öffentlichen Raums gelegt: »Die aktive Nutzung des Raums außerhalb der Häuser ... und vor allem der Kampf gegen den zerstörerischen Autoverkehr geben solchen Quartieren ein neues soziales Gepräge.« In einer zweiten Phase fielen dann die »Pioniere der Urbanisierung« selbst der Verdrängung zum Opfer: »Die zahlungskräftigen Yuppies ziehen nach, durchmischen die Szene und ziehen kapitalintensive Aufwertungsmaßnahmen nach sich, die weit über die Ansprüche und finanziellen Möglichkeiten der ursprünglichen Revitalisierer hinausgehen.«[23] Während dieser vor allem von den Soziologen Jörg Blasius und Jens Dangschat[24] untersuchte Invasions- und Sukzessionszyklus den äußeren Rahmen der Veränderung markiert, mag der Siegeszug, den Techno auch in der alternativen und linken Szene angetreten hat, den inneren Wandel, den mentalen Beitrag zum Verlust innerstädtischer Öffentlichkeit beschreiben. »Techno bedeutet Modernität. Es wird von denjenigen als Beispiel für Modernität gebraucht, die die neue Informationsgesellschaft durchsetzen wollen«, sagt der Mitherausgeber des ersten Textbuchs zu Techno, Patrick Walder. Für Walder, der die illegalen Wurzeln der Technobewegung betont, ohne sich freilich an der Kritik der Kommerzialisierung durch Megaveranstaltungen wie die Love Parade zu beteiligen, ist Techno »ein Modell zur Bewältigung von Alltagssituationen, wo du die permanente Überforderung hast. Die Forderung nach Rollenspielen, wo die Identität immer wechseln muß. In Techno gibt es den Wahrheitsanspruch nicht mehr. Das ist ein Befreiungsakt, der ziemlich wohltuend ist.«[25]

Damit ist in wenigen Sätzen umschrieben, was die Soziologen Berking und Neckel mit Identitätspolitik bezeichnet haben. Es geht heute mehr darum, im komplizierter gewordenen Alltag der Kommunikationswelt zu überleben als darum, ihn zu ändern. Das ist der Unterschied. Und ein Teufelskreis. Je mehr sich die Bilder von Wirklichkeit vor die tatsächliche soziale und politische Realität schieben, desto weiter wird die Realität auch aus dem eigenen Bewußtsein verdrängt, desto einfacher wird es, sich in diesen Bildern einzurichten, sie zu reproduzieren. Im Mittelpunkt der postmodernen Lebenswelt steht also nicht mehr die Veränderung, sondern das Spiel mit der Wirklichkeit, ein Spiel, das durchaus Spaß machen kann. Gerade die linken Jünger der Raving-Society begründen ihre Begeisterung für die Maschinen-Beats im wesentlichen mit der Humorlosigkeit und Lustfeindlichkeit einer Linken, die die Subjektivität ihrer Protagonisten konsequent auszublenden verstand. Eine in der Tat berechtigte Kritik. Sie in ihr Extrem zu treiben, bedeutet hingegen nichts anderes, als den Hedonismus zu überhöhen, als im anderen Extrem, bei Tanz und ausgelassener Partylaune auf dem Vulkan angekommen zu sein.

Mit dem Anspruch auf Veränderung geht freilich nicht nur die Öffentlichkeit als ihr Medium, sondern gehen auch die Dimensionen von Zukunft und Geschichte verloren. Der städtische Raum wird zum allgegenwärtigen Erlebnisraum.

## ÖFFENTLICHKEIT UND DEMOKRATIE

»Paradoxerweise ist es ja nicht das Verschwinden der städtischen Pluralität von Lebensweisen, sondern gerade deren Zunahme, die diese Krise befördert«, umreißt der Architektursoziologe Werner Sewing das Dilemma des Verschwindens der städtischen Öffentlichkeit.[26] »Die Stadt zerfällt in Milieus, Lebensstile, Szenen, Klüngel.« Aus der subkulturellen Vielfalt privater Interessen und Leidenschaften, um derentwillen man nach Berlin gekommen sei, entstehe so »kein Allgemeines, auch nichts, was ›vor aller Augen‹ im öffentlichen Raum inszenierbar wäre.« Dieses durch das Verschwinden der Öffentlichkeit und durch die Individualisierung – man kann auch sagen Privatisierung – der Lebensstile hervorgerufene Vakuum werde schließlich von den Inszenierungs-Profis wie Architekten, Politikern oder Kulturveranstaltern besetzt. Das Ergebnis: Es treffen sich Konsumenten und Gelangweilte auf der Suche nach Unterhaltung. »Der öffentliche Raum«, schreibt Sewing, »ist eine Bühne, auf der die Bürger, offensichtlich überaus lustvoll, Statisten in ihrer eigenen Stadt sind.«[27]

Der Intendant der Berliner Volksbühne am Rosa-Luxemburg-Platz, Frank Castorf, hat dies einmal als »Terror der Individualität« bezeichnet und hinzugefügt, daß diese Individualität gleichmacherischer sei als das, was die soziale Egalität der DDR ausgemacht habe. Während in der DDR – wie in der Oderberger Straße – durchaus noch eine Öffentlichkeit existierte, auch wenn es mitunter nur eine oppositionelle war, verschwindet sie nun. Mit der Öffentlichkeit stirbt aber auch die Demokratie.

Vor einiger Zeit hat der Ostberliner Soziologe Wolfgang Engler mit einer eigenwilligen Demokratietheorie die Anhänger westlichen Politikverständnisses herausgefordert.[28] Ausgangspunkt seiner Überlegungen waren Beobachtungen von Alexis de Tocqueville aus dem Jahre 1848. Engler hat versucht, dessen Grundbausteine für ein demokratisches Gemeinwesen sowohl auf die bundesrepublikanische Wirklichkeit als auch auf die lebensweltliche Wirklichkeit der DDR anzuwenden. Für eine Demokratie, zitiert Engler Tocqueville als Kronzeugen, bedarf es mehr als der bloßen Existenz demokratischer Grundrechte. Ohne einen Zusammenschluß der Bürger zu zivilen Gemeinschaften, vor allem aber ohne das soziale Mitgefühl, der »praktischen Anteilnahme am Geschick namenloser anderer«, fehle es der Demokratie an sozialem Unterbau. Zwar kannte die DDR, so Engler, keine demokratischen Grundrechte, zivile Gemeinschaften und Solidarität mit dem »Geschick namenloser anderer« habe es aber durchaus gegeben. Anders dagegen in der Bundesrepublik, wo die herrschende Politik des Neoliberalimus nicht nur Errungenschaften wie den Sozialstaat bedrohe, sondern die Demokratie selbst.

Voraussetzung aber für eine soziale Demokratie ist eine soziale Öffentlichkeit. Voraussetzung für die Praxis einer solchen Öffentlichkeit ist das Vorhandensein öffentlicher Räume. Nur dort, wo geredet wird, kann auch gehandelt werden. Dazu gehören nicht zensierte Räume aller Art: Medien, Versammlungsräume, öffentliche Straßen und Plätze, städtische Öffentlichkeit. Auch wenn das Verschwinden solcher Räume nicht unwesentlich mit dem Verschwinden des Bedürfnisses nach solchen Räumen zu tun hat, käme ihr Verlust dem Ende städtischer Demokratie gleich. Und es wäre eine Kampfansage an jene, die diese Räume tatsächlich noch brauchen: alte Menschen, nicht verkabelte Menschen, sozial Deklassierte, all jene, die der Individualisierung der Lebensstile nicht huldigen wollen oder können.

Daß der öffentliche Raum für viele noch immer Überlebensraum ist, darauf hat nicht zuletzt Hartmut Häußermann hingewiesen. Immerhin seien die »komplexen, funktional und sozial vielfach verflochtenen innerstädtischen Gebiete, die durchaus auch nach dem Baualter in sich gemischt sein können, (...) für Zuwanderer und Einkommensschwache das ideale Gelände, um die vollkommene Abhängigkeit von Sozialtransfers zu vermeiden.«[29] Der französische Soziologe Alain Touraine, der den Urbanismus als »Adelsnamen einer Politik der Ausgrenzung« bezeichnet hat, hält es deshalb mit dem Vordenker der Stadtsoziologie, Georg Simmel: »Der

Gedanke, den er entwickelt hat«, schreibt Touraine, »und der meines Erachtens von immenser Kraft ist, besteht darin, daß wir uns eingestehen müssen, daß wir in einer Welt leben, in der wir alle Fremde sind. Der Fremde im Sinne Simmels ist nicht derjenige, der woanders herkommt, sondern derjenige, der hier ist und gleichzeitig ›woanders bleibt‹, es ist derjenige, der nicht völlig mit der sozialen und kulturellen Identität des Ortes, an den es ihn verschlagen hat, verschmilzt.«[30]

Touraine fordert deshalb eine Rückbesinnung auf städtische Demokratie und Öffentlichkeit: »Ich glaube also, daß die Lösungen, nach denen wir suchen müssen, Lösungen sind, die so niedrig wie möglich angesetzt sind, ich meine damit Lösungen, die möglichst wenig darauf abzielen, die Städte wiederherzustellen und möglichst stark darauf ausgerichtet sind, einer möglichst großen Zahl von Menschen zu erlauben, im Rahmen des Möglichen gleichzeitig hier und woanders zu sein.«[31]

Worauf Touraine damit hinaus will, ist nicht die »Kultur der Differenz«, wie sie die Postmoderne mit ihrem Hang zur Ästhetisierung predigt, sondern die Anerkennung von Differenz als Grundbedingung für städtisches Handeln, das zu anderen Zeiten gerade nicht die Anerkennung von sozialer Differenz, sondern deren Beseitigung zum Ziel hatte.

1 »Der Spiegel«, 28/1991.
2 »taz«, 19.7.1996.
3 ebd.
4 ebd.
5 zit. nach Peter Mugay: »Die Friedrichstraße. Geschichte und Geschichten«, Berlin 1991.
6 ebd.
7 Johann Friedrich Geist: »Passagen. Ein Bautyp des 19. Jahrhunderts«,
   München 1969.
8 ebd.
9 Walter Benjamin: Schriften, Band I, Frankfurt/M, 1955.
10 Andreas Feldtkeller: »Die zweckentfremdete Stadt. Wider die Zerstörung
   des öffentlichen Raums«, Frankfurt/M., New York 1995.
11 Johann Friedrich Geist, a.a.O.
12 Brigitte Reimann, Hermann Henselmann: Briefwechsel, Berlin 1994
13 vgl. »taz«, 26.7.1996.
14 Harald Jähner: »Tour in die Moderne. Die Rolle der Kultur für städtische
   Imagewerbung und Städtetourismus«, in: Klaus Scherpe (Hrsg.): »Die Unwirklichkeit der Städte«, a.a.O.
15 ebd.
16 Hans-Paul Bahrdt: »Die moderne Großstadt. Soziologische Überlegungen
   zum Städtebau«, Reinbek 1961.
17 vgl. Richard Sennett: »Civitas. Die Großstadt und die Kultur des Unterschieds«, Frankfurt/M. 1991.
18 Helmut Berking, Sighard Neckel: »Stadtmarathon. Die Inszenierung von
   Individualität als urbanes Ereignis«, in: Scherpe, a.a.O.
19 ebd.
20 »taz«, 26.7.1997.
21 Richard Sennett: »Verfall und Ende des öffentlichen Lebens. Die Tyrannei
   der Intimität«, Frankfurt/M., 1995.
22 Hartmut Häußermann, Walter Siebel: »Neue Urbanität«, Frankfurt/M.
   1987.
23 ebd.
24 a.a.O.
25 »taz«, 7.7.1995.
26 »taz«, 13.9.1996.
27 ebd.
28 Wolfgang Engler, Vortrag in der LiteraturWerkstatt Pankow, 18.11.1996
29 Hartmut Häußermann: »Soziale Formationen in der Stadt«, in: Die Stadt.
   Ort der Gegensätze, a.a.O.
30 Alain Touraine: »Die Stadt – ein überholter Entwurf?«, in: Die Stadt. Ort
   der Gegensätze, a.a.O.
31 ebd.

## SIEBTER TEIL:
## DAS ENDE DER BERLINER MISCHUNG

*»Die beiden waren hier schon eingekehrt, als die Kneipe noch nicht
an die Fremden gefallen war, die den Tresen belagerten und allesamt
Freunde des Wirts zu sein schienen. Der würde sich mit solcher
Freundschaft nicht lange halten, die redeten viel und tranken wenig,
von den früheren Kunden ließ sich nur noch selten jemand treffen,
es war nicht mehr dasselbe Lokal, auch wenn sie den Raum
überhaupt nicht verändert hatten.«*
*(Brigitte Burmeister, »Unter dem Namen Norma«)*

### NEUKÖLLN: HUNGERNDE KINDER AUF DER STRASSE

Carla ist zwölf Jahre alt. Bis vor einem Jahr hat sie noch in Neukölln gewohnt, in der Allerstraße, zusammen mit ihren Eltern und ihrem fünf-
jährigen Bruder. Dann ist die Familie weggezogen, in eine »bessere Gegend«, Torstraße in Mitte, Spandauer Vorstadt. In ihrer neuen Schule
wurde Carla gefragt, wo sie denn vorher gelebt habe. »Ich habe denen
dann geantwortet, ich komme aus Kreuzberg«, sagt Carla. »Hätte ich etwa verraten sollen, daß ich aus Neukölln stamme?«
Für die ehemalige Mieterberaterin Ursel Dyckhoff ist die Scham vor
Neukölln nichts Neues. »In vielen Wohnungsinseraten«, weiß sie, »wird
das Maybachufer immer Kreuzberg zugeschlagen.« Das Maybachufer
liegt jedoch auf der Neuköllner Seite des Landwehrkanals. Selbst für die
dort teilweise recht herrschaftlichen Wohnungen scheint Neukölln ein
schlechter »Standort« zu sein. »Es gibt ein großes Bemühen«, sagt Ursel
Dyckhoff, »nicht mit Neukölln in Verbindung gebracht zu werden.«
Die Neuköllner Altstadt, wie sie im Amtsdeutsch in Abgrenzung zu den
Neubaugebieten der Südstadt genannt wird, ist kein Problembezirk
mehr, sie gehört beinahe schon in die Kategorie: aufgegeben. In den Medien ist Neukölln fast nur noch mit Schlagzeilen über Schießereien und
Messerstechereien in Kneipen oder Auseinandersetzungen zwischen Jugendgangs präsent. Von der Arbeitslosenquote in der Neuköllner Altstadt
spricht kaum einer. Während 1997 der Anstieg der Kreuzberger Arbeitslosigkeit auf dreißig Prozent immerhin einige Bemühungen hevorrief,
zusätzliche Ausbildungsplätze für Jugendliche zu schaffen, tröstet man
sich in Neukölln mit der Statistik: Hier beträgt die Arbeitslosenquote offiziell nur 21 Prozent. Doch der Schein trügt. Der Grund: Für den Neuköll-

ner Norden, die gründerzeitlichen Quartiere zwischen Landwehrkanal und dem S-Bahn-Ring, werden keine eigenständigen Daten erhoben. Vielerorts hat indes die Neuköllner Altstadt dem Südosten des Bezirks Kreuzbergs den Rang als sozialer Brennpunkt Nummer eins der Stadt längst abgelaufen. Nicht zuletzt der Neuköllner Jugendstadtrat Heinz Buschkowsky hat auf diese Entwicklung hingewiesen: Inzwischen gebe es sogar Kinder, die hungernd durch die Straßen liefen.

Grund für den Stadtrat, Alarm zu schlagen, war die Vorlage des ersten (Gesamt-)Neuköllner Kinder- und Jugendhilfeberichts im Juli 1997. Demnach ist jeder fünfte der 312.000 Einwohner Neuköllns unter 21 Jahren alt, jeder siebte in dieser Altersgruppe wird regelmäßig vom Sozialpädagogischen Dienst des Neuköllner Bezirksamts betreut. 1.400 Neuköllner Kinder leben in Heimen oder Pflegestellen. Jeder achte Neuköllner Jugendliche ist bereits straffällig geworden.[1] Im Jahre 1996 mußte das Jugendamt zweihundert Hinweisen auf Gewalt gegen Kinder nachgehen. 22 Prozent bezogen sich auf den Verdacht der Mißhandlung, zwölf Prozent auf sexuellen Mißbrauch.

Neukölln ist Stigma. Neukölln ist Synonym: für leergetrunkene Bierflaschen, die frühmorgens um sechs in den Mülleimer geworfen werden, für Peter Maffay-Beschallung nachts um zwei im Hinterhof, für fiese Kampfhund-Halter, Spießer und Eckkneipen. »Und für eine Politik, die seit der Jahrhundertwende damit beschäftigt war, die vorhandene Bevölkerung gegen eine bessere auszutauschen, anstatt sich um die vorhandene zu kümmern«, sagt die ehemalige Neuköllner Mieterberaterin Ursel Dyckhoff. Eine Politik, die aber auch gescheitert ist wie zum Beispiel im Rollbergviertel. Dort, zwischen Hermannstraße und Karl-Marx-Allee, wo noch bis in die sechziger Jahre hinein ein dicht bebautes Altbauquartier stand, befindet sich heute der soziale Hot-Spot des Bezirks. »Es gibt Häuser«, sagt Peter Boltz von der Wohnungsbaugesellschaft »Stadt und Land« über die Situation in den Anfang der siebziger Jahre gebauten Neubaublöcken des Rollbergviertels, »die sind umgekippt. Da holen wir drei Kampfhunde und jede Menge Müll aus den Wohnungen heraus.«[2] Die neuen Mieter weist zumeist der Bezirk ein. Vierzig Prozent der Neuzuzüge, so die Auskunft von »Stadt und Land«, kommen inzwischen mit einem Kostenübernahmeschein des Sozialamts. »Jeder Alki mehr läßt den nächsten Möbelwagen anrücken, und die Fluktuation hat schon jetzt alle Rekordmarken überschritten«, kommentiert die »taz« lakonisch.[3] Inzwischen erwägt die Wohnungsbaugesellschaft sogar, Wohnungen einfach nicht mehr neu zu belegen, um die Situation nicht weiter anzuheizen.

Wachsende Probleme, steigende Fluktuation – davon ist auch der übrige Teil des Neuköllner Nordens betroffen. In ihrer zwanzigjährigen Tätigkeit als Mieterberaterin hat Dyckhoff unter anderem auch die »Gebietsbindung« untersucht, die durchschnittliche Wohndauer sowie die sozialen und räumlichen Bindungen an den Bezirk. Wegzüge, wie der von Carlas Eltern, gehören für Dyckhoff zum Alltag. »Das geschieht zumeist, bevor die Kinder in die Schule kommen«, sagt sie. Ihre Beobachtung: »Wer kann zieht weg.« Für die meisten Studenten zum Beispiel, die einmal wegen der vergleichsweise günstigen Mieten nach Neukölln gekommen seien, bliebe der Bezirk Durchgangsstation, Transitort. Soziale Netze, Bekanntschaften, gar Initiativen oder Projekte entstehen da kaum.

Eine relativ lange Wohndauer ist ähnlich wie bei den deutschen »Armutsbewohnern« vor allem bei der ausländischen Bevölkerung festzustellen. »Um im eigenen Viertel bleiben zu können«, sagt Dyckhoff, »nehmen viele Immigranten überteuerte Mieten in Kauf.« Aber selbst viele türkische Neuköllner, die sich mit dem Gedanken tragen, sich selbstständig zu machen, wollen ihre Geschäfte lieber in Kreuzberg eröffnen. Neukölln verarmt daher auch im gewerblichen Bereich: immer weniger kleine Läden, immer mehr Ketten, immer weniger Geschäfte in den Seitenstraßen.

Die Folgen einer solchen sozialen Entmischung sind ebenfalls im Jugendhilfebericht des Bezirksamtes nachzulesen: »Nach den Erfahrungen der im Bereich der Jugendhilfe Tätigen ist der Anteil der Kinder und Jugendlichen mit einer Vielzahl an negativen Erfahrungen, stark beeinträchtigten Lebensbedingungen und häufig erlebten Beziehungsabbrüchen sehr hoch.«[4] Folgende »problematische Tendenzen«, werden im Bericht besonders hervorgehoben: »steigende Erwerbslosigkeit, spezielle Problemlagen durch Einbürgerung der Migranten, erhöhte Gewalt- und Aggressionsbereitschaft, motorische Entwicklungsstörungen bei Kindern, steigender Drogenkonsum, zunehmende Verarmung und Verwahrlosungstendenzen«.

## DIE ÖKONOMIE DES ZERFALLS

Wenn in Berlin in den letzten beiden Jahren immer häufiger der Begriff der »Verslumung« auftauchte, dann vor allem im Zusammenhang mit den Entwicklungen in Kreuzberg und Neukölln. Der Bezirk Kreuzberg jedoch, dem noch kurz nach dem Mauerfall die Umstrukturierung zum Yuppiegebiet vorausgesagt wurde, hat im Unterschied zu Neukölln für viele Beobachter eine überraschende Wende vollzogen. Neuköllns

Schicksal dagegen schien vorprogrammiert. Der Grund: Anders als in Kreuzberg – wo sich in den siebziger und achtziger Jahren und kurz nach Wende neben der in Soziologen-Kreisen sogenannten A-Bevölkerung (Ausländer, Arbeitslose, Arme) auch viele Studenten, Freiberufler und alternative Mittelschichtler niedergelassen hatten – war die soziale Struktur im südlichen Nachbarbezirk von Beginn an von relativer sozialer Homogenität auf »Armutsniveau« gekennzeichnet. Zwar gab es, namentlich in der Neuköllner Weisestraße und im Gebiet der Schillerpromenade, auch immer wieder Anzeichen für »Aufwertungserscheinungen«, doch die Haus- und Wohngemeinschaften, die neuen Cafés und Treffpunkte erlangten nie die raumprägende Hegemonie wie in Kreuzberg. Neukölln war und ist kein Pflaster für urbane Pioniere. Neukölln ist ein Ort, von dem Menschen lieber fortziehen.

In seinem Buch »Stadt.Raum.Ökonomie« beschreibt Stefan Krätke von der Frankfurter Universität Viadrina die »Ökonomie aufgegebener Stadtquartiere«: »Als entscheidender Grund für die Entstehung von degradierten Gebieten wird häufig eine Konzentration unterer Einkommensgruppen in bestimmten Wohnquartieren, einmal infolge der Abwanderung von höheren Einkommensgruppen, zum andern infolge von Nachfragesteigerungen nach ›billigem‹ Wohnraum angeführt.«[5] Dabei verstärken sich laut Krätke zwei Effekte: »Die durch ein geringes Einkommen oder z.B. ethnische Zugehörigkeiten eingeschränkten Wahlmöglichkeiten von bestimmten Gruppen am Wohnungsmarkt« zum einen und die »soziale Stigmatisierung der räumlichen Konzentration von Armut oder besonderen ethnischen Gruppen« zum andern. Beides – mangelnde Mobilität der Schlechtverdienenden sowie räumliche Stigmatisierung – trifft auf Neukölln zu. Was nicht vorhanden ist, ist das ausreichende Angebot preiswerten Wohnraums. Aber auch dieser Umstand steht dem sozioökonomischen Niedergang eines Gebiets offensichtlich nicht im Weg. Anders als noch in den siebziger und achtziger Jahren, als die »Degradation« eines Gebiets häufig durch negative »Wohnumfeldeffekte« oder der »Filtering-Theorie« erklärt wurde, die das Entstehen eines preiswerten Wohnungsteilmarkts durch den Wegzug der Besserverdienenden behauptet, geht man in der Wissenschaft heute meist von der Theorie des »segmentierten Wohnungsmarktes« aus. Diese Theorie liefert die Erklärung dafür, warum in den Stadtquartieren die Mietpreise für vergleichbaren Wohnraum erheblich variieren können, und warum oftmals die paradoxe Situation entsteht, daß in benachteiligten Bezirken die Mieten höher ausfallen als in sogenannten gemischten Gebieten mit hoher Mobilität. Die Annahme eines in verschiedene, voneinander abgegrenzte Segmente unterteilten Marktes korrespondiert dabei mit der Beobachtung, daß vor allem sozial benachteiligte Bevölkerungsgruppen aus vielerlei Gründen auf den angestammten Wohnort angewiesen sind. Dieser Umstand freilich ermöglicht es den Hauseigentümern, Mieten zu erzielen, die sie – bei vergleichbarer Wohnungsausstattung – anderswo kaum realisieren könnten. Der »Zitronenpreßeffekt«, wie ihn der ehemalige Mitarbeiter des Vereins SO 36, Rainer Sauter, für Kreuzberg festgestellt hat, ist in Neukölln gewissermaßen alltagsprägend.

Von Georg Simmel, dem Mentor der Chicagoer Schule der Stadtsoziologie, stammt die Behauptung: Stadt sei keine räumliche Tatsache mit soziologischen Wirkungen, sondern eine soziale Tatsache, die sich räumlich formt. Diesem Begriff von Stadt – als einem Ort der Menschen und nicht der Steine – sieht sich auch die Stadtethnologie verpflichtet. »Im Ergebnis von Quellenforschung und Gesprächsauswertung«, erklären Falk Blask und Thomas Scholze von der Berliner Humboldt-Universität, »zielt ethnographische Alltagsforschung (...) darauf ab, Bilder komplexer und individueller Lebenswelten entstehen zu lassen, in denen sich Visionen, Handlungsstrategien und dementsprechende Schicksale mit den Ereignissen des Zeitgeschehens zu interessanter Geschichte verknüpfen.«[6] Die Stadt, das Quartier, das Haus oder die Wohnung spielen dabei insofern eine Rolle, als sie als »räumliche Formung« dieser »soziologischen Tatsachen« die individuellen Lebenswelten und -erfahrungen bündeln. Insbesondere das Altbauquartier als kultureller »Mikrokosmos« gilt seit geraumer Zeit als beliebter Forschungsgegenstand der Sozialwissenschaften – aber auch als interessanter Gegenstand literarischer Produktion wie etwa bei Irina Liebmanns Roman »Mietshaus«, einem schriftstellerischen Versuch, die Veränderungen des Ganzen im kleinen zu beobachten.[7]

Das Forschungsprojekt »Mental Pictures« an der Humboldt Universität nutzten Ethnologie-Studenten ihrerseits, um dem Wandel der Stadtkultur am Beispiel eines Neuköllner Mietshauses auf die Spur zu kommen. Mit Hilfe von zahlreichen Interviews, vor allem aber mit der Bitte an die Hausbewohner, sie mögen ihren Alltag im Haus oder im Bezirk doch einmal photographisch festhalten, wollte man herausfinden, »wie die Bewohner der Schillerpromenade 27 sich, ihr Haus und den Kiez wahrnehmen, wie sich ihre Erinnerungen, Erfahrungen, Bedürfnisse und Wünsche an den sozialen und kulturellen Realitäten brechen, kurz: wie sich individuelle Lebensstrategien ihren Weg bahnen.«[8]

Ein ehrgeiziges Vorhaben, das trotz eines daraus resultierenden Ausstellungs- und Buchprojekts am Ende gescheitert ist. »In der Schillerpromenade 27«, resümieren die Ethnologen Falk Blasch und Thomas Scholze, »haben wir ›unseren‹ Mikrokosmos nicht gefunden. Das Haus als Forschungseingrenzung bleibt eine Konstruktion, selbst dickste Wände vermögen unterschiedliche familiäre, soziale, kulturelle usw. Strukturen nicht zusammenzuzwingen. Die schützende und rahmende Hausgemeinschaft bleibt eine Illusion, die sich häufig im Spannungsfeld zwischen Wunsch und Realität zu bilden scheint. Mieter in der Schillerpromenade sind eher Gäste auf Zeit«.[9]

Das ethnologische Mosaik aus Interviews und Photos, das die Alltagsforschung in der Schillerpromenade zu Tage förderte, hat jedoch wenig später in die vorbereitenden Untersuchungen zur Ausweisung des Areals als Sanierungsgebiet Eingang gefunden. Mangelnde Infrastruktur und mangelnde soziale Mischung, so die Autoren, prägten das Gebiet, dringende Hilfe und der verstärkte Einsatz öffentlicher Mittel seien unbedingt erforderlich. Doch der Senat wiegelte ab: Sämtliche Mittel flossen nach der Wende in den Ostteil der Stadt. Für das Sanierungserwartungsgebiet »Schillerpromenade« blieb deshalb nur die Ausweisung als »Milieuschutzgebiet«, mit dem wenigstens die Mietsteigerung durch private Modernisierungsmaßnahmen begrenzt werden sollte.

## DIE MEHRFACH GESPALTENE STADT

Die beschriebene Zunahme der Wanderungsbewegungen in, von und nach Berlin wirkt sich in der Stadt nachdrücklich in einer sozialen und räumlichen Segregation aus. Die vielfach noch vorhandene funktionale und soziale Mischung in den Gründerzeitquartieren ist unter erheblichen Druck geraten. Manche Viertel wie etwa in Prenzlauer Berg stehen vor einer Aufwertung und Zurichtung im Interesse einer zahlungskräftigen, hedonistischen Mittelschicht. Anderen Quartieren dagegen, vor allem in der Westberliner Innenstadt, droht eine soziale Verelendung bisher unbekannten Ausmaßes. Damit ist nicht nur die Binnenmischung innerhalb der einzelnen Quartiere in Frage gestellt, sondern auch das Gleichgewicht der Bezirke im Gesamtgefüge der Stadt.

Bereits in den zwanziger Jahren beschäftigte sich die »Chicago School« mit der sozialräumlichen Polarisierung der amerikanischen Städte. Robert Park beschrieb die Entwicklung von »natural areas«, die zuerst auf einer sprachlichen und kulturellen Basis entstünden, zunächst noch als Ergebnis eines »natürlichen« Wettbewerbs: »Einer der Begleitumstände, die das Wachstum einer Gemeinde mit sich bringt, ist die soziale Selektion und Segregation der Bevölkerung, einerseits die Bildung von natürlichen Gruppen und andererseits von natürlichen Sozialgebilden (...) Die Chinatowns, die Kleinsizilien und andere sogenannte ›Ghettos‹, die den Betrachtern des urbanen Lebens bekannt sind, sind bestimmte Typen einer allgemeineren Art der ›natural areas‹, welche durch die Bedingungen und Tendenzen des Stadtlebens unweigerlich entstehen.«[10]

Ernest Burgess hat, ebenfalls Mitte der zwanziger Jahre, die sozialräumliche Spaltung von Chicago als ein System konzentrischer, um den Innenstadtkern angeordneter Zonen beschrieben. Im Kern befand sich dabei die City, ein verdichtetes Gebiet kommerzieller, politischer und künstlerischer Nutzungen. Dieser »Central Business District«, unter anderem auch Wohnort für ledige, hochqualifizierte Angestellte, war geprägt von Bürogebäuden, Banken, Verwaltungsgebäuden, Hotels oder Museen. Um diese erste Zone schloß sich die »Zone in Transition« an, ein Gebiet, das laut Burgess durch verfallene Bausubstanz, hohe Mobilität, soziale Benachteiligung und Kriminalität gekennzeichnet war, der Wohnort der sozial Deklassierten und der Migranten, aber auch rebellischer Künstler. Die dritte Zone nannte Burgess »Zone of Working-Men's Homes«, hier lebten vor allem Facharbeiter und die zweite Immigrantengeneration. Den vierten Kreis bildete die »Residential Zone«, die mit ihren lokalen Geschäftszentren und Infrastrukturangeboten vor allem die städtische Mittelschicht anzog. Außerhalb der administrativen Stadtgrenze schließlich befand sich die »Commuters Zone« mit randstädtisch gehobenen Wohnquartieren, die sowohl Schlafstädte als auch Villengebiete umfassen.[11]

Dieses stark auf endogenes Wachstum orientierte sozialräumliche Modell ist mit den disparaten Wachstumsschüben der postindustriellen Städte freilich ungenau geworden. Aber auch mit dem in der westdeutschen Diskussion lange Zeit dominanten Dualismus »Stadt der Armen« und »Stadt der Reichen« oder der eher an statischen Kartierungen orientierten »Sozialraumanalyse« ist die soziale und räumliche Wirklichkeit in Berlin nicht hinreichend beschrieben. Für ein Verständnis der durch starke innere und äußere Fluktuation gekennzeichneten Entwicklung des wiedervereinigten Berlins ist am ehesten noch das Modell der »mehrfach gespaltenen Stadt« (quartered City) brauchbar. Dieses Modell ist 1987 vom amerikanischen Stadtsoziologen Peter Marcuse entwickelt worden.[12]

Anders als bei der Sozialraumanalyse, in der städtische Gebiete weitestgehend voneinander getrennt und unter Mißachtung der Veränderungsdynamiken untersucht wurden, ermöglicht das Modell der »quartered city«, auch qualitative und prozessuale Dimensionen zu erfassen. Im einzelnen unterscheidet Marcuse die »Stadt der Herrschaft und des Luxus« von der »gentrifizierten Stadt«, der »mittelständischen Stadt«, der »Mieterstadt« und der »aufgegebenen Stadt«. Die »Stadt der Herrschaft und des Luxus« ist der Ort der städtischen und funktionalen Eliten, zu denen die Wohngebiete um den »Central Business District« ebenso gehören können wie die Villenviertel am Rande der Stadt. In der »gentrifizierten Stadt« wohnen überwiegend kinderlose, hochqualifizierte Dienstleister. Ihr Lebensstil ist stark individualistisch und konsumorientiert geprägt. Zur »gentrifizierten Stadt« gehören vor allem modernisierte innerstädtische Altbauquartiere. In der »mittelständischen Stadt« findet man dagegen vorwiegend Kleinfamilien-Haushalte mit geregeltem Einkommen, darunter Arbeiter und Angestellte. Zu dieser Kategorie können Vorortsiedlungen oder Einfamilienhausquartiere ebenso gezählt werden wie innerstädtische Mietsviertel, die noch nicht »gentrifiziert« sind. Die »Mieterstadt« zeichnet sich im Vergleich zur »mittelständischen Stadt« durch soziale Unsicherheit und Mobilität aus. Sie steht auf der Kippe. Nach oben kann sie schnell zur »gentrifizierten Stadt« werden, nach unten kann sie zum fünften Quartier werden, das Marcuse die »aufgegebene Stadt« nennt. Hier wird kaum noch investiert, leben vor allem die städtischen Unterklassen sowie Angehörige ethnischer Minderheiten, die aufgrund ihrer sozialen Stellung vom Wohnungsmarkt ausgeschlossen sind. Es ist das Quartier der Arbeitslosen und Sozialhilfeempfänger.

Versucht man Marcuses Modell auf Berlin anzuwenden, so scheinen manche Zuordnungen bereits auf der Hand zu liegen. Neukölln zum Beispiel und einige Teile Kreuzbergs sind bereits als »aufgegebene Stadt« beschrieben worden. Andere Gebiete Westberlins wie etwa Reinickendorf oder die südlichen Stadtteile wie Lankwitz, Lichtenrade oder Mariendorf gleichen der »mittelständischen Stadt«, während Gebiete wie das Märkische Viertel, Moabit oder Friedrichshain als »Mieterstadt« charakterisiert werden können. »Die Stadt der Herrschaft und des Luxus« ist etwa am Kurfürstendamm zu Hause, die »gentrifizierte Stadt« in Charlottenburg, Teilen Schönebergs oder des Prenzlauer Bergs. Folgt man der Argumentation Marcuses, so verläuft die Entwicklung jedoch kleinräumiger. Diese auf Berlin zu übertragen, ist jedoch – zumindest sozialwissenschaftlich – bisher so gut wie unmöglich, da für die einzelnen Quartiere und Zusammenhänge kaum verwertbares Datenmaterial existiert. Selbst im Sozialstrukturatlas der Gesundheitsverwaltung ist der Bezirk die kleinste untersuchte Einheit. Gleichwohl spricht einiges für die Richtigkeit der These, daß sich auch in Berlin zunehmend sozialräumliche Inseln herausgebildet haben. Sie korrespondiert weitestgehend mit der Alltagswahrnehmung und den Eindrücken der an Stadtentwicklung interessierten Beobachter. So ist zum Beispiel der Westberliner Bezirk Schöneberg kein sozial und räumlich einheitliches Gebilde, sondern besteht aus einem »gentrifizierten« Gebiet rund um den Winterfeldplatz und aus der »Mieterstadt« auf der Schöneberger Insel zwischen den S-Bahn-Trassen. Gleichzeitig lassen sich rund um die Potsdamer Straße, bekannt für ihre offene Drogen- und Prostitutionsszene, unschwer erste Anzeichen der »aufgegebenen Stadt« erkennen. Die weitere soziale und räumliche Segregation könnte, den Prophezeiungen des Stadtforschungsinstituts Prognos folgend, zukünftig entlang dieser »Kategorien« verlaufen.[13]

Für den Stadtökonomen Stefan Krätke steht außer Zweifel, daß die »gentrifizierte« und die »aufgegebene Stadt« beim »gegenwärtigen Umbau der Städte die größte Entwicklungsdynamik aufweisen«.[14] Neukölln mit weitreichenden Zügen einer »Ökonomie des Zerfalls« markiert dabei das eine Extrem, die Gegend rund um den Hackeschen Markt das andere. Viele Gebiete der Stadt indes, die sich noch immer durch eine gewisse sozialräumliche Mischung auszeichnen, stehen bereits auf der Kippe.

## SCHEIN STATT SEIN: DIE BERGMANNSTRASSE

Die Taqueria »Lone Star« in der Bergmannstraße 11 in Kreuzberg 61 ist keine Kneipe, die man als gemütlich bezeichnen könnte. Die Tische stehen in Reih und Glied und unterscheiden sich auf den ersten Blick von denen einer »Nordsee«-Filiale nur dadurch, daß die weißen Papierdecken fehlen. Hinzu gesellt sich eine Atmosphäre, die man sonst nur aus Bahnhofs- oder Stehbierhallen kennt. Gleichwohl hat der Tex-Mex-Laden »Lone Star« alles, was eine postmoderne »Location« heutzutage braucht: eine unverwechselbare Corporate Identity (Taqueria), einen originellen Außenanstrich, ein knapp bemessenes Interieur und einen gewissen Ethno-Flair (siehe die etwas langweilig geratene Speisekarte). Wer das Besondere, das Individuelle in der Taqueria »Lone Star« erkennt, so lautet die Botschaft dieser »Location«, ist selber etwas Besonderes, Individuelles.

Das einzig oder eigentlich Interessante am »Lone star« ist jedoch seine Vorgängerkneipe, das berühmte »Ambrosius«. »Hier bedient sie Familie Becker persönlich«, lautete der Markenspruch der Billiggaststätte, die über Jahre hinweg versucht hatte, dem verordneten Zeitgeist zu trotzen. Daß Herr Becker dem Milieu des Bergmannkiezes entsprang, zeigte nicht

nur sein gelegentlicher Haschischkonsum, sondern auch seine Preisge-
staltung. Im »Ambrosius« gab es das 0,4 Liter Glas Bier noch für 1,90 DM.
Das Schnitzel kostete unter acht, die Buletten mit Kartoffelsalat und Rot-
kraut gerade mal sieben Mark. Entsprechend gemischt war das Publikum. Während sich im Sommer manchmal auch ein Tourist auf die Holz-
bänke vor dem »Ambrosius« verirrte, verkehrte im Innern der Gaststätte
jener Teil des Kiezes, von dem heute immer weniger im Straßenbild zu
sehen ist: Rentner, Punks, Suffkies, Arbeitlose. Für sie ist in der Taqueria
»Lone Star« nun kein Platz mehr. Nicht, weil das Bier in der Tex-Mex-
Kneipe unbezahlbar wäre. Es ist die Ästhetik des individuellen Konsums,
die abschreckt. Lieber trinken die Gäste des »Ambrosius« ihr Bier nun im
Imbiß, als sich in eines der neuen Life-Style-Lokale zu verirren.
Längst hat sich der gestalterische Individualismus der Szeneläden zum
Markenzeichen der Bergmannstraße entwickelt. Als »Magisches Dreieck« inserieren siebzehn Einzelhändler und Gastronomen »rund um die
Bergmannstraße« in Berliner Programmzeitschriften. Motto dieser Einheit in der Vielfalt: »It's really magic«. Ähnlich wie das Stadtteilmarke-
ting von Einzelhändlern in Prenzlauer Berg – »Highlights vom Prenzl-
berg - wo die Trottoirs hoch wie nirgends sind« – suggeriert die Werbeaktion der Schuh-, Wein und Möbelgeschäfte rund um die Bergmannstraße, neuerdings sogar ins Internet eingespeist, vor allem eines: Dieser Stadtteil ist besser, als es seine Bewohner verdienen.
Ist die Bergmannstraße eine Yuppiestraße? Ist das »magische Dreieck«,
wie es die Imagewerbung vermuten läßt, tatsächlich von überörtlicher
Bedeutung? Oder sind es nach wie vor die zahlreichen Trödelläden, die
die Atmosphäre des Kiezes bestimmen? Vor allem aber: Wer wohnt in
diesem »magischen« Quartier? Und was hat der Charakter des Quartiers,
seine Einzelhandels- und Infrastruktur mit diesen Bewohnern zu tun?
Wirft man einen Blick auf eine stadtsoziologische Untersuchung über
das Sanierungserwartungsgebiet »Gneisenaustraße«, deutet sich eine er-
staunliche Differenz zwischen dem konsumtiven Angebot und den
wirtschaftlichen Nachfragemöglichkeiten der Bewohner an. »Die Er-
werbslosenquote beträgt 16,9 Prozent und liegt damit nur um einen
Punkt unter der von SO 36«, hieß es bereits 1993 in der im Auftrag des
Bausenats erstellten Studie des Vereins für Sozialplanung und ange-
wandte Stadtforschung (SPAS).[15] Außerdem lebten 29,9 Prozent der Bewohner des Untersuchungsgebiets, das im Westen vom Mehringdamm,
im Süden von der Bergmannstraße und im Norden von der Blücher-
straße begrenzt wird, vom Unterhalt durch Verwandte. Vor allem die
gewerbliche Entwicklung des Gebiets bereitet den Autoren der Studie,

Ingeborg Beer und Gerhard Wick, Sorge: »Vor dem Hintergrund der im Ergebnis der Untersuchung zu Tage getretenen erheblich eingeschränkten Funktionsfähigkeit des Quartiers droht der bereits massiv spürbare Aufwertungs- und Umnutzungsdruck eine weitere Destabilisierung auszulösen und eine Entwicklung zuungunsten der ›schwachen‹ Bevölkerungsschichten zu forcieren.«[16]

Wie eine solche Entwicklung aussehen kann, ist in der Bergmannstraße 102/103 bereits an den postmodern gestalteten Fassaden und einem selbst für Kreuzberger Verhältnisse ungewöhnlichen Dachgeschoßausbau abzulesen. Auch im Hof des Doppelgebäudes ist nichts mehr, wie es einmal war. Im Hinterhof des Gebäudeensembles haben sich Architektenbüros, Secondhand-Läden, ein Supermarkt und diverse Dienstleister niedergelassen und damit eine Entwicklung ausgelöst, die auch die benachbarten Gewerberäume erfaßt hat. Zwei Häuser weiter, in der Bergmannstraße 105, verbirgt sich im Hinterhof nun keine Autoreparaturwerkstatt oder keine Hinterhofklitsche mehr, sondern ein durchgestyltes »Hofatelier«. Schmuck-Gestaltung findet man hier ebenso wie den Laden einer Goldschmiedin, »Hutkunst« sogar oder ausgefallenes Modedesign. Bergmannstraße – »it's magic.« Es fragt sich nur, für wen?

## AUFGEMISCHT: MEHRINGDAMM 51

Helmut Ahrens wohnt seit zwanzig Jahren in der Fidicinstraße, drei Querstraßen südlich der Bergmannstraße. Hier, im Sanierungsgebiet rund um den Chamissoplatz, sind die Mieten bis heute vergleichsweite erschwinglich geblieben. Dennoch spürt auch Helmut Ahrens, wie sich der Kiez verändert hat. »Vor allem die alten Leute«, sagt er, »wissen kaum mehr wohin.« Ahrens erzählt von einer achtzigjährigen Frau in seinem Haus, für die der Edeka-Laden in der Bergmannstraße der einzige Anlaufpunkt geblieben ist. »Wenn dieser Laden eines Tages auch noch schließen sollte«, sagt Ahrens, »gibt es für die alte Dame nichts mehr, was sie auf der Straße finden kann.« Aus der Sicht der Stadtsoziologen der SPAS liest sich das folgendermaßen: »Zunehmend geraten das traditionelle kleine Ladengewerbe, Handwerks-, Handels- und Dienstleistungsbetriebe in Verdrängungskonkurrenz mit den in den Untersuchungsbereich drängenden Unternehmen des tertiären Bereichs wie produktionsorientierte Dienstleistungen (Hard- und Software, Ingenieur- und Planungsbüros, Werbefirmen etc.). Hinzu kommt das seit ca. 10 Jahren festzustellende Vordringen von Unterhaltungsgewerbe besonders im Bereich Bergmann- und Gneisenaustraße, das ebenfalls mietpreistreibend wirkt und das ansässige Ladengewerbe verdrängt.« Helmut Ahrens aus der Fidicinstraße weiß, wovon die Stadtsoziologen reden. Fast fünfzehn Jahre lang hat der ehemalige Buchhändler selbst im Kiez gearbeitet: Mehringdamm 51, dritter Hinterhof, als Mitinhaber der Firma Rotation, eines mittelständischen Unternehmens. »Noch vor sechs Jahren«, erzählt Ahrens, »war die Vielfalt der Nutzungen im Gebäude Mehringdamm 51 eigentlich nichts Besonderes, sie war Teil der Kreuzberger Normalität.«

Zu dieser Normalität gehörte auch Werner Klöditz. Noch 1992 bezeichnete sich der damals 84jährige als »der letzte Pelzveredler Berlins«. Kurz vor dem Bau der Mauer hatte sich der in der Oberlausitz geborene Klöditz nach Westberlin abgesetzt und sich schließlich 1963 am Mehringdamm selbständig gemacht. »Das war nicht einfach«, erzählt Klöditz. »Die Großen gaben die Felle ins Ausland, weil da die Löhne niedriger sind. Da wurden sie dann für vier Mark die Stunde behandelt und landeten bei Pelz-Lösche auf der Stange.« Trotz allem konnte sich der Pelzveredler Klöditz halten. »Zeitweise«, erzählt er nicht ohne Stolz, »hatte ich sogar über 600 Pelze auf Lager. Da war die Bude voll.«

Die Bude von Werner Klöditz, das waren 1992 drei Kellerräume im zweiten Quergebäude des Mehringdamm 51. Während Vorderhaus und erstes Quergebäude Wohnzwecken dienten, begann im zweiten Hof mit der Gerberei von Klöditz das gewerbliche Treiben. Es waren ausnahmslos kleine und Kleinstbetriebe, die sich am Mehringdamm niedergelassen hatten. Großfirmen, wie zum Beispiel die 1894 gegründete Schokoladen- und Pralinenfirma Sarotti mit einstmals 1.800 Beschäftigten, hatten den Kiez bereits vor dem Ersten Weltkrieg verlassen.

Doch nicht nur Handwerks- und Dienstleistungsbetriebe gab es im Mehringdamm 51, sondern auch noch die sogenannten »verlängerten Werkbänke«, Relikte der Westberliner Frontstadt-Situation. Eine solche »verlängerte Werkbank« war die Backmittelfirma Germania. Mit ihrem Hauptsitz in Westdeutschland, bestand die Aufgabe der Berliner Niederlassung am Mehringdamm 51 vor allem darin, das in großen Gebinden angelieferte Backmittel in die handelsüblichen Großverpackungen abzufüllen. Die neuen Packungen wurden – mit entsprechender Belohnung durch den Senat – wieder nach Westdeutschland transportiert. Mit derlei Subventionen wollte der Berliner Senat und mit ihm die Bundesregierung die Abwanderung des Westberliner Produktionsgewerbes in die Bundesrepublik verhindern.

Ebenfalls im dritten Hof hatten die Schildermalerei Ladewig und die Firma Rotation von Helmut Ahrens ihren Sitz. Während die etwa fünf

Beschäftigten von Ladewig vor allem mit der Herstellung von Kneipen-
schildern und Neonreklame beschäftigt waren, arbeiteten die fünfzehn
Mitarbeiter von Rotation im Buchvertrieb. Anders als in Westdeutschland, wo das Büchergeschäft seit langem von einigen wenigen großen
Vertriebsgesellschaften, sogenannten Barsortimenten, bestimmt wird,
hatten sich in Berlin viele Verlage den Luxus eigener Auslieferungen
geleistet. Auf vier Etagen stapelten sich die Bücher von Rotation und
warteten darauf, verpackt und an die Buchhändler im deutschsprachi-
gen Raum verschickt zu werden. Die restlichen beiden Betriebe waren
dagegen vor allem im künstlerischen Bereich tätig. Das Kinder- und Ju-
gendtheater Rote Grütze unterhielt am Mehringdamm 51 sein Büro und
eine Probebühne und der Kunsthandwerker Pahl betrieb im 4. Hof sein
metallverarbeitendes Gewerbe. »Das gehörte damals alles zusammen«,
erinnert sich Helmut Ahrens, dessen Weg zur Arbeit ganze fünf Fußmi-
nuten betrug. »Eigentlich«, sagt Ahrens, »hätte man den Kiez gar nicht
verlassen müssen. Es war alles da: Arbeit, Wohnen, Einkaufen.«
Der Untergang des Gewerbes im Mehringdamm 51 begann 1991, zur
Zeit der großen Wachstums- und Metropoleneuphorie kurz nach der
Wende. Zuerst traf es den Strickwarenladen Radke im Vorderhaus –
kurz vor dem 25jährigen Jubiläum. Siebzig statt bisher 25 Mark für den
Quadratmeter sollte der Inhaber des Geschäfts nach dem Willen des
Vermieters, der Berolina Grundstücks GmbH, bezahlen. Zuviel für einen Betrieb, der außerdem seine Produktionsstätte in der unmittelbaren Umgebung aufgeben mußte. Heute befindet sich im ehemaligen Laden von Radke ein Reisebüro. Ähnlich erging es dem »Bauernstübchen«,
dem zweiten Ladenlokal im Mehringdamm 51. Eine Mieterhöhung von
1.100 auf 6.500 Mark bedeutete das Aus nach über 28 Jahren.
Zu spüren bekamen den Druck auch die Gewerbemieter in den Hinter-
höfen des Mehringdamm 51. Kurz nach dem Pelzgerber Klöditz mußte
1992 die Reparaturwerkstatt für Rasenmäher Renner aufgeben. Ein Jahr
später schloß die Backmittelfirma Germania ihre »verlängerte Werkbank« in Berlin. Die Beschäftigten, die nicht nach Westdeutschland ziehen wollten, wurden arbeitslos. Die Schildermalerei Ladewig zog 1994
aus dem Mehringdamm 51, blieb aber in Kreuzberg. Der Graphikbe-
trieb Sehstern hatte die Gewerbehöfe bereits 1992 verlassen und zog
nach Schöneberg. Die Firma Rotation von Helmut Ahrens schließlich
zog Ende 1996 in einen Neubau im Industriegebiet Dahlwitz-Hoppe-
garten in den Berliner »Speckgürtel«. Im Juli 1997 mußte sie Konkurs
anmelden. Heute befindet sich in den Höfen des Mehringdamm 51 ein
Architekturbüro und die Food-Coop »LPG«. Die anderen Fabriketagen

stehen leer und warten darauf, daß das Metropolenversprechen, unter dessen Vorzeichen die anderen Gewerbemieter verdrängt wurden, endlich in Erfüllung geht.

## VON DER KREUZBERGER ZUR BERLINER MISCHUNG

Dem Mit- und Nebeneinander in den Kreuzberger Gründerzeitquartieren, dieser »Mischung aus Wohnen und Arbeiten, von Nah- und Feierabenderholung mit einem engen Infrastrukturnetz und der Quartiersöffentlichkeit auf den Straßen und Plätzen«, die Helmut Ahrens 1992 noch im Mikrokosmos des Mehringdamm 51 fand, hat der Kreuzberger Pfarrer Klaus Duntze bereits 1977 einen Begriff verliehen, den man noch heute gerne zitiert: Kreuzberger Mischung.[17]

Den Erhalt dieser Nutzungsmischung hatte sich Duntze schon 1963, mit Beginn seiner Amtszeit in der evangelischen Martha-Gemeinde, auf seine Fahnen geschrieben. In den siebziger Jahren bedeutete dies vor allem ein Engagement gegen die herrschende Politik der Kahlschlagsanierung. Die katastrophalen städtebaulichen und sozialen Folgen der Abriß- und Neubaupolitik rund um das Kottbusser Tor vor Augen, hatte der Kreuzberger Kreiskirchenrat bereits 1973 eine Erklärung verabschiedet, in der es hieß: »Sanierung zeigt sich hier nicht als Stadterneuerung, die den Menschen eine bessere Lebensqualität verschafft, sondern als Kapitalverwertungsprozeß für Baugesellschaften und Privatleute, als Auftragsfeld für die Bauindustrie, als ›Spielwiese‹ für die Planer und Architekten.«[18]

Daß das damalige Verständnis von Sanierung der Stadt immer auch eine Zerstörung gewachsener sozialer Beziehungen beinhaltete, hat keiner eindringlicher untersucht als der Berliner Architektursoziologe Harald Bodenschatz. In seinem Standardwerk »Platz frei für das neue Berlin – Geschichte der Stadterneuerung seit 1871« zieht Bodenschatz Bilanz: »Weg mit der Stadt des 19. Jahrhunderts – diesem finsteren, ungesunden, menschenfeindlichen, zopfigen, der Spekulation geschuldeten Monster der Wilhelminischen Ära! Weg mit dem steinernen Berlin! Weg mit der Mietskasernenstadt! Dies ist das Banner, unter dem die Westberliner Stadterneuerung 1963 antritt, das ist der Schlachtruf für die Sturmtruppen der Kahlschlagsanierung, das ist die Legitimation für die Vertreibung der Bewohner und die Vernichtung von Kleingewerbe, das ist die dominante Meinung von Architekten, Planern und regierender Sozialdemokratie«.[19]

Wie Bodenschatz hatte sich Ende der siebziger Jahre auch der Stadthistoriker Dieter Hoffmann-Axthelm als Kritiker der Kahlschlagsanierung zu Wort gemeldet. »Mit dem Abriß der Häuser ist immer nur das Äußere

benannt, das, was inzwischen jeder sieht«, schrieb der heutige Master-planer 1984 im Verlag des heutigen Infobox-Texters Dirk Nishen. »Viel schlimmer ist das, was heute nicht mehr zu sehen ist, weil die Menschen über halb Berlin verstreut sind, isoliert, verstummt, oder tot unter der Erde liegen. Es geht nicht um die Häuser, es geht um die Lebensverhältnisse, die an ihnen hängen und die man mit ihnen zerstört.«[20]
Die Lebensverhältnisse, die Hoffmann-Axthelm damals als Argument gegen die Kahlschlagsanierung ins Feld führte, haben viel mit der Nutzung, mit dem Gebrauch der städtischen Umgebung und des Quartiers zu tun. In seinem 1984 erschienenen Buch »Straßenschlachtung« beschreibt er am Beispiel der Kreuzberger Admiralstraße die Zerstörung eines zwar armen, aber sozial und städtisch funktionierenden Quartiers: »1970 war die Admiralstraße eine blühende Straße. Daß die Häuser gelitten haben, daß Jahrzehnte an Vernachlässigung aufzuholen waren, daß moderne Installationen einzubauen blieben, das alles versteht sich von selbst. (...) Die Bausubstanz ist (aber) nicht alles. Was keine Sozialtechnik liefern kann, das war da: der lebendige Zusammenhang eines Viertels. Die Admiral-straße war eine lebendige Straße und sie war eine schöne Straße.«[21]
Hoffmann-Axthelm beschreibt die Kreuzberger Mischung in diesem zwar armen, aber »lebendigen« Quartier als eine Infrastruktur des Überlebens, die in den sanierten Gebieten oder den sterilen Neubauvierteln nicht mehr vorhanden sei. Geschäfte, in denen man sich trifft, Bäcker, bei denen man anschreiben kann, Plätze, wo die Kinder spielen, Eck-kneipen als verlängerte Wohnzimmer, all das steigert den sozialen Zusammenhalt, die solidarischen Netze, die Bindung an den Kiez. Der Soziologe Sigmar Gude vom Stadtforschungsinstitut Topos zitiert heute immer noch gerne eine der ersten Arbeiten über die Identifikation der Bewohner mit ihrem Viertel, die sozialwissenschaftliche Studie von Young und Wilmott über den Stadtteil Bethnal Green im Londoner East End: »Es wird gezeigt«, schreibt Gude, »welche zentrale Bedeutung das Wohnquartier im Leben der Bewohner spielt. Diese Bedeutung zeigt sich in den kleinen Dingen des Lebens: man kennt die Nachbarn, man schwatzt mit ihnen, beratschlagt sich usw. Aber auch bei den wichtigeren Problemen spielen die Beziehungen im Quartier eine zentrale Rolle: Jobs – offizielle, aber auch Gelegenheitsarbeiten für Arbeitslose – werden vermittelt, freiwerdende Wohnungen an junge Erwachsene vermittelt usw.«[22] Nach der Sanierung des Londoner Viertels Bethnal Green sei von all dem jedoch nichts mehr übrig geblieben, die ehemaligen Bewohner waren in eine neue »Stadt«, nach Greenleigh, umgesetzt worden. Obwohl die Bewohner die gleichen geblieben sind, so ein Sanie-

rungsbetroffener, ist in Greenleigh nichts mehr, wie es war: »Sie kommen alle aus dem Ostend, aber sie scheinen sich zu verändern, wenn sie hierher kommen.« Der Stadtsoziologe Gude hat für diese Veränderung eine Erklärung parat: Das ehemals »quartiersbezogene Leben« hat sich zugunsten eines »wohnungsbezogenen Lebens« gewandelt.

Für ein quartiersbezogenes Leben muß es freilich Angebote geben. Die Kreuzberger Mischung war ein solches Angebot. Für die Anwohner etwa der Admiralstraße, wie auch für die Bewohner des Londoner East Ends stellte diese Funktionsmischung samt ihres gewachsenen sozialen Netzes ein Überlebensmittel dar. Wenn heute hingegen von Mischung die Rede ist, wird der Begriff zumeist als »soziale Mischung« oder noch schlimmer als »soziale Durchmischung« verstanden. Der sowohl von Investoren wie auch von Politikern beinahe inflationäre Gebrauch dieses Begriffes ist im Gegensatz zur funktionalen Kreuzberger Mischung, wie sie Pfarrer Duntze und Dieter Hoffmann-Axthelm in Kreuzberg vorfanden und erhalten wollten, Ausdruck eines planerischen Denkens von oben. Wenn »soziale Mischung« gepredigt wird, dann ist damit selten die Verbesserung der Lebensbedingungen der Bewohner gemeint, sondern eine »Durchmischung« im Sinne der Handhabbarkeit sozialer Probleme. Der Begriff der Mischung wird somit schnell zum Dreh- und Angelpunkt sozialer Kontrolle.

Den Grundstock für ein solches Denken hatte Mitte des vergangenen Jahrhunderts jener Mann gelegt, der noch heute allenthalben mit der Existenz der Berliner Altbauquartiere in Verbindung gebracht wird: James Hobrecht. Als der damals knapp über Dreißigjährige in den Jahren 1858 bis 1862 den später nach ihm benannten Bebauungsplan für Berlin zeichnete, ließ er sich von der Vorstellung der Mietskaserne als einem »sozial beruhigenden Instrument« leiten. »Indem die guten Wohnungen im Vorderhaus von den Wohlhabenden bezogen werden, die anderen von den armen, können soziale Kontrolle und Durchmischung die Bildung geschlossener Elendsviertel verhindern«, beschreibt der Berliner Historiker Hasso Spode die städtebauliche Philosophie des »Berliner Baumeisters«.[23] Hobrecht selbst formulierte dies mit den Worten: »In den Mietskasernen gehen die Kinder aus den Kellerwohnungen in die Freischule über den selben Hausflur wie diejenigen des Rats oder Kaufmanns auf dem Weg nach dem Gymnasium (...) Nicht ›Abschließung‹, ›Durchdringung‹ scheint mir aus sittlichen und darum aus staatlichen Rücksichten das Gebotene zu sein.«[24]

Was Hobrecht nicht ahnen konnte, war der Umstand, daß Berlin mit der Industrialisierung ein enormes Bevölkerungswachstum vor allem ärmerer Schichten erleben und sich die soziale Struktur der Mietskasernen dem Lebensstandard dieser Schichten angleichen sollte. Der Berliner Norden und Osten war bereits um die Jahrhundertwende oftmals ein Sammelsurium von »Kleine-Leute-Vierteln«. Hier zeigt sich eine Entwicklung, die in Westberlin bis in die jüngere Sanierungsgeschichte hineinwirkte und schließlich in den siebziger Jahren im »Mauer- und Problembezirk« Kreuzberg kulminierte.

In den neunziger Jahren feiert indes die technokratische Version der »sozialen Mischung« weiterhin fröhliche Urstände. Wie verlogen die Verwendung des Begriffes im Munde von Politikern oftmals ist, beweist auch die Stadterneuerungsdebatte in Prenzlauer Berg und der Jubelschrei vieler Stadtplaner über das, was sie in den Ostberliner Altbau-, aber auch Neubauquartieren nach dem Mauerfall zum Teil vorgefunden hatten. Da wohnte doch tatsächlich der Hochschullehrer Tür an Tür mit dem einfachen Arbeiter. Dieser gewissermaßen planerische Idealzustand, den sie in Stadtteilen wie Kreuzberg immer gerne herbeigeführt hätten, hatte jedoch mit der Vorstellung von Hobrecht weniger zu tun als mit dem tatsächlichen Gebrauchswert des jeweiligen Quartiers für unterschiedliche Bewohnergruppen.

Dieser Gebrauchswert ist gemeint, wenn von der Berliner Mischung hier im positiven Sinne die Rede ist: ein vielfältiges, gemischtes Angebot für die Menschen vor Ort, ihr Quartier zu nutzen und soziales Handeln zu entwickeln. Gerade aber auch im postmodernen Diskurs über Stadt dominiert ein anderes Verständnis von Mischung – die aufregende, teilweise folkloristische »Mischung« im Sinne einer »Kultur der Differenz«. Es ist also Vorsicht angebracht beim Gebrauch des Begriffs. Im Sinne einer Kultur der Differenz sollte er schon deswegen nicht benutzt werden, weil daraus schnell eine Kultur der sozialen Indifferenz werden kann. Im Sinne Tocquevilles und Englers, als Voraussetzung für die »Anteilnahme am Schicksal unbekannter anderer« wie auch der Bekannten ist die Berliner Mischung freilich für jene unentbehrlich, die sich die »Kultur der Differenz«, die postmoderne Lesbarkeit der Stadt und die damit verbundenen Lebensstile nicht leisten können oder wollen.

## NUTZUNGSSPUREN

Die in New York geborene und in Berlin lebende Kommunikationsforscherin Toni Sachs Pfeiffer hat den Aspekt der Nutzung bereits im Zusammenhang mit der Internationalen Bauausstellung (IBA) 1987 in den Mittelpunkt ihrer Betrachtungen über Kreuzberg gestellt. Statt den Bezirk aus dem Blick des Planers, also von oben zu beschreiben, läßt Sachs Pfeiffer in ihrem Band »Nutzungsspuren« die Bewohner selbst zu Wort kommen: »Gewohnt habe ich schon immer in der Cuvry (der Kreuzberger Cuvrystraße, U.R.). Wir sind früher nie bis zur Oppelner gegangen zum Einkaufen. Hier drüben in der Nr. 20 war ein Kaufmann, da haben wir immer eingekauft. Da gab es alles. Das war ein Kaufmannsladen. Da kaufte man dann auch zu Weihnachten so die Pakete mit den Weihnachtskerzen ein, oder eine Tafel Schokolade Sarotti, 25 Pf. Und einen Schlachter gab es auch in der Straße. Und hier in der Ecke war ein Lokal. Das Bier holte man dort. Und hier nebenan in der Nr. 26 war ein Kuhstall. Damals war in fast jedem Haus ein Kuhstall. Im Vorderhaus so zwei Stufen runter, im Halbkeller, da haben sie die Milch gekauft. Das war ja in Berlin so Sitte. Die hatten aber auch so 10 Kühe, vielleicht auch etwas mehr, ich bin immer ganz gern dahingegangen. Erstmal war die Milch immer etwas warm, und dann roch das so schön nach Bauernhof. Die Hühner sind da auch rumgekrabbelt. Es war also etwas ländlich. Es war aber schön.«[25]

Insgesamt dreihundert Kreuzberger und Kreuzbergerinnen hat Toni Sachs Pfeiffer in den Jahren 1980 bis 1983 interviewt, dreihundert Mal nach ihrem Alltag gesucht, nach den Spuren, die sie hinterlassen haben, nach ihren *mental maps*, dem subjektiven Stadtplan, der wie kein anderer den individuellen Gebrauch von Stadt anzeigt. Als Ausgangspunkt ihrer empirischen Studie, die durch zahlreiche Fotografien ergänzt wurde, diente die Frage, wie man den Grad der Bewohnbarkeit oder der Wohnzufriedenheit in einem Stadtteil erfassen oder gar beurteilen könne. Ihr Ergebnis lautete: »Indikatoren für Grad und Aneignung und Identifikation mit dem unmittelbaren Wohnumfeld sind die tatsächliche Nutzung und die daraus entstandenen Nutzungsspuren. Zusammengefaßt spiegeln Nutzungsformen, Nutzungs- und Wohnspuren, Bewohneräußerungen und -erzählungen ein ortsspezifisches Erscheinungsbild der komplexen Erlebniswelt eines gelebten Stadtteils wider.«[26]

Das gleiche ist auch heute noch gültig: »Bei der Sanierung geht auch der Charakter, den alle Touristen in der Straße suchen, verloren«, faßt die fünfzigjährige Holzspielzeugherstellerin Ursula Wünsch den Wandel in der Mulackstraße in der Spandauer Vorstadt nach der Wende zusammen. »Die Kellerläden verschwinden, die Türen werden zugesetzt und mit Putzstreifen verbrämt. Die Ladenräume, in denen die Leute zum Einkaufsbummel verführt werden könnten, werden zu fast leblosen Büros. Durch die hohen Gewerbemieten können sich die kleinen Läden einfach nicht halten. Kneipen, der sogenannten Szene zugewandt, schießen wie

Pilze aus der Erde. Noch haben die Ureinwohner ihre Bierecke, bis auch dort saniert wird. Etliche von den Alten waren den Dingen nicht gewachsen und zogen den Himmel als Standort vor; die anderen richteten sich mit dem Gedanken ein, irgendwann ausziehen zu müssen. Damit wird der Kiez seine alten Geschichten verlieren. Es müßte schon mit dem Teufel zugehen, würden die Kolonnen, die jeden Abend hier einfallen, begreifen, daß hier noch die alten Originale leben, von denen sie eventuell in Büchern gelesen oder durch den Medienrummel gehört haben. Sicher, es sind die Originale einer anderen Generation, aber Zille würde hier kaum einen vermissen. Ob es die Edith ist, die immer alles weiß, aber die Beerdigung ihrer Mutter vergaß, oder Eberhard, der immer zur Stelle ist, aber auch immer 'ne Pulle braucht, oder der Koch, der nie seine Liebesneigungen zum Ausdruck bringen konnte und seine süße Mutti immer noch über alles liebt. Ob Frau P., die die schönsten Schuldscheine schrieb, die Oma, die immer alles mit sich herumträgt, der Krachmacher Uwe, der nur mit Brüllen zur Vernunft gebracht werden konnte, oder Lotti, die fünf Jahre bei den Russen in Sachenhausen eingesperrt war, die arm und elend lebte mit ihren elf Katzen und sich von ihrer Haftentschädigung eine Dauerwelle machen lassen und Plastikstühle kaufen wollte, weil letztere besser sind zum Saubermachen.«[27]

Mit Sachs Pfeiffers Nutzungsforschung wurde noch der Versuch unternommen, die seit der Kritik von Soziologen, Mieterinitiativen und Hausbesetzern Ende der siebziger Jahren in Gang gekommene behutsame Erneuerung der Westberliner Altbauquartiere abzusichern. Im Zentrum der Argumentation stand die These, daß die Nutzungsqualitäten dort besser seien als in den neuen Großbausiedlungen, weil die Gründerzeitquartiere langsameren Wachstumsprozessen unterworfen seien, was eine individuelle Prägung und Mitgestaltung der Bewohner fördere und zulasse. In den neunziger Jahren gilt das Interesse der Milieuforschung und der zahlreichen Untersuchungen über Gebietsbindungen vor allem dem Erhalt der Nutzungsvielfalt, die es gegen die Auf-, aber auch gegen die Abwertung eines Gebiets zu verteidigen gilt.

## DIE MISCHUNG ALS GEBRAUCHSWERT

»War früher eine lange Wohndauer für den Kiez charakteristisch, schwindet heute die Identifikation mit dem Kiez durch die hohe Fluktuation. Während zu Beginn der achtziger Jahre der Kiez noch durch lange im Gebiet ansässige Bewohner gekennzeichnet war, leben in den nach 1987 modernisierten Wohnungen nur noch vierzig Prozent der alten Mieter«, beklagen die Bauhistorikerin Christine Becker und die Architektin Brigitte Jacob.[28] Der Kiez, von dem in ihrem Buch die Rede ist, ist der Stephankiez in Moabit, ein im Vergleich zu den anderen Altbauquartieren im Arbeiterbezirk Moabit eher ungewöhnliches Viertel: Hier wohnten seit der Jahrhundertwende vor allem kleine Beamten und Angestellte. Daß dem »Altbauquartier im Wandel« ein eigenes Buch gewidmet wurde, verdankt der Stephankiez einer weiteren soziologischen Untersuchung des Forschungsinstituts Topos. Diese hatte im Jahre 1987, dem Jahr, in dem in Westberlin die seit den zwanziger Jahren existierende Mietpreisbindung aufgehoben wurde und erstmals die Existenz einer »neuen Wohnungsnot« eingestanden wurde, einigen Wirbel verursacht.

»Die gegenwärtigen Umwälzungen verändern nicht nur die Bevölkerungsstruktur im Kiez, sondern auch seinen Charakter und das Lebensgefühl seiner Bewohner.« Die gegenwärtigen Umwälzungen, darunter werden in der Topos-Studie vor allem sogenannte Privatmodernisierungen gefaßt. Seit der Freigabe der Mieten 1987 fand diese Form der Modernisierung, bei der die Eigentümer elf Prozent der Kosten auf die Miete umlegen können, schnell Zulauf. Das Ergebnis konnte kaum überraschen. Bereits ein Jahr nach der Aufhebung der Mietpreisbindung, so hatte die Berliner Mieter Gemeinschaft 1988 errechnet, waren die Mieten um durchschnittlich zwanzig Prozent gestiegen, im Stephankiez waren es sogar dreißig Prozent. »Während in Altbauten die Miete durchschnittlich 4,70 Mark/qm kostet, »so die Topos-Studie, »zahlen die Mieter in nach 1987 privat modernisierten Wohnungen durchschnittlich über 9 DM/qm. Die obere Grenze liegt inzwischen bei 15 DM/qm. Stellt man dies zu den Durchschnittseinkommen der Bewohner im Stephankiez in Beziehung, so wird das Mißverhältnis deutlich. Die Mietenpolitik hat zur Folge, daß besonders Familien mit Kindern, die darüber hinaus oftmals ohnehin geringe Einkommen haben, benachteiligt sind.«[29] Mit den neuen Bewohnern, resümieren Becker und Jacob in ihrem Buch, »ändert sich auch das Zusammenleben. Während berufstätige mobile Erwachsenenhaushalte weniger kiezorientiert leben und einen großen Teil ihrer Freizeit außerhalb ihres Kiezes verbringen, sind viele Familien schon aus finanziellen Gründen gezwungen, ihren Lebensmittelpunkt an ihrem Wohnort zu haben.«[30]

Um diese Entwicklung zu stoppen, plädierte Topos damals nachdrücklich für die Anwendung eines städtebaulichen Instruments, das zu dieser Zeit zwar bereits in München oder Nürnberg, noch nicht aber in Berlin Anwendung gefunden hatte: den Erlaß einer städtebaulichen Erhaltungssatzung, auch Milieuschutzverordnung genannt. Durch eine solche Verordnung sollen die Eigentümer gezwungen werden, Modernisierungsmaßnahmen sozialverträglich zu gestalten. Um dies zu gewährleisten, kann der Bezirk sogenannte Mietobergrenzen festlegen. Es sollte aber noch bis zum Oktober 1991 dauern, bis der Senat schließlich seine für eine solche Regelung notwendige Zustimmung gab. Zuvor hatten Hauseigentümerverbände den Erlaß einer Milieuschutzverordnung als »Wohnungsmodernisierung hinter Gittern« denunziert und auch der damalige Stadtentwicklungssenator Volker Hassemer hatte das Instrumentarium der Erhaltungsverordnung als »investitionshemmende Käseglocke« bezeichnet.

Fünf Jahre später, im Herbst 1996, zogen die Kommunalpolitker und die Sanierungsbeauftragten im Stephankiez Bilanz. Alle sind zufrieden: das Bezirksamt als Genehmigungsbehörde für die Bauaufträge und zugleich Kontrollinstanz für die Einhaltung der Mietobergrenzen, der Sanierungsträger S.T.E.R.N., hervorgegangen aus der Internationalen Bauaustellung 1987, der Senat und selbst die Hauseigentümer. Von Investitionsblockade jedenfalls kann keine Rede mehr sein. 169 Bauanträge wurden alleine in den ersten drei Jahren nach dem Beschluß zur Aufstellung einer Erhaltungssatzung und der Genehmigung durch den Senat eingereicht. 84 Prozent wurden vom Stadtplanungsamt positiv beschieden, 46 Prozent uneingeschränkt und 32 Prozent nach »Modifizierung«.

Für den Mitarbeiter des Sanierungsbeauftragten S.T.E.R.N., Gerald Schäfer, kennzeichnen fünf Jahre Milieuschutzverordnung im Stephankiez deshalb nicht nur fünf Jahre »Moderation« zwischen Bezirk, Sanierungsträger und Eigentümer, sondern zugleich fünf Jahre des Erfolgs: »Die letzten Jahre haben uns gelehrt«, sagte Schäfer, »daß Milieuschutzverordnungen vor allem eine Signalfunktion gegenüber Eigentümern haben, daß nicht alles möglich ist.« Die hohe Genehmigungsquote ist für Schäfer freilich kein Beleg dafür, daß die Hauseigentümer plötzlich ihr soziales Gewissen entdeckt hätten, sie sei vielmehr Ergebnis zäher Verhandlungen und Überzeugungsversuche im Vorfeld einer Modernisierungsmaßnahme.[31]

Gleichwohl herrschte im Stephankiez fünf Jahre nach Erlaß der Milieuschutzverordnung nicht nur eitel Sonnenschein. »Vor allem im Bereich des Gewerbes«, zeigt sich der Baustadtrat des Bezirks Tiergarten, der linke Sozialdemokrat Horst Porath, skeptisch, »ist es uns nicht gelungen, zu verhindern, daß die Miete in die Höhe getrieben wird.« Gerade aber die gewerbliche Struktur der Altbauquartiere ist es, die den Gebrauchswert des Kiezes für jene, die unmittelbar auf die Nahversorgung und die sozialen Kontakte im engeren Umfeld angewiesen sind, definiert.

Insbesondere für den amerikanischen Soziologen David Harvey spielt der Gebrauchswert eines Gebiets, die Ausformulierung der öffentlichen Räume, für die postmodernen Umgestaltungsprozesse im Innern der Großstädte eine wesentliche Rolle: »Diejenigen, die die Macht haben, über den Raum zu bestimmen und ihn zu gestalten, besitzen damit ein lebenswichtiges Instrumentarium zur Reproduktion und Vergrößerung ihrer eigenen Macht«.[32] Harvey bezieht sich in seinem Ansatz zum »klassenspezifischen Gehalt räumlicher Gestaltung im urbanen Rahmen« dabei auf die Vorarbeiten des französischen Soziologen Henry Levebre aus den siebziger Jahren. In seiner Schrift »Die Produktion des Raums« definiert Levebre drei Formen räumlichen Erlebens: die »stoffliche Gestaltung« des Raums als materielle Übertragung und Interaktion im Raum, die Produktion und gesellschaftliche Reproduktion sichert. Die »Repräsentation von Raum« in Form von Zeichen, Codes, Bedeutungen und Kenntnissen, die es ermöglichen, die stoffliche Gestaltung zu verstehen und zu diskutieren. Und schließlich die »Räume der Repräsentation« als gesellschaftliche Erfindungen, die in der Lage sind, neue Bedeutungen und Möglichkeiten räumlicher Gestaltung zu schaffen. Diese drei Dimensionen werden bei Levebre auch als das »Erlebte«, das »Wahrgenommene« und das »Imaginierte« bezeichnet. Gerade aber in der Praxis der Aneignung der Räume, die Herstellung von Distanz, den sozialen Praktiken im Raum gibt es nach Harvey erhebliche klassenspezifische Unterschiede. Ausgehend von der Annahme, daß soziale Polarisierung in der postmodernen Gesellschaft in zunehmendem Maße von Reproduktionszusammenhängen bestimmt sei, erscheint den unteren sozialen Schichten, die oftmals die ursprünglichen Bewohner heruntergekommener Wohnviertel sind und nur schwach ausgeprägte Zugänge zur Raumgestaltung haben, der Raum als »Falle«. »Ohne Eigentum am und im Raum«, schreibt Harvey, »also ohne verfügbare Tauschwerte, werden Gebrauchswerte für das tägliche Überleben zentral für das eigene soziale Handeln. Formen der Nachbarschaft, von gegenseitiger Hilfe und Ausplünderung in konfliktreichen zwischenmenschlichen Beziehungen bilden sich zumeist als unvermeidliche Folge der Situation heraus. Die Kontrolle kann nur durch eine kontinuierliche und aktive Aneignung gesichert werden.«[33]

## DER LATENTE BÜRGERKRIEG

Von dem unteren Weinbergsweg in Mitte, einem kurzen und grauen Stück Straße zwischen Rosenthaler Platz und dem Eingang zum gleichnamigen Volkspark wird selten gesprochen, wenn es um das neue Berlin geht, um Urbanität oder metropolitane Identität. Es ist ein Ort, der nicht so recht ins Vokabular städtischer »Lesbarkeit« passen will. Dem Rosenthaler Platz ist er eher untergenutztes Hinterland, während die urbane Inszenierung der neuen städtischen Mittelschichten weiter oben auf der Lifestyle-Bühne des Prenzlauer Bergs stattfindet. Der untere Weinbergsweg, so scheint es, ist nicht mehr als ein Zwischenort, ein städtischer Raum, der sich nur bei wenigen Stadtbewohnern in die *mental maps* eingeschrieben hat. Gleichwohl findet auch hier, jenseits der medial beachteten Konflikte rund um die Spandauer Vorstadt oder den Kollwitzplatz, ein durchaus typischer Aneignungskampf um den öffentlichen Raum statt. Auf der einen Seite steht das Bedürfnis einer zahlungskräftigen Kundschaft, vor den drei Szenekneipen sommers in Ruhe essen und trinken zu können, auf der anderen die Inbesitznahme dieses Straßenstücks durch osteuropäische Flüchtlinge, die hier, am Weinbergsweg Nummer 2, eine bescheidene Unterkunft gefunden haben. Es sind zwei Welten, die an diesem eher unbedeutenden Flecken der Stadt aufeinander treffen. Hier die betont gelassene Konsum- und Freizeitwelt einer auf Erfolg und Hedonismus konditionierten städtischen Mittelschicht, dort das oftmals gerade für Bürgerkinder befremdlich und provozierend wirkende Auftreten vieler Flüchtlingsfamilien: Mütter, die ihre halbnackten Kinder unter den Arm klemmen, und Männer, die mit Kavalierstarts in frisierten Autos sich gegenseitig zu beeindrucken suchen und dabei einen Mordslärm veranstalten. Welche potentielle Sprengkraft dieser soziale und kulturelle Kontrast auf engstem Raum in sich birgt, zeigt sich spätestens dann, wenn Flüchtlinge, die sich an einen freien Tisch eines griechischen Restaurants gesetzt haben, nicht bedient werden. Und stumm wieder gehen. Daß vieles nicht nur am Weinbergsweg »durcheinander« geraten und etwas komplizierter geworden ist, mag auch eine andere Situation verdeutlichen: Wenn zum Beispiel ein Berber, der etwas angetrunken, aber nicht ohne Charme die Gäste einer Szenekneipe anspricht, weggejagt wird – von einer Bedienung mit schwarzer Hautfarbe und ohne feste Anstellung. Und niemand darauf zu reagieren weiß.

Mittlerweile warnen Experten wie der Berliner Stadtsoziologe Hartmut Häußermann bereits eindringlich vor einer »neuen sozialräumlichen Struktur der Städte«. Die räumliche Trennung zwischen den sozialen Gruppen, die soziale Segregation, Aufwertung von Altbauquartieren und die Herausbildung von Räumen der Benachteiligung und Marginalisierung führten zu einer latenten Drohung des Bürgerkriegs: »Wenn einem wachsenden Teil der Stadtbevölkerung die Hoffnung geraubt wird, ein menschenwürdiges Leben führen zu können, dann nimmt sich die Stadt insgesamt den sozialen Frieden, dann wird die urbane Kultur der Vielfalt durch unversöhnliche Widersprüche unterminiert.«[34]

Am 24. Juli 1996 machten sie wieder einmal Schlagzeilen – die türkischen Jugendgangs: »Ein wütender Mob belagert die Wache: pöbelt, schreit, hämmert gegen die Tür. Die Jugendlichen sind mit Knüppeln und Messern bewaffnet. Ihr Ziel: Sie wollen vier festgenommene Sex-Gangster befreien.« Der Schauplatz des Ereignisses, dessen sich das Springer Boulevard-Blatt »B.Z.« in bekannter Manier angenommen hatte, war nicht Kreuzberg, sondern der Neuköllner Körnerpark, benannt nach einem Kiesgrubenbesitzer, der das Gelände dem Bezirk einstmals zur Bebauung geschenkt hatte. Seit geraumer Zeit hat sich der unter Straßenniveau gelegene Park zwischen der Schierker- und der Jonasstraße mit seiner barocken Anlage zum Treffpunkt für türkische Jugendliche entwickelt. Es sind Jugendliche, die sich angesichts ihrer verheerenden sozialen Situation ihrer selbst vergewissern müssen, in dem sie im Straßenbild präsent sind.

Dennoch haben sich die türkischen Immigranten in Neukölln nie in der Form den öffentlichen Raum erobern können, wie es in Kreuzberg der Fall ist. In Kreuzberg, so scheint es, gehören die Immigranten zum Stadtteil, in Neukölln sind sie nur geduldet. Das wissen auch die Jugendlichen, die sich im Körnerpark treffen. Zumindest hier haben sie sich ihr Terrain erobert und sie sind auch bereit, es zu verteidigen. »Als ich neulich die Treppe hochging«, erzählt eine junge Frau, »explodierte neben mir ein Feuerwerkskörper.« Karin B. stellte die türkischen Jugendlichen zur Rede, die den Knallkörper gezündet hatten. Die Reaktion der Jugendlichen: »Du Ausländerfeindin! Rassistin!« Einer der Jugendlichen baute sich vor ihr auf, hob den Arm zum »Deutschen Gruß« und brüllte »Heil Hitler!«[35]

Am Montag den 22. Juli 1996, hat der Publizist Eberhard Seidel-Pielen anläßlich des bereits erwähnten »Sturms auf die Polizeiwache« recherchiert, wurde jedoch die Grenze verbaler Anmache im Körnerpark überschritten. Abends, gegen 22 Uhr, wird eine achtzehnjährige Frau von zwei fünfzehnjährigen Jugendlichen nicht nur beschimpft, sondern auch angefaßt, und als sie sich wehren will, auch bespuckt und geschlagen. Die Frau erstattet Anzeige gegen Unbekannt.

Einen Tag später begegnet die junge Frau den Jugendlichen erneut. Sie geht in ein nahegelegenes Café und ruft die Polizei, bitte die Beamten jedoch, in Zivil zu erscheinen. Seidel-Pielen schreibt: »Während Heike S. darauf wartet, daß ihre Peiniger einkassiert und abtransportiert werden, eskaliert in der über dem Körnerpark liegenden Schierker Straße die Situation. Anstatt, wie von Heike S. erwartet, die beiden Fünfzehnjährigen festzunehmen, begleichen die eingesetzten Polizeibeamten ein paar ver-

meintliche offene Rechnungen mit den türkischen Jugendlichen. »Die Polizei wollte sich die Gelegenheit nicht entgehen lassen und hier mal klar Schiff machen«, sagt der Neuköllner Fernando S. und schildert die Situation, wie sie sich vielen Anwohnern im Körnerpark seit längerem darstellt: »Es gab hin und wieder Ärger mit Jugendlichen, die auf dem Rasen des Körnerparks Fußball spielen. Anstatt den Jungs, wenn sie sich daneben benehmen, deutlich zu sagen, das läuft nicht, oder nun ist Schluß, schlucken die Deutschen lieber alles runter oder rufen die Polizei. Die haben ständig Angst, als Ausländefeinde beschimpft zu werden. »Unterdessen muß Heike S. mit ansehen, wie nicht nur Ahmet K. und Selim A. von der Polizei verhaftet werden, sondern auch der neunzehnjährige Recep und der siebzehnjährige Orhan, zwei Jugendliche, die die Anwohnerin als die Ruhigsten und Besonnensten in der Clique im Körnerpark kennengelernt hat. Auf der Polizeiwache bietet sich Heike S. die nächste Überraschung. Auf einem Festnahmeprotokoll, erinnert sie sich, »stand etwas von Vergewaltigung und vier Tätern«. Heike S. protestiert. Umsonst. In der Polizeipressemeldung des nächsten Tages steht: »Eine 18jährige Frau aus Neukölln hatte zuvor vier Türken, 15, 19 und 22 Jahre alt, von denen sie sexuell bedrängt wurde, wiedererkannt.«
Auch der angeblich versuchte Sturm türkischer Jugendlicher auf die Polizeiwache in der Rollbergstraße, in die die vier Festgenommenen verbracht wurden, ist erstunken und erlogen. Während die Polizeipressestelle meldet: »Vor dem Polizeiabschnitt 55 kam es zu einer Ansammlung von 15 bis 30 Personen, die teilweise sehr aggressiv waren«, stellt Abschnittsleiter Bernd Grigoleit in einem Leserbrief an die »B.Z.« klar: »Die Wache wurde weder überfallen noch belagert.«
Hätte Eberhard Seidel-Pielen nicht etwas Licht in den tatsächlichen Ablauf der Ereignisse zwischen Körnerpark und Rollbergstraße gebracht, wäre die Polizeiversion von Vergewaltigung und einem Sturm auf eine Polizeiwache unwidersprochen und damit offizielle Lesart geblieben. Eine Lesart, die sich vortrefflich ins Bild des tagsüber biederen und des Nachts durch marodierende Jugendgangs gefährlich gewordenen Neuköllns gefügt hätte. Aber auch so wird der Vorfall am Körnerpark kaum zur Auseinandersetzung zwischen deutschen und türkischen Neuköllnern beitragen. Die türkischen Jugendlichen werden sich in ihrem Vorurteil gegenüber den ausländerfeindlichen Deutschen bestätigt finden und keinen Anlaß sehen, sich mit ihrem Machogehabe auseinanderzusetzen. Und auch die Deutschen werden immer weniger darüber nachdenken, welche Gründe die jungen türkischen Männer dazu bewegen, ihre einmal eroberten öffentlichen Räume derart aggressiv in Besitz zu nehmen.

1   Neuköllner Kinder- und Jugendhilfebericht, hrsg. vom Bezirksamt Neukölln von Berlin, Abteilung Jugend und Sport

2   »taz«, 12.9.1997

3   ebd.

4   Neuköllner Kinder- und Jugendhilfebericht, a.a.O.

5   Stefan Krätke: »Stadt. Raum. Ökonomie«, a.a.o.

6   Falk Blask, Thomas Scholze: »Großstadtexistenz: Aufenthalte zwischen Wunsch und Wirklichkeit. Erfahrungen mit einem Forschungsprojekt«, in: Heimatmuseum Neukölln und Institut für Europäische Ethnologie der Humboldt-Universität (Hrsg.): Schillerpromenade 27 - 12049 Berlin - ein Haus in Europa«, Opladen 1996

7   Irina Liebmann: »Berliner Mietshaus«, Frankfurt/M., 1993

8   Schillerpromenade 27 - 12049 Berlin - ein Haus in Europa, a.a.O.

9   a.a.O.

10  zit. nach Krätke, a.a.O.

11  Park, Burgess, McKenzie: »The City«, Chicago/London, 1974, vgl. auch Krätke, a.a.O. und Andreij Holm: Gentrification und Gewerbeentwicklung, Berlin 1997 (Diplomarbeit)

12  Vgl. Peter Marcuse: »Gentrification und die wirtschaftliche Umstrukturierung New Yorks«, in: Hans G Helms (Hrsg.): »Die Stadt als Gabentisch. Beobachtungen zwischen Manhattan und Berlin-Marzahn«, Leipzig, 1992 und Peter Marcuse: »Wohnen in New York. Segregation und fortgeschrittene Obdachlosigkeit in einer viergeteilten Stadt«, in: Hartmut Häußermann und Walter Siebel (Hrsg.): »New York. Strukturen einer Metropole«, Frankfurt/M., 1993

13  Vgl. Kapitel 3

14  Krätke, a.a.O.

15  Ingeborg Beer, Gerhard Wick: Sozialstudie für den Untersuchungsbereich 0611 Kreuzberg - Gneisenaustraße. Darstellung und Auswertung der Ergebnisse sowie Perspektiven der sozialen Entwicklung und Empfehlungen, Band 1, Berlin 1993

16  ebd.

17  Klaus Duntze: »Die Bewohner des Stadtteils - 1977«, in: Ausschreibungsbroschüre für den Wettbewerb Strategien für Kreuzberg, Berlin 1997, vgl. auch »...außer man tut es. Kreuzberg. Abgeschrieben. Aufgestanden«, hrsg. vom Verein SO 36, Berlin 1989

18  zit. nach »...außer man tut es«, a.a.O.

19  Harald Bodenschatz: »Platz frei für das neue Berlin! Geschichte der Stadterneuerung seit 1871«, Berlin 1987

20  Dieter Hoffmann-Axthelm: »Straßenschlachtung. Geschichte, Abriß und gebrochenes Weiterleben der Admiralstraße«, Berlin 1984

21  ebd.

22  Siegmar Gude: »Stadt und Milieu«, Vortragsmanuskript, Berlin 1997

23  Wolfgang Ribbe: »James Hobracht«, in: Wolfgang Ribbe, Wolfgang Schäche (Hrsg): »Baumeister. Architekten. Stadtplaner - Biographien zur baulichen Entwicklung Berlins«, Berlin 1987

24  ebd.

25  Toni Sachs Pfeifer: »Nutzungsspuren. Berlin - Kreuzberg«, Berlin, 1988

26  ebd.

27  Ursula Wünsch:

28  Christine Becker, Brigitte Jacob: »Der Stephankiez. Ein Altbauquartier im Wandel«, Berlin 1992

29  Sigmar Gude, Maren Schulze: »Wohnungsversorgung und Sozialstruktur im Stephankiez«, Berlin 1991

30  a.a.O.

31  Vgl. Mieterecho, November/Dezember 1996

32  David Harvey: »Flexible Akkumulation durch Urbanisierung: Reflektionen über 'Postmodernismus' in amerikanischen Städten«, in: Prokla 69, Berlin 1987

33  ebd.

34  Hartmut Häußermann: »Soziale Formationen in der Stadt«, a.a.O.

35  »taz«, 14.8.1996

# ACHTER TEIL:
# DIE NEUE ANGST DER BERLINER

*»Urbanism is psychogeografie«*
*(Ein anonymer Besucher des »Hybrid Work Space« bei*
*der Documenta X in Kassel auf die Frage: »Was ist Urbanität?«)*

## ORTE DER UNSICHERHEIT

Was haben ein Arbeitsamt, der Körnerpark in Neukölln, der untere Weinbergsweg in Mitte, die Allee der Kosmonauten in Marzahn und jede x-beliebige Wohnung gemeinsam? Es sind – zumindest für eine jeweils bestimmte Bevölkerungsgruppe – Orte der Unsicherheit: das Arbeitsamt für alle, die um die Fortzahlung ihrer Stütze bangen, der Körnerpark für Frauen und für jene Besucher, die der raumgreifenden Aneignung seitens der Jugendlichen mit eigenen Nutzungsansprüchen begegnen, der Weinbergsweg sowohl für die Flüchtlingsfamilien als auch für die Kneipengänger, denen die Flüchtlinge die Vergänglichkeit materieller Unabhängigkeit vor Augen führen, die Allee der Kosmonauten für einen Schwarzen, den man dort nicht kennt, und jede x-beliebige Wohnung für die Mehrzahl der Berliner, nämlich die Frauen, für die die eigenen vier Wände immer noch am häufigsten den Schauplatz von Gewalt darstellen.

Unsicherheit oder gar Angst haben in der subjektiven Wahrnehmung von Stadt eine zunehmend alltagsprägende Bedeutung. Im psychischen Stadtplan, den *mental maps*, schreiben sich Bilder von Gegenden, Orten und Quartieren ein, die das eigene Verhalten an diesen Orten definieren. Eine Journalistin erzählt zum Beispiel, daß sie sich in der Kreuzberger Wrangelstraße in der Nähe des Schlesischen Tors zunehmend unwohl fühle. Zwar hätte sie keine Angst, aber das Verhalten einiger Jugendlicher enge ihren Bewegungsspielraum ein. Sie sei auf der Hut, ständig blicke sie sich über die Schulter, bereit, jeden Moment auf eine unvorhergesehene – oder soll man sagen bereits erwartete – Situation reagieren zu müssen. Viele Berliner, darunter auch Ältere, Weiße, »Normal«-Aussehende meiden nach Einbruch der Dunkelheit inzwischen die S-Bahn-Züge in die städtische Peripherie. Die Angst, von einer Gruppe Kurzgeschorener überfallen zu werden, kostet sie ihre eigene Mobilität – auch ein Fall von einem nicht unmittelbar ausgetragenen, sondern vermeintlich vermiedenen Nutzungskonflikt. Für einen Studenten

schließlich, der sich in der Bergmannstraße sicher und zu Hause fühlt, ist die Fahrt mit der U-Bahn nach Dahlem eine Fahrt mit dem Angstzug. Nicht, daß er Angst hätte, in der BVG überfallen zu werden. Es ist die Angst vor dem Versagen an der Uni, die ihm regelmäßig Schweißperlen auf die Stirn treibt. Für die Schwester einer Freundin sind weite Teile von Lichtenberg Tabuzone. Nicht, weil sie bunte Haare hätte und fürchten müßte, wegen ihres Aussehens angepöbelt zu werden, sondern weil dort ihr langjähriger Freund wohnt, vor dessen Schlägen sie nun endgültig geflohen ist. Falls er sie erwische, so lautete seine Drohung, werde er sie und sich selbst umbringen.

Die Liste angstbesetzter Orte könnte wahllos erweitert werden: um Parks und dunkle Ecken, um den Weg ins Büro, wo schon wieder das mobbende Verhalten der »Kollegen« wartet, um manche Gebiete, in denen Polizisten nur darauf warten, Punks und Hausbesetzer zu schikanieren, um die Kurfürstenstraße, wo Eltern ihre Kinder vor den Spritzen der Drogenabhängigen schützen müssen, oder dem Autostrich am Ostkreuz, wo osteuropäische Prostituierte sowohl von ihren Zuhältern als auch von den Freiern als Ware benutzt werden. Gemeinsam ist all jenen Orten, daß sie — als Orte gelebter Erfahrung von Angst oder auch nur als Orte angenommener Unsicherheit – einen eigenen, den individuellen Stadtplan ausmachen.

Die Funktion von *mental maps*, schreibt der amerikanische Soziologe Eike Gebhardt, reiche dabei weit über die bloße Orientierung hinaus und stecke gleichsam ein psychosoziales Szenarium ab: »Wir alle kennen die typische Klangkulisse eines bestimmten Viertels, eines Hinterhofs, auch die unverwechselbaren Gerüche, die vorbewußten visuellen Signale wie Bewegungsabläufe der Menschen, Fahrweisen, Silhouetten. Wie Pferde finden wir unseren Weg im Auto nach Hause, oft ohne uns an die Strecke, die Verkehrslage etc. zu erinnern, wenn wir ankommen. Wir tragen eine umfassende Topologie einer Gegend in uns (auch wenn sie fiktiv ist), die wir ›wiedererkennen‹.«[1] Offenbar, so hat Gebhardt herausgefunden, »orientieren wir uns in Orten nicht nur nach Wegnetzen und Zielpunkten, sondern auch nach atmosphärischen, sinnlichen Signalen«.

Die räumliche und soziale Aufteilung der Stadt, die Inseln der Aufwertung und der Abwertung und die Entmischung gründerzeitlicher Gebiete wird im Zusammenhang mit ihrer Nutzung also um eine subjektivsinnliche Ebene erweitert. Es ist freilich kein Zufall, daß sich in den vergangenen Jahren in der Alltagswahrnehmung der Berliner die »atmosphärischen, sinnlichen Signale«, von denen Gebhardt spricht, auf die

Wahrnehmung von sicheren und unsicheren Orten reduziert haben. Der städtische Raum ist – was seine Nutzung durch den Einzelnen betrifft – das Abbild der jeweiligen psychischen Verfaßtheit des Nutzers. Und um die ist es – in Zeiten der Demontage des Sozialstaats, der wirtschaftlichen Deregulierung, geschürter Angst vor Kriminalität und existentieller Unsicherheit sowie der Auflösung sozialer Strukturen - nicht zum besten bestellt.

## VON DER RISIKO- ZUR ANGSTBIOGRAPHIE

Die Geschichte der bürgerlichen Gesellschaft ist die Geschichte ihrer Urbanisierung. Ohne die Städte mit ihrer eigentümlichen Mischung aus Öffentlichkeit und Privatheit, Dichte und Distanz, wäre eine Herausbildung des modernen Subjekts nicht möglich gewesen. Städte sind zugleich die Entstehungsorte der Demokratie. Ihre Vielfalt, die disparaten Erfahrungen, die in ihnen gelebt und vermittelt werden, schaffen Toleranzräume, die es außerhalb nicht oder nur selten gibt. Auf der anderen Seite sind Städte aber auch die Orte erfahrener Entwurzelung. Das Wachstum Berlins ab den neunziger Jahren des vergangenen Jahrhunderts ist ein Spiegel dieses mentalitätsgeschichtlichen Umbruchs: Seit der Steigerung der landwirtschaftlichen Produktion und des damit einhergehenden »Bevölkerungsüberschusses« auf dem Lande sowie mit der beginnenden Industrialisierung und der damit verbundenen Nachfrage nach Arbeitskräften, hatte – vor allem aus den preußischen Ostprovinzen – ein wahrer Exodus in die deutsche Hauptstadt eingesetzt. Berlins wuchs von 419.000 Einwohnern im Jahre 1850 auf 1.122.000 im Jahre 1880 und auf 2.071.000 im Jahre 1910. Das bedeutet einen Zuwachs von rund 1,5 Millionen Menschen in nur sechzig Jahren. Der Entwurzelung, die das Verlassen einer vertrauten ländlichen Umgebung mit sich bringt, stand in der Stadt allerdings eine neue Form der kollektiven Selbstvergewisserung gegenüber. Die Erfahrung, sich als Gleiche mit gleichen Problemen und Forderungen zusammenschließen zu können, ist heute – inmitten eines neuerlichen gesellschaftlichen Umbruchs – jedoch verlorengegangen. Die identitätsprägenden Institutionen wie Ehe oder Familie, aber auch Gewerkschaften, religiöse und politische Vereinigungen haben ihre Funktion verloren. Das vormals vergesellschaftete Individuum ist nun auf sich allein gestellt.

Wie sehr das »eigene Leben« zum Risiko werden kann, hat keiner eindringlicher beschrieben als der Münchner Soziologe Ulrich Beck mit seiner Entdeckung der »Risikogesellschaft«.[2] Das, was früher als Klassenschicksal gemeinschaftlich verarbeitet wurde, schreibt Beck, müsse in den Existenzformen des eigenen Lebens nun als persönliches Schicksal, individuelles Versagen alleine verkraftet werden. Eigenes Leben – das ist für Beck also nicht nur Chance, sondern auch Gefahr. Verstanden als »Enttraditionalisierung, Freisetzung aus vorgegebenen Sicherheiten und Versorgungsbezügen«, bedeute eigenes Leben den »Zwang, unter heteronomen, oft undurchschaubaren, widersprüchlichen Bedingungen und Anforderungen eine eigene Biographie zusammenzukratzen, zusammenzubasteln und auch zusammenzuhalten.«[3] Becks Folgerung: »Das eigene Leben wird prinzipiell zu einem riskanten Leben – die Normalbiographie wird zur (scheinbaren) Wahlbiographie, zur Risikobiographie.«

Doch diese Folgerung ist noch keine Schlußfolgerung. Seine Identität zusammenzubasteln und zusammenzuhalten, erfordert unter den Bedingungen des Risikos in bestimmten Problemsituationen immer wieder, biographische Entscheidungen zu treffen. Was aber, wenn einen dieser Zwang zu entscheiden überfordert? Wenn die Möglichkeiten und Erfahrungen des eigenen Handelns für immer neuere, weitreichendere Entscheidungen nicht mehr ausreichen? Wenn sich die Problemsituationen häufen, einem Berg gleichen, der vor einem liegt und nicht mehr bewältigt werden kann? Während Ulrich Beck diese »modernen Problemlagen hergestellter Unsicherheit« mit dem Wandel von der Risiko- zur Gefahrenbiographie« beschreibt, dürfte vor dem Hintergrund einer zunehmend verängstigten Stadtbevölkerung in Berlin sogar die Rede vom Wandel der Risiko- zur Angstbiographie gerechtfertigt sein. Paranoide Angstzustände, eine wachsende Zahl der Diagnosen von Agoraphobie, steigende Hinwendung zu psychotherapeutischer Behandlung, der hysterische Ruf nach mehr Sicherheit auf den Straßen und dem verstärkten Einsatz der Polizei lassen den Schluß zu, daß die dem Einzelnen zur Verfügung stehenden Konfliktregulierungsmuster zur Bewältigung der modernen biographischen Erfordernisse nicht mehr ausreichen. Daß dies nicht nur die gesellschaftlichen Ränder, sondern die Mitte der Gesellschaft betrifft, darauf hat nicht zuletzt Ulrich Beck selbst hingewiesen: »Die Gegensätze sozialer Ungleichheit tauchen als Gegensätze zwischen Lebensabschnitten einer Biographie auf. Das heißt nun auch: Ein wachsender Teil der Gesamtbevölkerung ist mindestens vorübergehender Arbeitslosigkeit und Armut ausgesetzt.« Die Folge einer solchen »Zusammenbruchs-Individualisierung« ist für Beck eindeutig und der Warnung Häußermanns vor einem »latenten Bürgerkrieg« nicht unähnlich: »Dort, wo eine wachsende Zahl von Menschen

sich von Verhältnissen überrollt sieht, die sie mit den ihnen zur Verfügung stehenden Mitteln und Fähigkeiten nicht durchschauen, zähmen
oder ignorieren können, ist allein dieser Sachverhalt für die Gesellschaft von großer Bedeutung. Hier und so schlägt der Zwang zur
Selbsttätigkeit, Selbstorganisation in Verzweiflung und damit möglicherweise in stumme, brutale Gewalt um. Wahrgenommene Gefahren-
biographien bilden den Nährboden für Gewalt und Neonationalismus.«

## DIE NEUE ANGST DER BERLINER

Der Existenzphilosoph Sören Kierkegaard hat einmal gesagt, Angst sei
der Schwindel der Freiheit. Vor dem Hintergrund des von Beck beschriebenen Wandels ist Angst freilich eher der Schwindel durch den
Verlust existentieller Sicherheit. Dies betrifft den städtischen Mittelstand
mit seiner Angst vor einem plötzlichen gesellschaftlichen Abstieg ebenso wie die wachsende Zahl der dauerhaft Armen, der »Outs«, der Obdachlosen, psychisch Kranken, Drogenabhängigen, der dauerhaft von
staatlichen Transferleistungen Abhängigen, die in manchen Städten bereits über fünfzehn Prozent der Bevölkerung ausmachen. So betrachtet,
ist der Fensterputzer in der Friedrichstraße, der dem Büroangestellten
durch die frischgereinigten Scheiben ins Antlitz schaut, nur dessen
Spiegelbild. Beide haben Angst. Nur wird diese von beiden unterschiedlich realisiert und verarbeitet.
Unter dem Titel »Das Phänomen Angst« fand vor einigen Jahren in Hei-
delberg eine Tagung der »Deutschen Gesellschaft für anthropolgische
und daseinsanalytische Medizin, Psychologie und Psychotherapie«
statt.[4] In seinem Eröffnungsreferat zitierte der Schweizer Theologe Eu-
gen Biser den Schriftsteller Werner Bergengruen, der schon 1940 in seinem Roman »Am Himmel wie auf Erden« die Angst als »die teuflische
Mitgift des Menschengeschlechts« bezeichnet hatte. Die Organisatoren
der Tagung, Hermann Lang und Hermann Faller, verwiesen ihrerseits
auf einen bereits über vierzig Jahre alten Satz von Viktor Emil von Gebsattel, dem Begründer der medizinischen Anthropologie: »Die Angst hat
aufgehört, die private Angelegenheit des einzelnen zu sein. Die abend-
ländische Menschheit überhaupt liegt in Angst und Furcht, ein unbe-
stimmtes Vorgefühl von ungeheuren Bedrohungen erschüttert die
Seinsgewißheit der Menschen.«
Reiht sich somit die Angst vor Abstieg und Kriminalität ein in die lange
Kette apokalyptischer Visionen vom Untergang der Zivilisation oder kollektiver Ängste wie die vor der atomaren Bedrohung, vor Aids oder der

ökologischen Zerstörung? Ist Becks These von der Risiko- und Gefahren-gesellschaft nur ein neuerlicher Aufguß alter Bedrohungsszenarien? Was die neue Angst der Städter betrifft und damit die Rede vom Über-gang von der Risiko- zur Angstgesellschaft rechtfertigt, ist nicht so sehr das von Gebsattel angesprochene »unbestimmte Vorgefühl von unge-heuren Bedrohungen«. Es sind vielmehr die schwindenden Ressourcen der Angstbewältigung. Der bislang vorherrschenden Annahme, Angst gründe in erster Linie in unbewältigten Kindheitserlebnissen, hat be-reits in den siebziger Jahren Dieter Wyss widersprochen, in dem er auf die Bedeutung »unbewältigter Aktualkonflikte« hingewiesen hat. Dies gelte insbesondere für die Deutung der Angst, so faßt der Psychothera-peut Herbert Csef Wyss' Thesen zusammen, »die ›ihre Geschichte‹ und Wurzeln sehr wohl in kindlichen Erfahrungen, aber eben auch in aktu-ellen Kommunikationseinschränkungen, Krisen und unbewältigten Konflikten haben kann«. Die Angst, so Csef, »erscheint als ein Maßstab dafür, inwieweit sich das Subjekt in der Lage sieht, den Konflikt durch-zustehen und zu bewältigen, das heißt, ob es sich als ›konfliktbewälti-gendes Subjekt‹ oder als ›vom Konflikt überwältigt werdendes Subjekt‹ antizipiert«.[5]

Wie sehr subjektive Angst zur kollektiven Angsterfahrung werden kann, zeigt sich vor allem in den in der Entmischung begriffenen Quar-tieren sozialer Benachteiligung. Die bereits erwähnte Journalistin, die sich in der Kreuzberger Wrangelstraße wegen der raumgreifenden An-eignung der Straße durch türkische Jugendliche nicht mehr wohlfühlt, weiß sehr genau um die gesellschaftliche und ökonomische Ausgren-zung dieser Jugendlichen. Sie weiß auch um das gängige Muster, eine solche existentielle Ausgrenzung durch Aneignungen in weniger exi-stentiellen Räumen zu kompensieren, die dadurch gleichsam zu exi-stentiellen Räumen werden. »Die Straße ist für die Jugendlichen Überle-bensraum«, sagt sie. Das Problem ist nur, es hilft ihr nichts. Trotz dieses Wissens bleibt das Gefühl der Bedrohung, weil sie sich zwar ein Bild von der Dimension, nicht aber von der subjektiven Verarbeitung dieser Ausgrenzung machen kann. »Was ist«, fragt sie, »wenn da mal einer durchdreht?«

Da es keine kollektive, erst recht keine inter-ethnische Angstbewälti-gung mehr gibt, und jeder mit seinen Ängsten alleine bleibt, schwindet auch die Kommunikation, der Teufelskreis schließt sich. Die subjektiv erlebte Bedrohung wird zur Angst vor dem Unbekannten, indem sie die reale Bedrohung übersteigt. Vor kurzem erst hat der kalifornische Stadt-forscher Eric Klingenberg die »Autopsie eines mörderischen Sommers in Chicago« vorgelegt. In seiner Untersuchung über die Hitzewelle 1995, die in Chicago mindestens 500 Todesopfer forderte, geht Klingenberg der Frage nach, warum die Opfer vor allem in den armen schwarzen Ghettos zu beklagen waren, in den armen weißen und hispanischen Vierteln dagegen kaum. Seine Ergebnisse sind eine erschreckende Bestätigung von Csefs These der Angst als Ursache von Kommunikationsverlust: »Die Verteilung der Todesfälle während der Hitzewelle auf das Stadtgebiet deckt sich in der Tat mit der Häufigkeit von Gewalttaten und bestimmten ethnischen und sozialen Merkmalen.«6 Betroffen von der Hitzewelle waren vor allem alte Menschen in den schwarzen Ghettos von Chicago, die in ihrer Wohnung an den Folgen der Hitze starben. »Eine genaue Analyse des Alltagslebens in diesen prekären Vierteln«, schreibt Klingenberg, zeige, »daß diese Menschen nicht freiwillig zu Hause blieben – etwa, weil sie die städtische Hilfe ablehnten – sondern weil ihre räumliche und soziale Umgebung es ihnen nicht erlaubte, ohne Gefahr das Haus zu verlassen.« Der Zusammenbruch der ökonomisch-sozialen Infrastrukur in der ehemaligen Industriemetropole Chicago habe die Lebensbedingungen der älteren Menschen noch prekärer werden lassen. Sie verschanzten sich in ihren kleinen Wohnungen gegen eine allzu bedrohliche Umwelt. Klingenberg: »Die Korrelation zwischen jenen Stadtgebieten, die am stärksten von der Hitze betroffen waren, und denen mit der höchsten Kriminalitätsrate zeigt an, wie groß diese Angst geworden ist. Die hohen Mordziffern in bestimmten Stadtteilen haben so große Ängste erzeugt, daß die Leute sich weigern, ihre Wohnung zu verlassen oder auch nur die Fenster aufzumachen – selbst bei mörderischer Hitze.« Das Ersticken bei lebendigem Leibe als Ergebnis der Angst vor Gewalt ist ein umso größerer Hinweis auf Kommunikationsverlust, als in den hispanischen Stadtvierteln Chicagos nur zwei Prozent der Toten zu verzeichnen waren. Klingenberg führt dies vor allem auf die funktionierenden sozialen Netze und Familienbande in den hispanischen Communities zurück, die es in den schwarzen Ghettos schon längst nicht mehr gebe.

Auch die Angst ist also einem Klassenverhältnis unterworfen. Während die Vertreter der Mehrheitsgesellschaft, die »Ins«, bei der Bekämpfung ihrer Ängste auf die Hilfe des Staates hoffen dürfen, werden die verängstigten »Outs« nicht selten kriminalisiert. Nicht jeder hat offenbar das Recht, in seiner Angst wahr- und ernstgenommen zu werden. Erst recht nicht jene, die die Mehrheitsgesellschaft, respektive der Staat, als Sündenböcke braucht. Beispiel dafür sind in Berlin die kollektiven Hysterien der Jahre nach dem Mauerfall. Während die gesellschaftliche Be-

drohung Ende der achtziger Jahre von den Hütchenspielern am Kurfür-
stenamm und später am Alexanderplatz auszugehen schien und sich
kurz darauf auf die »Asylantenflut« konzentrierte – die es seit der faktischen Abschaffung des Asylrechts nun nicht mehr gibt –, stehen nun
Ausländer und Jugendliche, vor allem aber ausländische Jugendbanden
im Mittelpunkt der kollektiven Suche nach Sündenböcken.

Als Zentralorgan dieser kollektiven Suche erwies sich dabei im April
1997 das Nachrichtenmagazin »Der Spiegel«, das in einem reißerischen
Aufmacher mit dem Titel »Gefährlich fremd«[7] das »Ende der multikultu-
rellen Gesellschaft« herbeischrieb. Als Ursachen für die »zunehmende
Gewaltkriminalität ausländischer Jugendlicher« sind lebensweltliche
Brüche scheinbar aus der Mode gekommen. Getreu dem ordnungspoli-
tischen Motto, daß nicht die Kriminalität, sondern der Kriminelle
bekämpft werden müsse, hat der »Spiegel« auf der Suche nach diesem
Kriminellen im ausländischen Gangmitglied den Prototypen gefunden:
»Neno Celik, 25, Erzieher im Jugendzentrum Naunynritze in Berlin-
Kreuzberg, Anfang der neunziger Jahre selbst Mitglied in der Jugend-
gang ›36 Boys‹, kennt die wachsende Gewaltbereitschaft der Kids im
Kiez. ›Die Jungs sind zu allem bereit‹, sagt Celik, während in der Teestu-
be, geschmückt mit einer Silhouette von Istanbul, Richard Wagners
›Götterdämmerung‹ wie in einem schlechten Film aus den Lautsprecher-
boxen schallt. Die Hoffnungslosen ermitteln im Straßenkampf, wer in
der sozialen Hackordnung ganz unten steht.«

Begriffe wie Hackordnung und Ehre sind ganz nach dem Geschmack
des »Spiegel« auf der Suche nach den Indizien für die gefährliche
Fremdheit: »Die Anlässe der Ethno-Fights sind banal, oft genügt ein
falscher Blick, ein falsches Wort und die Ehre ist verletzt – mit oft unab-
sehbaren Folgen für den Kontrahenten. ›Du mußt so hart wie möglich
vorgehen, um in Ruhe gelassen zu werden‹, sagt Ramazan, Mitglied in
einer türkischen Jugendgang in Berlin-Kreuzberg. Schlägereien gehören für ihn zum Alltag, in Messerstechereien war er schon oft ver-
wickelt, und auch mit Schußwaffen versteht der 17jährige umzugehen.
Seine Narben zeigt er wie Kriegsveteranen ihre Orden, viel mehr hat er
nicht zu bieten.«

Für den »Spiegel« ist Ramazan keiner, der Angst hat, sondern einer, der
Angst macht. Entsprechend verkürzt sind die Erklärungsversuche: Die
Suche nach den Ursachen einer solchen Desperado-Mentalität beschränkt sich im Spiegel-Titel »Gefährlich fremd« auf ein Interview mit
dem ehemaligen Gang-Mitglied der 36 Boys und nunmehrigen Rapper
der türkischen Band »Kan.AK«, Hakan Durmus. »Der harte Kern«, sagt

Durmus, »war eine Schlägertruppe. Wir mußten kämpfen gegen alle, die blöd geguckt haben. Das war barbarisch. Und was haben wir davon? Ein paar sind tot, die anderen sitzen im Knast. Alles schien wie ein Film, ein Atari-Spiel. Da hast du drei Leben, kannst dreimal sterben. Aber im richtigen Leben hast du nur ein Leben, und das kapieren viele nicht.« Im »Spiegel« darf der 24jährige Hakan Durmus von seinem Leben berichten, von seinem Gefühl der Fremdheit, der Heimatlosigkeit: »In der Türkei bin ich ein Deutschtürke, hier bin ich Türke. In Kreuzberg lebe ich seit 24 Jahren. Also bin ich Kreuzberger.« Seine richtige Heimat allerdings, sagt Durmus, sei die Türkei. »Aber wenn ich jetzt in die Türkei gehe, brauche ich wieder 24 Jahre, um Freunde zu finden. Das schaffe ich nicht, da geh' ich drauf.«

Was ist Ursache, was ist Wirkung? Und um wessen Angst, Angst vor wem, geht es eigentlich? Ist es – was die Angst der türkischen Jugendlichen betrifft – tatsächlich das Gefühl der Fremdheit, das ihnen den Weg in die Selbstbestätigung durch eine »Schlägertruppe« ebnet? Oder ist es nicht viel mehr die berufliche und soziale Perspektivlosigkeit, die das latente Gefühl von Fremdheit verstärkt?

»In Kreuzberg«, sagt der ehemalige Baustadtrat des Bezirks, Werner Orlowsky, »gab es nie ein Miteinander, wohl aber ein tolerantes Nebeneinander.« Dieses Nebeneinander hatte freilich viel mit der Integration der türkischen, kurdischen und palästinensischen Community in die wirtschaftlichen und sozialen Strukturen des Bezirks zu tun. Heute dagegen fühlen sich immer mehr Jugendliche an den Rand gedrängt: »Berlin als Einwandererstadt durchlebt seit der Vereinigung beider Stadthälften ambivalente Entwicklungen«, schreibt der Berliner Publizist Eberhard Seidel-Pielen. »Zwar stieg die Zahl der in Berlin lebenden Ausländer seit 1989 von rund 300.000 auf 420.000, dennoch stärkte die West- und Osterweiterung der Stadt die Dominanz des Deutschen. Folglich verlieren die innerstädtischen Bezirke, denen die aus dem Süden Europas und dem Nahen Osten stammenden ethnischen Minderheiten ihren Stempel aufdrückten, für das Selbstverständnis der Stadt an Bedeutung.« Die Folge davon ist laut Seidel-Pielen, daß der Einfluß der »alten« Immigranten bei der Gestaltung des städtischen Raums geringer werde. »Die Verschiebung der Dominanzverhältnisse zugunsten des ›Deutschen‹ seit 1990 bekommen vor allem die Jugendlichen aus den Immigrantenfamilien, genauer die Berliner Türken, Libanesen und Palästinenser aus den unteren, bildungsfernen Schichten zu spüren. Sie fühlen sich an den Rand gedrängt. Nicht ganz zu unrecht. Denn seit der Wiedervereinigung werden viele der Lehrstellen im Westteil der Stadt von Brandenburger und Ostberliner Jugendlichen besetzt, Deutsche bevorzugt eingestellt. Die Immigranten sind nicht nur die eigentlichen Einheitsverlierer«, schreibt Seidel-Pielen, »sie büßen auch sprichwörtlich an Boden ein.«[8]

Davon ist im »Spiegel« freilich keine Rede, von skandalösen Zuständen dagegen umso mehr. Erst vor kurzem war im Nachrichtenmagazin eine Sensations-Reportage über die »Revierkämpfe« im Kreuzberger Görlitzer Park zu lesen. Fazit des »Spiegel«: Seitdem die Deutschen nachts den Park mieden, hätten die türkischen und kurdischen Jugendlichen in Ermangelung potentieller Opfer nun begonnen, Jagd auf arabische Jugendliche zu machen. Pech für den »Spiegel« und seiner den US-amerikanischen Verhältnissen entlehnten multi-ethnischen Apokalypse war nur, daß daran nichts stimmte. Das Geschäft mit der Angst der einen auf Kosten der Angst der anderen boomt freilich auch ohne realen Wahrheitsgehalt.

Die Hetze gegenüber ausländischen Jugendlichen, das politische Geschäft mit den Ängsten der Mehrheitsgesellschaft hat damit seine Funktion erfüllt. Nicht mehr die sozialen und wirtschaftlichen Brüche werden zum Problem erklärt, sondern die Jugendlichen, die unter diesen Brüchen und Ausgrenzungen zu leiden haben. Diese Umkehrung der »Problemurheberschaft«, wie es im psychologischen Jargon heißt, verweist aber auch auf eine kollektive Unfähigkeit der Konfliktbewältigung und damit auch auf die Dimension, in der die Angst bereits Einzug in den gesellschaftlichen Alltag und den öffentlichen Diskurs gehalten hat. Es ist eine beinahe paranoide Angst, die durch Skandalisierungen und reißerische Veröffentlichungen wie im »Spiegel« nur noch weiter angeheizt wird.

Für den Pariser Soziologen Alain Touraine ist die Stadt als politische Institution bereits zerstört und »Trennung, Entzweiung, Auseinanderdriften« sind die wesentlichen Merkmale städtischer, und damit auch kollektiver menschlicher Erfahrung. Eine freilich sehr ambivalente Erfahrung, wie Touraine betont: »Auf der einen Seite haben wir die Welt des Austauschs, die heute globalisiert ist, die sich auf die ganze Erdkugel erstreckt und die infolgedessen entsozialisiert ist, und auf der anderen Seite – als direkte Folge und Gegenreaktion – den Ersatz des sozialen und politischen Menschens durch den privaten Menschen.«[9] Touraine weiter: »Wir können sagen, daß wir einerseits einen allgemeinen Zusammenbruch der sozialen und politischen Kategorien erleben, die von dieser Globalisierung, dieser Internationalisierung des Austauschs, und zwar nicht nur im Bereich der Produktion, sondern auch in den Bereichen des Konsums, der Kommunikation und sogar der Massenkultur, überfordert sind, und daß auf der anderen Seite – und das ist ein erstaunliches Phänomen – unser Jahrhundert zu Ende geht mit der Rückkehr der Identitäten und der Gemeinschaften, ob sie nun ethnischer, nationaler oder religiöser Art sind.« Diese Vergemeinschaftung der Gesellschaft ist zugleich ein kollektiver Ausdruck einer globalisierten Angst, wie sie für historische Umbruchzeiten – etwa der französischen Revolution und der »grande peur« – charakteristisch ist. Sie kennzeichnet, wie Touraine sagt, einen »völligen Bruch mit der äußeren Welt und dem inneren Individuum«.

Becks Thesen von den Folgen der »Zusammenbruchs-Individualisierung« und Touraines Beobachtungen sind zugleich ein Hinweis auf eine zunehmende Fremdenfeindlichkeit, auch in den Städten. Die »Vergemeinschaftung der Gesellschaft«, von der Touraine in Anlehnung an das Gegensatzpaar »Gesellschaft und Gemeinschaft« von Ferdinand Tönnies um die Jahrhundertwende spricht, findet dabei nicht nur in den Vororten, an der städtischen Peripherie und ihren abgeschotteten Siedlungen ohne jegliche Struktur und Kultur der Öffentlichkeit statt. Sie ist ebenso ein Phänomen der – sozial und ethnisch – noch immer gemischten Innenstädte. Vergemeinschaftung – das heißt in Kreuzberg und Neukölln zum Beispiel die verstärkte Hinwendung in Berlin aufgewachsener türkischer Jugendlicher zum Islam oder die Suche nach nationaler Identität auch bei vormals linken Deutschen wie dem ehemaligen DDR-Bürgerrechtler Wolfgang Templin. Selbst in der Bildung einer linksradikalen PDS-Basisgruppe in der Prenzlauer Berger Kneipe »Torpedokäfer«, in der sich auch Mitstreiter der einstigen Initiative »Wir bleiben alle« wiederfinden, läßt sich das Bedürfnis nach einer kollektiven Identität in einer Zeit des Übergangs von einer offenen zu einer Nicht-Gesellschaft erkennen.

Als Folge eines solchen Rückzugs auf vermeintlich gemeinsame Identitäten hat die Sozialpsychologin Birgit Rommelspacher eine zunehmende »Interaktionsspannung« beobachtet.[10] Eine solche Spannung zeige sich zum Beispiel darin, »daß die Kontaktsequenzen zwischen Angehörigen unterschiedlicher ethnischer Herkunft in der Regel kürzer sind als zwischen Gesprächspartnern mit gleichem kulturellen Hintergrund; oder darin, daß die Mehrheitsangehörigen im Gespräch eine abwehrende, unoffene Körperhaltung zeigen und den Blickkontakt meiden, beziehungsweise sich darum bemühen, einer Begegnung ganz aus dem Weg zu gehen«.

Kein Wunder also, findet Rommelpacher, daß die »anderen« fremd bleiben: »Insofern muß ›Fremdheit‹ als Resultat eines Bemühens verstanden werden, sich die anderen ›vom Leib zu halten‹«. Dieses Interesse am

»Aufrechterhalten der Fremdheit« ist für Rommelspacher der Ausdruck einer zunehmenden Verunsicherung und Angst. Das Fremde ist, so die Grundthese Freuds, eine Konstruktion des Subjekts, da erst die negativen emotionalen Besetzungen das Fremde zum Fremden und damit bedrohlich und unheimlich machen. »Das ›Unheimliche‹ aber«, schreibt Rommelspacher, »stammt nach Freud vom ›Heimeligen‹ ab, vom Vertrauten, das, aus welchen Gründen auch immer, ›heimlich‹ werden mußte, d.h. verdrängt wurde.« Im Fremden nun, so die Sozialpsychologin, »begegnen dem Subjekt diese Anteile, nun allerdings angstbesetzt und unheimlich. Die positiven Anteile aber bleiben beim Selbst und definieren das Eigene«.

Diese Ich-Spaltung und nicht der mangelnde Kontakt zu Fremden sei somit der Grund für die zunehmende Aggression. In der Konstruktion des Fremden würden schließlich die Grenzlinien gezogen, wer zur Gesellschaft gehöre und wer nicht. Ein freilich labiler Versuch der Selbstdefinition: »Das bedeutet dann auch, daß jedes Sichtbarwerden von Andersartigkeit gleich als Bedrohung empfunden wird. Diese Angst um den Verlust der kulturellen Dominanz ist im Prinzip maßlos, so, daß jede noch so harmlose Äußerung von ›Fremdheit‹ zum Anlaß heftigster Verfolgungsphantasien werden kann.«[11]

Von solchen Verfolgungsphantasien im kollektiv verunsicherten Bewußtsein der Berliner legen auch die von Polizei und Senat entfachten Kampagnen gegen jugendliche Ausländer und Graffiti-Sprayer Zeugnis ab. Im Vorgehen gegen einen gemeisamen Feind soll die eigene Identität bewahrt werden. Mehr als eine der üblichen Verdrängungsleistungen ist das freilich nicht. Sowohl in den Ängsten als auch in den Bedrohungsphantasien, schreibt Birgit Rommelspacher, zeige sich, daß der Anspruch auf die vollständige Bestimmung der Wirklichkeit gefährdet sei, da er der Realität nicht entsprechen könne. »Diese ist immer von einem Leben mit Differenzen geprägt. Die Frage ist nur, inwieweit die Menschen bereit sind, sie anzuerkennen.«

## ORTE DER VERDRÄNGUNG UND ORTE DER BEWÄLTIGUNG

Rommelspacher spricht damit eine für die Zukunft Berlins entscheidende Frage an: Wird die Auflösung der sozialen Strukturen, wird die Fremdheit anderen, aber auch sich selbst gegenüber zunehmen? Oder kann die Kultur der Verdrängung durch eine neue Kultur der Kommunikation zugunsten einer Alltagspraxis der Bewältigung von Konflikten zurückgedrängt werden?

Für die Sozialpsychologin Rommelspacher könnte eine konstruktive Auseinandersetzung mit der Fremdheit darin bestehen, durch Aufklärung und Kontakt »dissonante Erfahrungen« herbeizuführen, in dem zum Beispiel die Hierarchien umgekehrt werden. »Wenn Angehörige diskriminierter Minderheiten in Führungspositionen erlebt werden, oder wenn die eigenen Normalitätsvorstellungen durch eine andere Perspektive verrückt werden und damit die eigene Definitionsmacht in Frage gestellt wird, (...) dann kann auch die eingangs geschilderte Verunsicherung produktiv werden, wenn sie ein erster Schritt aus einer Selbstverständlichkeit heraus ist, die zögernd zu fragen beginnt und allmählich die eigene Borniertheit und das eigene Nichtwissen und Nichtwissenwollen erahnt«.

Verdrängung oder Bewältigung respektive Auseinandersetzung? Hierbei handelt es sich – und das ist das Entscheidende – freilich nicht nur um eine Frage des guten Willens, sondern auch um die Frage, ob für eine solche Konfliktbewältigung auch die entsprechenden städtischen Räume existieren.

Für den Publizisten Eberhard Seidel-Pielen sind besprühte Häuserwände solche Räume. Wer sprühe, so provoziert Seidel-Pielen die Protagonisten der »Aktion sauberes Berlin«, übernehme Verantwortung für sein Umfeld. »Er setzt sich mit Straßen und Plätzen auseinander, stellt Überlegungen an, was verbesserungswürdig ist, erzeugt neue Perspektiven und Sichtweisen, vermittelt Botschaften«.[12] Für Seidel-Pielen ist Graffiti deshalb Kommunikation, allerdings eine andere als die herkömmlichen Vorstellungen suggerieren: »Für die 14- bis 25jährigen sind die Kommunikations- und Interaktionsmuster der Älteren nicht mehr tragfähig. Es ist kein Zufall, daß sich die HipHop-Szene, deren Bestandteil neben Rap und Breakdance auch Graffiti sind, seit Mitte der achtziger Jahre zunächst in den innerstädtischen Einwandervierteln entwickelte. Hier stellte sich das Problem neuer, interkultureller Kommunikationsformen am stärksten.« HipHop verhindere dabei eine »drohende ethnische Versäulung der vielfältigen Communities«. Graffiti seien dabei das »Esperanto, das in einer vielsprachigen Stadt eine Verständigung über die jeweiligen Herkunftsdialekte ermöglicht«.

Die beispiellose Kriminalisierungskampagne gegen die Berliner Sprayerszene ist demnach eine der größten antikulturellen Verdrängungsleistungen der Berliner Politik. Es ist die Zerschlagung eines interkulturellen Kommunikationsnetzes und wird das Gegenteil dessen bewirken, was – zumindest in der Öffentlichkeit – behauptet wird: die Identifikation der Berliner mit dem städtischen Raum. Zwar weiß auch Seidel-

Pielen wie wichtig es ist, die Ängste, vor allem der älteren Bewohner der Stadt, ernst zu nehmen. Um so verantwortungsloser ist es dagegen, diese Ängste durch die Gleichsetzung der Sprayer mit kriminellen Gangs zu schüren, anstatt die positive Kulturleistung hervorzuheben. Eine solche Kulturleistung, so hat es Seidel-Pielen bei diversen Untersuchungen in der Sprayerszene in ostdeutschen Städten herausgefunden, liege nicht zuletzt darin, daß in Städten mit Graffiti die rechtsradikale Szene weitgehend zurückgedrängt sei. »In Quedlinburg brauchen die Stadtväter keine Ermittlungsgruppe, um die kleine örtliche Sprayerszene im Zaum zu halten. Das erledigen dort die Rechtsradikalen.«[13]
Wo gibt es in Berlin noch Räume für Konfliktbewältigung? Wo gibt es Räume für Auseinandersetzung, Entdeckungen, Erkundigungen? Wenn überall in der Stadt öffentliche Räume privatisiert werden, schwindet auch die Möglichkeit zur eigenen Erschließung. Die »latente Drohung des Bürgerkriegs« ist aus der Perspektive der Großen Koalition in Berlin betrachtet zunehmend auch das latente Spiel mit dem Feuer des Bürgerkriegs. Die Ziele einer solchen Standortpolitik bestehen nicht mehr in der Bekämpfung der Ursachen von Ungleichheit und Kommunikationsdefiziten, sondern in der Aufbereitung der Stadt im Interesse ausgewählter Konsumenten. Das gleiche gilt für den administrativen Umgang mit der neuen Angst der Berliner. Statt Bedingungen für ihre Bewältigung zu schaffen, lassen Ordnungspolitiker aller Couleur keine Gelegenheit aus, diese Angst noch weiter zu schüren. Die sich daraus ergebende wachsende Schere zwischen realer und subjektiver Bedrohung ist als »Problemdruck« zugleich Legitimation für staatliches Handeln, das immer weniger dem Leitbild der Sozialpolitik und damit der Konfliktbewältigung verpflichtet ist, vielmehr immer stärker auf soziale Verdrängung sowohl im psychologischen als auch im räumlichen Sinne setzt. Für nicht wenige Ordnungspolitiker ist die segregierte Stadt, deren letzte Konsequenz die Aufteilung der Stadt in »Zitadellen« und »Ghettos« ist, eine Wunschvorstellung. Zumindest in diesem Zusammenhang hat die Städtepartnerschaft zwischen Berlin und Los Angeles Früchte getragen. In seinem Aufsatz »Die Ökologie der Angst« berichtet der amerikanische Stadtforscher Mike Davis von der Absperrung der neuen Downtown von Los Angeles »hinter einen Schutzwall von Palisaden, Betonpfeilern und Mauern von Schnellstraßen. Traditionelle Fußgängerverbindungen zwischen Bunker Hill und dem neuen Viertel wurden beseitigt und der Fußgängerverkehr im neuen Finanzdistrikt auf oberhalb der Straße angebrachte Gehwege verlegt, deren Zugang von den Sicherheitssystemen der einzelnen Hochhäuser kontrolliert

wurde.« Die Unruhen von 1992, schreibt Davis, hätten die »Voraussicht der Downtown-Festungsplaner bestätigt. Während Fenster im ganzen alten Geschäftsviertel eingeschmissen wurden, machte Bunker Hill seinem Namen alle Ehre. Durch die Betätigung einiger Schalter auf ihren Befehlspulten konnten die Sicherheitsmannschaften der großen Bankhäuser jeden Zugang zu ihren teuren Häusern versperren. Kugelsichere Stahltore gingen vor den Eingängen im Straßenbereich herunter, Aufzüge hielten sofort an und elektronische Schlösser blockierten Fußgängerdurchgänge.«

Wie sehr diese Militarisierung des öffentlichen Raums durch die Bildung von Räumen der Verdrängung und Kontrolle, die Segregation der Stadt im Sinne ihrer kommerziellen Nutzung auch von wirtschaftlichen Überlegungen der Sicherheitsindustrie geleitet ist, hob das Los Angeles Business Journal in einerm Sonderbericht hervor. Durch die Abwehrmaßnahmen in Downtown L.A. sei die Nachfrage nach neuen und höheren Stufen der Gebäudesicherung deutlich gestiegen.

1   Eike Gebhardt: »Die Stadt als moralische Anstalt. Zum Mythos der kranken Stadt«, in: Klaus Scherpe (Hrsg.): »Die Unwirklichkeit der Städte«, a.a.O.
2   Vgl. Ulrich Beck: »Die Risikogesellschaft«, Frankfurt/M., 1993, Ulrich Beck, Elisabeth Beck: »Riskante Freiheiten«, München 1994 und Ulrich Beck, Wilhelm Vossenkuhl, Ulf Erdmann Ziegler (Hrsg.): »Eigenes Leben – Ausflüge in die unbekannte Gesellschaft, in der wir leben.«, München 1994
3   »taz«, 30.4.1994
4   Vgl. »Das Phänomen Angst. Pathologie, Genese und Therapie«, hrsg. von Hermann Lang und Hermann Faller, Franfkurt/M., 1996
5   Herbert Csef: »Die Bedeutung der Angst in der anthropologisch-integrativen Psychotherapie«, in: Das Phänomen Angst, a.a.O.
6   Eric Klingenberg: »Autopsie eines mörderischen Sommers in chicago«, in: »Le Monde Diplomatique«, August 1997
7   »Der Spiegel«, 16/1997
8   »taz«, 16.5.1995
9   »taz«, 10.10.1990
10  »taz«, 19.8.1997
11  ebd.
12  »taz«, 11.4.1996
13  ebd.

# NEUNTES KAPITEL:
# VERDRÄNGUNG ALS POLITIKERSATZ

*»Wann Krieg beginnt, das kann man wissen, aber wann beginnt*
*der Vorkrieg? Falls es da Regeln gäbe, müßte man sie weitersagen.*
*In Ton, in Stein eingraben, überliefern. Was stünde da. Da stünde,*
*unter anderen Sätzen: Laßt euch nicht von den Eignen täuschen.«*
*(Christa Wolf, Kassandra)*

### NEW YORK IN BERLIN

Selten hatte eine Gewerkschaft solchen Zulauf. Eine Revolution wolle man verkünden, hieß es und prompt folgten der Einladung der Berliner Gewerkschaft der Polizei (GdP) jene, deren Aufgabe es sonst ist, Revolutionen zu verhindern: Polizeibeamte, Führungsoffiziere, Sicherheitspolitiker, Journalisten. Derjenige, der am 27. August 1997 im Tagungssaal eines Berliner Hotels auf Einladung des Berliner GdP-Chefs Eberhard Schönberg im Mittelpunkt des Interesses stand, wollte eigentlich nur »eine Geschichte erzählen«. Was die Saubermänner der Großen Koalition freilich in Verzückung versetzte, war, daß es die Geschichte eines »Wunders« ist, die William Bratton, zu erzählen hatte, des »Wunders von New York«.

Bratton war von 1994 bis 1996 Polizeipräsident in der 7,5 Millionen-Stadt am Hudson River. Er hat dort nach eigenen Angaben die Kriminalitätsrate um fünfzig Prozent gesenkt. Seitdem reist er um die Welt, auf daß die Botschaft der New Yorker Revolution ankomme. Und die heißt: keine Toleranz gegenüber Kleinkriminalität, allgegenwärtige Polizei und modernste Computertechnik. Da war es auch für die Hauptstadtpresse Ehrensache, den schillernden Gewerkschaftsgast gebührend zu empfangen: »Der Held von New York« wurde »willkommen« geheißen, interviewt, ganze Seiten wurden für seine scheinbar spektakulären Thesen freigehalten. Ansonsten recht besonnene Kommentatoren ließen sich vom revolutionären Elan Brattons mitreißen und sprachen fortan nur noch vom »Krieg« gegen das Verbrechen und vom »Feldzug« gegen die Kriminalität. Einer der Kriegsherren, CDU-Fraktionschef Klaus Landowsky, der im Februar 1997 im Berliner Abgeordnetenhaus erklärt hatte, »wo Müll ist, sind Ratten und wo Verwahrlosung ist, ist Gesindel, meine Damen und Herren, das muß beseitigt werden in dieser Stadt«,

ließ es sich nicht nehmen, im altehrwürdigen »Tagesspiegel« eine
Großanzeige zu schalten, in der er »Zero Tolerance« auch in der Hauptstadt forderte.[1] Begründung: Kleinkriminalität sei der »Nährboden« für
schwerste Verbrechen. Auf der selben Seite der Zeitung machte sich
Bratton selbst in einem Interview darüber lustig, daß nur noch die Vertreter von Minderheiten- und Bürgerrechtsorganisationen sein Konzept
kritisierten, und forderte die Berliner Polizei auf, gerade während der
Dunkelheit auf den Straßen präsent zu sein. »Die Ratten«, so Bratton,
»kriechen ja auch erst nachts aus ihren Löchern«.[2]
Was ist geschehen? Was war passiert, daß ein New Yorker Cop, der sich
nach seinem Rauswurf nunmehr als freiberuflicher Sicherheitsfachmann
verdingt, in Berlin als »Held« gefeiert wird? Was hat diese kollektive Hysterie ausgelöst? Hat die neue Angst der Berliner, die Angst vor sozialer
Unsicherheit, vor den unbewältigten Konflikten einer aus den Fugen geratenen Gesellschaft, die Angst vor dem eigenen Ich-Verlust, im Innern
der Berliner plötzlich den Superbullen wach werden lassen?
Um die Angst der Berliner ging es freilich weniger beim Bratton-Besuch
in der deutschen Hauptstadt. Deren Angst ist den Vertretern eines »harten Durchgreifens« nur mehr Mittel zum Zweck. Nicht die Angst, die innere Unsicherheit soll bekämpft werden, sondern alles, was nicht ins
Broschürenbild des Unternehmens Stadt hineinpaßt: Bettler, Obdachlose, Konsumenten von Alkohol auf offener Straße und viele andere
mehr. Selbst Fahrradfahrer, die auf dem Gehweg fahren, sollen künftig
den langen Arm der Gesetzeshüter zu spüren bekommen. Um diese
neuen »Feindbilder« zu bestärken und den Aufbau einer tatsächlichen
»Armee« im »Krieg« gegen das Verbrechen, vor allem aber die sozialen
Konflikte von morgen, voranzutreiben, muß schon heute die Legitimation geschaffen werden. Insofern geht es doch um die Angst der Berliner, darum, die Militarisierung des öffentlichen Raums politisch und in
den Köpfen der Bewohner abzusichern. Deshalb darf Angst nicht bekämpft, sondern muß stetig geschürt werden.
Geradezu euphorisch zeigte sich Berlins Innensenator über den Besuch
des ehemaligen New Yorker Polizeipräsidenten. »Noch haben sie die
Straßen Berlins nicht verloren«[3], gab Bratton das Stichwort für Jörg
Schönbohm, der als ehemaliger General der Bundeswehr gelernt hat,
wie man Konflikte zu lösen hat: militärisch. Gegen die sozialen und räumlichen Konflikte freilich, mit der die Stadt in den nächsten Jahren
konfrontiert sein wird, sind die bestehenden eher Peanuts. Es gilt also
aufzurüsten. Vor diesem Hintergrund waren die Räumungen besetzter
Häuser und Wagenburgen, mit denen sich Schönbohm den Titel »Mei-

ster Propper« eingehandelt hatte, nur Fingerübungen, quasi Vorboten kommender Formen der Militarisierung im Umgang mit gesellschaftlichen Konflikten vor allem dort, wo sie sich mit anderen Formen der Verdrängung nicht beseitigen oder unter den Teppich kehren lassen. Die ordnungspolitische Wunschliste des Ex-Generals jedenfalls ist lang. Ein generelles Bettelverbot gehört dazu ebenso wie die Möglichkeit, im gesamten Stadtgebiet Personen ohne Grund kontrollieren und durch Platzverweise vertreiben zu dürfen. Verdachtsunabhängige Kontrollen nennen das Polizeirechtler. Bisher sind solche Kontrollen nur an den etwa dreißig sogenannten »gefährlichen Orten« üblich, die der Polizeipräsident festgelegt hat, ohne diese Orte freilich allesamt beim Namen zu nennen.

Um ein New Yorker »Wunder« auch in Berlin durchzusetzen, müssen freilich noch weitere politische Voraussetzungen geschaffen werden. Bislang jedenfalls hat die Berliner SPD dem Innensenator die Erfüllung seiner Wunschliste versagt. Was aber, wenn sich am Beispiel New Yorks nachweisen ließe, daß eine allgegenwärtige Polizei, ausgestattet mit weitreichenden repressiven, aber auch präventiven Befugnissen, nicht nur die Kriminalität wirksamer bekämpfen, sondern auch das Ansehen der Stadt nachhaltig verbessern kann? Der Standort Berlin, so mag die Hoffnung von Jörg Schönbohm lauten, liegt den sozialdemokratischen Kollegen wie etwa dem ehemaligen Kreuzberger Bürgermeister Peter Strieder, ja ebenso am Herzen wie dem Innensenator die Hauptstadtwürde. Warum sollte also ein ehemaliger New Yorker Polizeipräsident die große Koalition in Berlin nicht auch um einen ordnungspolitischen Konsens erweitern?

Zu formulieren, wie ein solcher Konsens aussehen könnte, war die politisch-öffentliche Aufgabe des »Helden von New York«. Auf drei Säulen beruht die Polizeiphilosophie des »High Performance Policing«, die sich Bratton sogar als Warenzeichen eintragen ließ. Die erste Säule heißt Prävention. Unter diesem Schlagwort soll künftig nicht mehr der Kampf gegen die Ursachen von Kriminalität verstanden werden, sondern eine allgegenwärtige Polizei, die jedem potentiellen Täter den Schneid abkauft. Polizeistaat als Mittel gegen Kriminalität? Viel zu lange, sagt Bratton, habe sich die Polizei an der falschen Klientel orientiert und sei den Verbrechern hinterhergelaufen. »Die Polizei muß sich an den Bürgern orientieren«, lautet nun die Devise Brattons, der seine Karriere unter dem liberalen Bürgermeister Dinkins begonnen hatte. Verbrecherjagd sei der Job von gestern, stattdessen müsse die Polizei schon vor Ort sein, bevor ein Verbrechen geschehe.

Die zweite Säule des Präventionspolizisten Bratton heißt »Zero Tolerance« – Null Toleranz. Zu eigen gemacht hat sie sich der ehemalige Polizeichef während seines Dienstes bei der U-Bahn-Polizei. »Es war, als stiege ich in Dantes Inferno herab«, schildert Bratton seine erste Begegnung mit der New Yorker Untergrundbahn: »Alles war dreckig und gräßlich, Vandalen hatten die Drehkreuze an den Eingängen zerstört, stattdessen standen überall Leute, die einem die Hand entgegenstreckten: ›Gib mir dein Geld, dann laß ich dich durch!‹ Auf den Bahnsteigen Camps von Obdachlosen, ganze Städte aus Pappkartons.«

Die dritte Säule schließlich betrifft die Polizei selbst. Modernste Computeranlagen und die persönliche Verantwortung der 76 New Yorker Bezirkspolizeichefs für die Entwicklung der Kriminalität in ihrem Hoheitsgebiet sollen die dauerhafte Effizienz des »High Performance Policing« sichern.

### PRÄVENTION UND TOTALE KONTROLLE

In Berlin gehört soziale Prävention, die Beamten in der Rolle des Sittenwächters, schon seit Ende des 19. Jahrhunderts nicht mehr zu den offiziellen Aufgaben der Polizei. Polizeiliche Prävention beschänkte sich weitestgehend auf kriminalpolizeiliche Beratung oder die »situative« Prävention, worunter jene Maßnahmen zu verstehen sind, die einem potentiellen Täter von vornherein die Tat erschweren sollen. Doch schon bevor Bratton im August 1997 nach Berlin kam, wurde in Berliner Polizeikreisen über eine Ausweitung des bisherigen, situativen Präventionsansatzes nachgedacht. In einem Strategiepapier mit dem Titel »Aufgaben und Zuständigkeiten des Referats LKA 14« (dem Referat »Vorbeugende Verbrechensbekämpfung« beim Landeskriminalamt, U.R.) heißt es: »Dem Referat obliegen zunächst alle Maßnahmen der vorbeugenden Kriminalitätsbekämpfung nach dem opferorientierten ›situativen Präventionsansatz‹ (Umgestaltung von Tatgelegenheitsstrukturen und -situationen zum Nachteil potentieller Straftäter), soweit sie sich durch Öffentlichkeitsarbeit, individuelle Beratung oder Verwaltungsvorschriften und Regelwerke umsetzen lassen.«[4] Operative Maßnahmen mit Eingriffscharakter, so wird zwar einschränkend betont, gehörten nicht zum Aufgabengebiet des Referats LKA 14.

Eine solche Beschränkung der polizeilichen Aufgaben ist im übrigen nicht erst als Reaktion auf den totalitären Überwachungsapparat des NS-Regimes erfolgt, sondern hat seine Wurzeln bereits im 19. Jahrhundert. Bereits 1882 hatte das preußische Oberverwaltungsgericht in Berlin entschieden, daß Wohlfahrt zwar Sache des Staates, nicht aber der Polizei sei. Diese habe sich um die Verbrecher zu kümmern, nicht aber um das Wohlergehen der Opfer.

Der Paradigmenwechsel vom opferorientierten zum täterorientierten Ansatz ist nunmehr freilich kein Tabu mehr. Das Referat LKA 14, heißt es, »ist auch mit der Jugendkriminalitäts- und Gewaltvorbeugung nach dem täterorientierten ›sozialen Präventionsansatz‹ befaßt und nimmt zugleich Aufgaben einer Grundsatzdienststelle für Jugendsachen wahr.« Was darunter zu verstehen ist, erläutert der Leiter des Referats, Winfried Roll: »Vermeidungs- oder Rückzugsverhalten (potentieller Opfer, U.R.), das beim ›situativen‹ Ansatz nahegelegt wird, findet in der Bevölkerung und gerade unter Jugendlichen kaum noch Akzeptanz. Viele mögliche Tatorte – Schule, Verkehrsmittel, Straße – sind für das Opfer unvermeidbar.« Vor allem aber, so Roll, griffen Jugendliche »vermehrt zu Waffen und ähnlichen Geräten«.[5] Um dieser Entwicklung vorzubeugen, gebe es bei der Berliner Polizei verschiedene Vorbeugungsaktivitäten, »die teils dem opferorientierten, teils aber auch einem eher täterorientierten Präventionsansatz zuzurechnen sind«.

Welche Ausmaße ein täterorientierter Präventionsansatz annehmen kann, zeigt wiederum das Beispiel New York. Brattons Philosophie lautete, daß derjenige, der in der U-Bahn einen Raubüberfall plane, sich auch keinen Fahrschein kaufe. Also müsse man nur jeden festnehmen, der ohne Ticket fährt, um künftig Raubüberfälle zu verhindern. Zwar wurde mit den Massenkontrollen und Festnahmen in der New Yorker Metro tatsächlich nicht nur die Zahl der Schwarzfahrer von täglich 250.000 auf 25.000 gedrückt, sondern auch die Zahl der Überfälle ist rapide gesunken. Hinter dem auf den ersten Blick wohlklingenden Begriff der Prävention verbirgt sich eben nicht nur der Schutzmann um die Ecke, der den Bewohnern der Stadt ein Plus an Sicherheitsgefühl verschaffen soll, sondern auch die Allmachtsphantasie totaler Kontrolle. So hält es etwa der CDU-Rechtsexperte Horst Eylmann für »erwägenswert«, nicht nur das Alter der Strafmündigkeit von vierzehn auf zwölf Jahre zu senken, sondern auch – nach amerikanischem Vorbild – nächtliche Ausgangssperren gegen Jugendliche zu verhängen.

## NULL TOLERANZ GEGENÜBER SPRAYERN

Aber auch in Sachen »Zero Tolerance« kann die Berliner Polizei bereits auf einige Erfahrungen zurückgreifen. Das betrifft nicht nur den Fall eines Bewohners der Reichenberger Straße in Kreuzberg, der beim Überqueren einer roten Fußgängerampel in der Oranienstraße von der Polizei festgenommen, in einen Mannschaftswagen gebracht und anschließend wegen Widerstands gegen die Staatsgewalt angezeigt wurde. Es betrifft vor allem jene, denen die Berliner Polizei bereits vor zwei Jahren im Namen der These, daß Kleinkriminalität der Nährboden für Gewaltverbrechen sei, den Krieg erklärt hat: den Sprayern.

Ganz in Umkehrung des alten Mottos, nach dem gesellschaftliche Probleme nicht auf dem Rücken der Polizei ausgetragen werden dürften, hält die Truppe von Helmut Stolz nicht nur ihren Rücken hin, sondern langt auch kräftig zu. Die Truppe von Helmut Stolz, das ist die fünfzig Mann starke Sonderkommission der Berliner Polizei zur Bekämpfung der Sprayerszene. Im Alltagsgeschäft der polizeilichen Saubermänner ist die Grenze zwischen situativen oder sozialen Einsätzen und operativen Maßnahmen mit Eingriffscharakter bereits überschritten. Um die Berliner Häuserwände, Bahndämme und U-Bahnen von tags und Graffiti freizuhalten, haben Stolz' Mannen 1996 insgesamt 234 Sprayer festgenommen. Stakkato-Methode, nennt das der Leiter der SoKo. »Die Justiz zieht mit«, freut sich Stolz, »es gibt reihenweise Freiheitsstrafen und Unterbringungsbeschlüsse«. Wichtig ist dem Anti-Sprayer-Polizisten, dessen Law-and-Order Kurs von zahlreichen CDU-Politikern und dem von ihnen gegründeten Verein »Nofitty« unterstützt wird, vor allem das gesellschaftliche Signal, das von der Arbeit der SoKo ausgehe sowie die Entmutigung der Szene. Als übereifriger Stichwortgeber erweist sich auch der Berliner Polizeipräsident Hagen Saberschinsky, bekannt dafür, bescheidene intellektuelle Ressourcen durch übertriebene Härte auszugleichen: Hinter den 15.000 Sprayern der Stadt, zeigt sich Saberschinsky überzeugt, verstecke sich zum Teil nämlich »sehr ernstzunehmende Schwerkriminalität«. Saberschinsky wörtlich: »Wir versuchen, pieces und tags bestimmten Einzeltätern oder Gruppen zuzuordnen. Bei den weiteren Ermittlungen stoßen wir zum Teil auf knallharte Kriminalität wie Erpressungen, Raubüberfälle und Körperverletzung mit Todesfolge. Und natürlich liegt fast immer die Sachbeschädigung an öffentlichen und privaten Gebäuden vor, die sich für das vergangene Jahr nach unseren Schätzungen auf jeweils hundert Millionen Mark belief. Die Schäden im Zusammenhang mit Sprayen an Berliner Waggons, Gebäuden und Bahnhöfen betrugen nach Angaben der Bahn AG sieben Millionen Mark.«[6] Saberschinskys Schlußfolgerung: Es könne nicht angehen, daß eine Stadt all diese schlimmen Dinge hinnehme, aus der unsinnigen Angst heraus, Jugendliche zu stigmatisieren. Von Seidel-Pielens Argument, daß Sprayer Verantwortung für ihre Umwelt übernehmen, wollen die Herren Polizisten ebensowenig wissen wie von der durchaus gängigen Praxis öffentlicher Institutionen wie Schulen oder Kitas, Sprayer zur Verschönerung der Gebäude zu engagieren, um die Identifikation der Kids mit der Einrichtung zu erhöhen.

Wie sehr das New Yorker Modell der »Kriminalitätsbekämpfung« bereits Einzug in den Berliner Polizeialltag gehalten hat, zeigt sich allein in der Tatsache, daß die Graffitibekämpfung auch in New York am Anfang von Brattons Politik der »Zero Tolerance« stand. Mittlerweile gibt es in Berlin aber auch schon großangelegte Polizeioperationen gegen Schwarzfahrer der Berliner Verkehrsbetriebe (BVG). Bei einer dieser »Kontrollen« riegelten im Juli 1997 etwa 160 BVG-Mitarbeiter und Polizeibeamte den U-Bahnhof Kottbusser Tor in Kreuzberg regelrecht ab. Über 3.400 Fahrgäste wurden bei diesem mehrere Stunden dauernden Einsatz festgehalten und überprüft, 307 Schwarzfahrer erwischt. Grund genug für Joachim Niklas, den Finanzvorstand der BVG, erneut auf New Yorker Verhältnisse zu verweisen: Dort könne man bei wiederholtem Schwarzfahren nicht nur ein Hausverbot aussprechen, sondern auch eine kurze Gefängnisstrafe verhängen. Niklas trauriges Fazit: »Wir haben in Deutschland leider ein Rechtsempfinden, das dies verhindert.«[7]

## SOZIOLOGIE IM NAMEN DER REPRESSION

Solcherlei Aufrüstung polizeilicher Kompetenzen bedarf freilich einiger gesellschaftlicher und politischer Legitimation. Schließlich gilt in Deutschland noch immer: Verbrechensbekämpfung ja, aber nicht um den Preis eines totalitären Polizeistaats. Was aber, wenn die Arbeit der Polizei gar nicht totalitär ist, sondern unter dem anerkannten Label »Hilfe zur Selbsthilfe« firmiert? Tatsächlich findet die polizeiliche PR-Arbeit, die Gewöhnung der bundesrepublikanischen Öffentlichkeit an die Ära eines neuen Begriffs polizeilicher Arbeit bereits seit einem Jahr unter dem Deckmantel einer vermeintlich sozialwissenschaftlich-kriminologischen Debatte statt. Unter dem Stichwort der Theorie der »Broken Windows« hat sie bereits Einzug in die Redaktionsstuben der Medien gehalten und wirkt bis in die Reihen liberaler Polizeistaatsgegner. Was ist geschehen?

Die Antwort auf diese Frage datiert bis ins Jahr 1969 zurück. Damals hatte der Psychologe Philip Zimbardo von der Stanford-University eine Idee, wie man das bis dahin weitgehend unerforschte Verhältnis Kriminalität und soziales Umfeld erhellen könnte. Kurzerhand parkte Zimbardo einen ausgedienten Straßenkreuzer ohne Nummernschild in der New

Yorker Bronx. Einen anderen stellte er im ungleich wohlhabenderen kalifornischen Palo Alto ab. Das Ergebnis, so berichtet es der Polizeitheoretiker Thomas Darnstädt im »Spiegel«, war dasselbe: »Das Auto in der Bronx wurde innerhalb von zehn Minuten von Vandalen heimgesucht. Zuerst kam eine Familie – Vater, Mutter, Sohn –, die den Kühler und die Batterie ausschraubten. Innerhalb von 24 Stunden war der Kreuzer zum Skelett verkommen. Dann begann nackte Zerstörung. Kinder wählten das Auto zu ihrem Spielplatz, Karosserieteile wurden abgerissen, die Polster aufgeschlitzt. Fast alle Täter waren scheinbar ordentliche Weiße.«[8] Gelegenheit macht also offenbar nicht nur Diebe, sondern auch Vandalen. In Palo Alto war es nicht anders, hier bedurfte es lediglich einer kleinen Hilfestellung Zimbardos: einer eingeschlagenen Fensterscheibe am Straßenkreuzers. »Schon bald machten Passanten mit«, berichtet Darnstädt. »Wenige Minuten später lag das Auto auf dem Dach und war völlig zerstört. Die Täter waren wieder Weiße.«

Erst dreizehn Jahre später wurde aus Zimbardos Feldstudie in Sachen Vandalismus jedoch eine veritable Theorie über den Zusammenhang zwischen Gewalt und sozialem Umfeld. »Broken-Windows-Theorie« nannten die beiden US-Soziologen George Kelling und James Wilson ihren 1982 in der Zeitschrift »Atlantic Monthly« erschienenen Aufsatz, der eine Geschichte von Verwahrlosung und Verantwortungslosigkeit erzählt: »Ein Grundstück ist verlassen. Unkraut wächst. Eine Scheibe wird eingeschlagen. Erwachsene schelten lärmende Kinder nicht mehr. Die Kinder werden, dadurch ermutigt, rebellischer. Familien ziehen aus, ungebundene Erwachsene ziehen ein. Jugendliche treffen sich vor dem Laden an der Ecke. Der Ladenbesitzer fordert sie auf, wegzugehen. Sie weigern sich. Es kommt zu Auseinandersetzungen. Der Müll häuft sich. Die Leute beginnen vor dem Laden zu trinken. Dann stürzt ein Betrunkener, darf liegenbleiben, seinen Rausch ausschlafen. Fußgänger werden von Bettlern angesprochen.«[9]

Noch, so schreiben Kelling und Wilson, »ist es vermeidbar, daß Kriminalität entsteht. Aber viele Einwohner werden glauben, daß die Kriminalität ansteigt. Abgewandte Augen, verschlossene Lippen, schnelle Schritte. Kein Interesse mehr am Viertel, kein ›Zuhause‹ mehr: Nachbarschaft hört auf zu existieren. Ein derartiges Gebiet ist sehr anfällig für die Entstehung von Kriminalität.«[10]

Als George Kelling unter Bratton – damals noch Chef der New Yorker U-Bahn-Polizei – dessen neuer Berater wurde, wurde die »Broken Windows«-Theorie mit einem einfachen Umkehrschluß in die polizeiliche Arbeit übernommen: Könnte man die Kriminalität in einem Gebiet, wo die Bewohner eine Kriminalitätssteigerung wahrnehmen, wieder unter einen gewissen Schwellenwert drücken, und repariere man zudem die eingeschlagenen Fenster, werde aus dem vormaligen Hot-Spot der Kriminalität wieder eine »save neighbourhood«, ein sicheres Viertel, für dessen Fortbestand die Bürger schließlich auch wieder soziale Verantwortung übernehmen.

Beispiele einer solchen Rückeroberung vormaliger no-go-areas werden in Polizeikreisen als Beweis des Wunders von New York gehandelt. Beispiel: der 75. Polizeidistrikt des NYPD in East New York, dem östlichen Brooklyn. Allein 1986 fielen dort 129 Menschen den Kämpfen rivalierender Gangs und Drogenbanden zum Opfer. Heute, so kündet die Zeitschrift »Die Woche« vom Erfolg des New Yorker »Wunders«, spielten Kinder im Herbstlaub, »auf Parkbänken dösen Senioren in der Abendsonne. Die renovierten U-Bahnhöfe sind spätnachts noch belebt. In ehemaligen Brandruinen blitzen neue Supermärkte, bunte Wimpel flattern vor Restaurants und Waschsalons. ›Achtung, drogenfreie Zone‹ steht auf einem handgemalten Schild.«[11]

Nun sind Maßnahmen gegen den drohenden Absturz mancher Stadtviertel ebensowenig neu wie die Versuche der »Rückeroberung« durch die Mobilisierung von Bürgersinn. In der New Yorker Lower East Side errichteten die »Green Guerillas« bereits 1979 ihren ersten »Community Garden«, eine Tradition, die vor allem im ABC-Viertel um den Tompkins Square Park bis in die heutigen Tage weitergeführt wird und selbst bei der New Yorker Administration Unterstützung findet. Ähnliches gab es auch schon einmal in Berlin: Im Rahmen der behutsamen Stadterneuerung wurde Anfang der achtziger Jahre ein einzigartiges »Hofbegrünungsprogramm« aufgelegt – und Anfang der Neunziger wieder eingestellt. Mit Hilfe staatlicher Zuschüsse sollte es den Kreuzbergern ermöglicht werden, die Trostlosigkeit der gründerzeitlichen Hinterhöfe mit einigen grünen Zutaten in eine heimelige Atmosphäre zu verwandeln.

Neu am »Community Policing« ist freilich die Rolle der Polizei als Initiator und Garant eines solchen Wandels. Die Geschichte der Broken Windows in ihrer polizeitheoretischen Anwendung ist deshalb vor allem eine Geschichte der Kapitulation. Nicht nur die Probleme sollen mit dieser neuen Polizeipraxis verdrängt werden, sondern auch deren vermeintliche Urheber. Die globalisierte städtische Gesellschaft, so scheint es, braucht auf ihre Ränder keine Rücksicht mehr zu nehmen.

Für Seidel-Pielen verbirgt sich hinter dem Ruf nach mehr Obrigkeit der schwindende Glaube an die Veränderbarkeit der Gesellschaft. Er besteht auf der grundsätzlichen Frage: »Warum nehmen die Raubdelikte zu?

Geraubt, so eine alte kriminologische Erkenntnis, wird dort am meisten, wo die Arbeitslosenzahlen davongaloppieren, wo Arme und Reiche räumlich aufeinandertreffen.«[12] Dabei gebe es einen direkten Zusammenhang zwischen Erfolg und Mißerfolg der sozialen Integration junger Männer und der Zahl der Täter. In Österreich etwa, dem Land mit der geringsten Jugendarbeitslosigkeit, sei auch der Kriminalitätsanstieg am geringsten. Warum, so fragt der Publizist, pilgern deutsche Polizisten eigentlich nach New York und nicht in das viel erfolgreichere Österreich? »Wollen sie lernen, wie man in Zukunft trotz Deregulierung der bundesdeutschen Sozialsysteme und Arbeitsmärkte erfolgreich bleibt?« Angesichts des von der Berliner Jugendverwaltung prognostizierten Anstiegs der Jugendarbeitslosigkeit von derzeit fünfzehn auf vierzig Prozent im Jahr 2000 müßte zur polizeilichen Bewältigung der sozialen Konflikte dann freilich eine regelrechte Armee in Gang gesetzt werden.

»Ich glaube«, so prophezeit es der französische Soziologe Alain Touraine, »daß das größte soziale Phänomen, das wir in der westlichen Welt erleben, nicht das Verschwinden der nationalen Grenzen, sondern das Entstehen der inneren Grenzen ist. In allen westlichen Ländern herrscht die Vorstellung, daß sich achtzig Prozent retten können, wenn man dafür zwanzig Prozent der Bevölkerung ins Meer wirft.«[13] Diese inneren Grenzen seien heute Barrieren, so Touraine, »Barrieren der Polizei, innere Barrieren, die dazu dienen, Viertel der Ausgrenzung zu schaffen«.

## DIE EXTERNALISIERUNG DER ANGST

Um den Paradigmenwechsel von der Sozial- zur Ordnungspolitik durchzusetzen, bedarf es indessen mehr als nur der soziologischen Begründung einer »Broken-Windows-Theorie«. Ohne den dazugehörigen Anstieg der Angst wäre der polizeistaatliche Krieg gegen die vermeintlichen Urheber dieser Angst politisch nicht durchzusetzen. Als oberster Angstmacher in Berlin betätigt sich derzeit der GdP-Chef Eberhard Schönberg. Bereits vor seiner Einladung an Bratton hatte Schönberg Anfang August anläßlich der Veröffentlichung der jüngsten Kriminalitätsstatistik wieder einmal Superlatives über Berlin zu berichten. Berlin, so Schönberg, der 1996 den wegen Trunkenheit am Steuer zurückgetretenen Burkart von Walsleben abgelöst hatte, sei auf dem besten Wege, sich zur »Hauptstadt der Gewaltkriminalität« in Deutschland zu entwickeln. Im Vergleich mit den sieben größten deutschen Städten nehme Berlin den Spitzenplatz ein, sagte Schönberg und wehrte sich im gleichen Atemzug gegen eventuelle Kürzungen bei der Berliner Polizei.

Ist Berlin tatsächlich die Hauptstadt der Kriminalität? Die jährlich veröffentlichte Polizeiliche Kriminalitätsstatistik (PKS) gibt darüber zumeist keine Auskunft. Sie berichtet nur von von Zunahmen und Abnahmen. So ist der im März 1997 vorgestellten PKS zu entnehmen, daß 1996 insgesamt 594.393 Straftaten in Berlin verübt wurden, 2,3 Prozent mehr als im Vorjahr, in dem Schönbohm vom höchsten Stand der registrierten Kriminalität nach der Wiedervereinigung gesprochen hatte. Interessant sind freilich die Rückgänge der jüngsten PKS. Weniger Straftaten gab es bei schwerem Diebstahl (minus 6,3 Prozent), KFZ-Diebstählen (minus 7,9 Prozent), Autoeinbrüchen (minus 9,9 Prozent) sowie bei Fahrraddiebstählen (minus 10 Prozent), bei jenen Delikten also, bei denen der Berliner Normalbürger tatsächlich am ehesten von Kriminalität betroffen ist. Um so mehr ist es offenbar nötig, die Gefährdung in anderen Bereichen zu betonen. Aber auch hier ist ein genauer Blick auf die Zahlen oft hilfreich. Zunahmen gab es demnach bei einfachem Diebstahl (plus 4,1 Prozent), bei Betrugsdelikten (plus 16,9 Prozent), bei Rohheitsdelikten (plus 6 Prozent) sowie bei Sachbeschädigungen auf Straßen und Plätzen (plus 71,2 Prozent). Hinter der offenbar besorgniserregenden letzten Zahl verbirgt sich nichts anderes als die Arbeit der polizeilichen Graffiti-Sondertruppe unter Leitung von Helmut Stolz. Nicht die Zahl der Sprühereien stieg in Berlin um 71,2 Prozent, sondern die Zahl der Anzeigen. Ähnliches gilt für den neben den Eigentumsdelikten anderen großen Bereich, der zur Unsicherheit der Berliner beiträgt: die Gewaltverbrechen. Bei Mord, Totschlag, Vergewaltigung und Erpressung hat Berlin zwar in den letzten Jahren einen Anstieg zu verzeichnen (1996 um 12,4 Prozent), von einer Hauptstadt der Kriminalität jedoch kann keine Rede sein. In Städten wie Frankfurt oder etwa Kassel ist die Mordrate weitaus höher als in Berlin. Wahrhaftig Spitze ist die Hauptstadt freilich in einem Bereich, über den im Zusammenhang mit der Kriminalitätsstatistik weniger gerne gesprochen wird. So stieg 1996 die Anzahl der Vermögensdelikte um 23,3 Prozent, die Wirtschaftsdelikte hatten sogar eine Zuwachsrate von 41,4 Prozent zu verzeichnen. Wirtschafts- und Umweltkriminalität, kritisiert Seidel-Pielen, dürfte in der öffentlichen Diskussion über Kriminalität »allein deshalb so sträflich vernachlässigt werden, weil die Täter gutsituierte deutsche Familienväter und -mütter sind«. Ganz anders verhalte es sich dagegen bei der »Organisierten Kriminalität«. Hier, so Seidel-Pielen, »stimmen alle Zutaten. Die Täter sind unbekannt, ›fremdländisch‹, fallen von außen über uns her«.[14] Das gleiche gilt für die Jugendkriminalität, wie der Polizeikritiker Otto Diederichs belegt. Laut PKS wurden in diesem Bereich 1994 7.452 Fälle von Raub, Körperverletzung, Bedrohung und Sachbeschädigung durch Jugendliche registriert. Ein Jahr später bereits 11.527 Delikte. Was auf den ersten Blick wie eine gewaltige Steigerung aussieht, täuscht jedoch. Auch hier sind es wieder die Festnahmen der Sprayer, die die Statistik verzerren. Bei den tatsächlich furchteinflößenden Delikten wie Bedrohung oder Körperdelikten ist die Zahl der Straftaten dagegen konstant geblieben.

Wie sehr mit den jährlichen Kriminalitätsstatistiken bereits Politik gemacht wird, zeigen die Äußerungen des GdP-Chefs kurz vor Brattons Besuch in Berlin. Der Zeitpunkt, zu dem Schönberg seine These von der Hauptstadt der Gewaltkriminalität zum Besten gab, war nämlich offiziell gar nicht vorgesehen. In Berlin, wie auch in anderen Bundesländern, wird die Polizeiliche Kriminalitätsstatistik (PKS) im Jahresturnus vorgestellt. In den Redaktionsstuben der Hauptstadtpresse ist deshalb normalerweise im März die jährliche Crime-Time. 1997 freilich war es der »Berliner Zeitung« offenbar durch eine gezielte Indiskretion gelungen, bereits an die inoffizielle Halbjahresstatistik zu gelangen. Wenige Zeit, nachdem das Blatt die Halbjahreszahlen veröffentlich hatte, erhob der GdP-Chef seine Stimme. Ein abgekartetes Spiel? Zumindest ein Spiel mit Unwahrheiten. Selbst die Polizeiführung mußte nach der Veröffentlichung in der »Berliner Zeitung« und den Äußerungen Schönbergs einräumen, daß die Halbjahresstatistik gerade im Hinblick auf Gewaltkriminalität wenig aussagekräftig ist. Das betreffe, so die Polizei, vor allem sogenannte »Saisondelikte« wie Vergewaltigungen, die in der ersten Jahreshälfte viel häufiger aufträten als gegen Ende des Jahres.

»Seit eine Phalanx profitsüchtig-zynischer Ignoranten aus Presse und Politik Berlin zur ›Hauptstadt des Verbrechens‹ aufgeblasen sehen möchte, überschlagen sich die Bilderwellen von naßglänzendem Berliner Asphalt, zumeist unter Rotlicht«, schrieb die Berliner Krimiautorin Pieke Biermann bereits 1994.[15] Daß von einer solchen Hauptstadt des Verbrechens keine Rede sein könne, räumt sogar Berlins Justizsenatorin Lore-Maria Peschel-Gutzeit (SPD) ein. Für die bedächtige Senatorin steht deshalb auch die Aufklärung dieses Umstandes an erster Stelle. Die subjektive Angst, Opfer einer Straftat zu werden, sei »irreal«.

Doch Besonnenheit und Realität ist nicht der Ton, der in Berlin derzeit im Trend liegt. Der Besuch des »Revolutionärs« Bratton hat es einmal mehr nachdrücklich ins Gedächtnis gerufen. Was die Berliner Boulevardpresse und die Berliner Boulevardpolitiker brauchen, ist Angst. »Wenn die immer von der Hauptstadt der Kriminalität reden, glauben das natürlich die Bürger und rufen nach mehr Polizei«, warnt der Fraktionsvorsitzende von Bündnis 90/Die Grünen Wolfgang Wieland vor den unberechenbaren Folgen der vorherrschenden Hysterie.

Schon heute jedoch erkennt Boris Feldmann, Chefredakteur der Zeitschrift »Russkij Berlin«, bereits Anzeichen dafür, Kriminalität zum nationalen oder ethnischen Merkmal zu erheben. »Fast jeder russischsprachige und in Deutschland lebende Bürger«, berichtet Feldmann, »fühlt, daß er unfreiwillig in den Genuß einer besonderen Behandlung gekommen ist. So wie jedes mehr oder weniger große Verbrechen sofort der Russen-Mafia zugeordnet wird.«[16] Feldmann zitiert die Protokolle eines russischen Wissenschaftlers, der seit acht Jahren regelmäßig von Berlin nach Moskau und zurück fliegt: »Ich wage zu behaupten, daß man anhand der Reaktionen der Grenzschutzbeamten auf meinen Reisepaß über die Stimmung im Land urteilen kann. Es gab Zeiten, wo ich noch angelächelt wurde und mir ›danke‹ gesagt wurde. Nun sind diese Zeiten vorbei. Es ist okay, daß sie jeden Stempel und jede Unterschrift überprüfen. Aber das Lächeln ist schon längst verschwunden und höfliche Begrüßungsworte gibt es nicht mehr. Es kommt mir vor, als ob man mir einen Gefallen damit tut, mich die deutsche Grenze passieren zu lassen, und damit versucht man mir noch zu zeigen, daß ich diesen Gefallen zu schätzen habe.«[17]

Oktober 1996: Im Restaurant Astoria findet ein Großeinsatz eines Sonderkommandos der Berliner Polizei statt. Über hundert schwer bewaffnete Beamte stürmen das überfüllte Lokal, um, wie es der Leiter der Abteilung »Organisierte Kriminalität« der Berliner Polizei, Uwe Schmidt, später formulierte, der Russen-Mafia zu zeigen, daß sie unter dem Beschuß der Polizei stehe. »Die echten Kriminellen«, sagt Boros Feldmann, »amüsieren sich doch darüber, wie die ›Gesetzeshüter‹ mit unserem Publikum umgehen, denn mit solchen Handlungen werden die Menschen von einer Zusammenarbeit mit der Polizei regelrecht abgeschreckt. Die Mauer des Mißtrauens indes wird immer höher. Und inzwischen geht bei der Polizei alles seinen Gang. Man kann ja stolz berichten: Es wurde ein Großeinsatz durchgeführt. Und die breite Bevölkerung sieht sofort, daß die Polizei immer auf der Hut ist, sie schläft nicht, sie kämpft. Ich befürchte, daß die Logik dieser Entwicklung dazu führen kann, daß das SEK eines Tages die Synagoge stürmt auf der Suche nach Rauschgift und Waffen. Denn dort versammeln sich von Jahr zu Jahr immer mehr russischsprachige Menschen.«[18]

## ORDNUNGS- STATT SOZIALPOLITIK

Die Notwendigkeit, das subjektive Sicherheitsinteresse, die neue Angst der Berliner – und im Zusammenhang mit der Nutzung des öffentlichen Raums vor allem der Berlinerinnen – vor Gewalt und Kriminalität ernst zu nehmen, steht auch für die Berliner Oppositionsparteien Bündnis 90/Die Grünen und PDS außer Zweifel. Ein »mörderischer« Sommer wie in Chicago, bei dem Menschen nur deshalb sterben, weil sie sich nicht trauen, ihre Wohnung zu verlassen, ist schließlich Mahnung genug. Bündnisgrüne und PDS fordern deshalb neben einer bürgernahen Polizei seit längerem den Einsatz sogenannter Präventionsräte. Solche Arbeitsgruppen, sagt die bündnisgrüne Rechtsexpertin Renate Künast, müßten sich zunächst ein Bild von der Lage in einem Wohngebiet machen, müßten erkunden, wo es tatsächlich ein hohes Kriminalitätsaufkommen gebe und wo nur das Gefühl der Unsicherheit herrsche. Dann, so Künast, »kann man Bereiche, in denen sich Leute unsicher fühlen – ob das Durchgänge sind, ein Tunnel, Sportanlagen oder Parks – umgestalten«. Wohnviertel müßten dabei durch vielfältige Nutzung belebt statt entvölkert werden.[19]

Über die bisherige Umsetzung dieses Konzepts macht sich Künast freilich keine Illusionen. »Häufig«, sagt die Rechtsanwältin, »hat die Polizei in den Präventionsräten die Federführung übernommen. Das führt leider dazu, daß vieles nur um technische Prävention und verstärkte Polizeipräsenz kreist. Das demotiviert Bürger und Bürgerinnen, die sich engagieren wollen.« Nach den Vorstellungen der Grünen sollen deshalb die Bürgermeister einer Gemeinde »als erstes Vereine, Kinderläden, Drogenberatungsstellen, Gewerbetreibende und Anwohner zur Teilnahme ermutigen«. Erst nachdem der Kern der Präventionsräte gebildet worden sei, könne die Polizei eingebunden werden, um ihr Fachwissen einzubringen.

Doch nicht selten denken auch die Bürgermeister beim Stichwort Präventionsrat eher an einen in das öffentliche Leben eines Stadtteils hinein verlängerten Arm der Polizei. Im Berliner Bezirk Wedding, wie Kreuzberg und Neukölln ein weitere »sozialer Brennpunkt« der Stadt, will das Bezirksamt künftig sogenannte Sicherheitsräte gegen die zunehmende Straßengewalt einsetzen. »Gewalt und Kriminalität dürfen nicht allein ein Problem von Polizei und Justiz sein«, heißt es auf den ersten Blick ganz forschrittlich in einer Vorlage für die Bezirksverordnetenversammlung. Der Bezirksamtsdirektor Manfred Nowak ergänzt: »Wir wollen nicht nur die Symptome der Kriminalität bekämpfen, sondern auch die Ursachen.« Nach Ansicht des Weddinger Bezirksbürgermeisters Hans Nisblé soll der »Präventionsrat« deshalb aus siebzehn bis zwanzig ständigen Mitgliedern bestehen. Vertreter der örtlichen Polizeidirektion sollen ebenso darunter sein wie die im Bezirksparlament vertretenen Fraktionen. Auch die Frauenbeauftragte des Bezirks, die Ausländerbeauftragte sowie ein Seniorenvertreter sollen mit von der Partie sein. Die praktische Umsetzung des Weddinger Modells hat jedoch wenig mit einer ernsthaften Bearbeitung der Kriminalitätsursachen zu tun, sie gleicht eher dem New Yorker »Community Policing«. So soll an »sozialen Brennpunkten« vor allem die Präsenz der Polizeibeamten sichtbar verstärkt werden. Um die Sicherheit in den Weddinger U-Bahnhöfen zu erhöhen, schlugen die Initiatoren des Sicherheitsrats gar vor, an den U-Bahn-Eingängen gemeinsam mit der BVG Fahrscheinkontrollen durchzuführen. Dafür könnten dann Arbeitslose und Sozialhilfeempfänger »begeistert« werden, so Bezirksamtsdirektor Manfred Nowak.

Das scheinbar so glorreiche Beispiel New York vor Augen setzt die Berliner Politik zur Bekämpfung der neuen Angst vor allem auf die Polizei, auf äußere Sicherheit. Angst ist dabei das Mittel zum Zweck. Doch welchem Zweck dient diese Politik der Verunsicherung?

Die Antwort heißt: Verdrängung, und zwar, wie so oft, im doppelten Sinne. Durch die Externalisierung der Angst, die Verdrängung des Problems, ist es nicht mehr die Gesellschaft, die verantwortlich für innere Nöte ist, sondern der Fremde, der Ausländer, der Jugendliche, der »Out«, den es künftig als Sündenbock zu bekämpfen gilt. Dabei können drei Schritte unterschieden werden: erstens, die Ablösung der Sozial- durch die Ordnungspolitik und die Etablierung ordnungspolitischer »Lösungen« als Muster für die »Bewältigung« zukünftiger Konflikte. Zweitens, die reale Verdrängung der »Outs« aus dem kommerziell zugerichteten Stadtraum im Sinne der Standortpolitik. Und drittens schließlich, die Zonierung der Stadt in einem System zunehmender räumlicher und militärischer Kontrolle.

Im Zusammenhang mit dem Besuch von Bratton, hat Wolfgang Wieland von einem Paradigmenwechsel gesprochen, der vor allem in der Politik der Gewerkschaft der Polizei abzulesen sei. »Der frühere GdP-Vorsitzende Burkhard von Walsleben«, so Wieland, »sagte den richtigen Satz – und das war Programm bei ihm: Jede Mark, die wir heute nicht im Bereich Jugend und Soziales ausgeben, müssen wir in kürzester Zeit zehnfach für Polizei, Staatsanwaltschaft und Justiz ausgeben. Ein Paradigmenwechsel besteht nun darin, daß die GdP-Spitze, jedenfalls in Berlin, heute sagt: Jede Mark, die wir heute für Polizei ausgeben, brauchen wir später nicht für soziale Folgelasten auszugeben.« Wielands Fazit: »Man ruft nicht mehr nach dem Sozialarbeiter, man ruft nach dem Polizisten.«

Bestes Beispiel für diesen Wandel ist einmal mehr Kreuzberg. Während in »Problembezirken« wie Wedding und Neukölln bereits mit »Runden Tischen der Sicherheit« und »Präventionsräten« die Fahrscheinkontrolle an U-

Bahnhöfen diskutiert werden, existierte in Kreuzberg bis 1994 die Gemeinwesenarbeit des Vereins SO 36. Mit einer offenen Mieterberatung, einer
Beratung in Alltagsfragen, der Unterstützung von Bürger- und Bewohner-
initiativen, zahlreichen Arbeitsgruppen und einem Stadtteilausschuß bot
der Verein SO 36 tatsächlich Hilfe zur Selbsthilfe. »Der Erfolg dieser Arbeit«,
schrieb der damalige Mitstreiter Rainer Sauter, »liegt nicht nur darin, die Belange von unterschiedlich betroffenen Einzelpersonen, Gruppen und Institutionen gegenüber den Behörden und Politikern nachhaltig und schnell
zu artikulieren, sondern auch in der Ermittlung, Vermittlung und Zusamen-
führung der sehr unterschiedlichen Interessen innerhalb des Stadtteils
durch praktische Vorschläge, Bereitschaft zur Konfliktaustragung, eigene
und unkonventionelle Projektentwicklungen und vielfältige, offensive Öffentlichkeitsarbeit zu konkreten Lösungen beizutragen.«[21] Mittlerweile wurde der Verein SO36 jedoch ebenso abgewickelt wie ein großer Teil der sozialen Projekte und Initiativen, die mit der Gemeinwesenarbeit gebündelt
werden sollten. Stattdessen hat die Berliner Polizei 1994 eine eigene
Kreuzberger Einheit, die »Operative Gruppe SO 36«, gegründet, deren er-
klärtes Ziel die Zerschlagung der Rauschgiftszene am Kottbusser Tor ist.
Zwölf Zivilfahnder der Polizei sind seither unter der Leitung von Joachim Krobok rund um den »Kotti« unterwegs, um, wie es Krobok selbst
sagt, »die öffentliche Sicherheit zu gewährleisten und das strafbare Umfeld der Betäubungsmittelszene auszudünnen«.[22] Kroboks Devise: die
Szene beobachten, Drogendeals unterbinden, die Dealer festnehmen.
Zumindest für die statistikverliebte Polizeiführung kann sich die Arbeit
der »Kiez-Cops«, wie sie in Kreuzberg genannt werden, sehen lassen. Allein in den ersten beiden Jahren haben Kroboks Mannen 2.000 Personen
vorläufig festgenommen. Doch die Zahl der Straftaten im nördlichen
Kreuzberg 36 ist nicht gesunken. Stattdessen haben sich Dealer und
Konsumenten auf den Rest des Bezirks, darunter auch den Mariannen-
platz, zerstreut. »Die Junkie-Szene ist doch nur wie ein Haufen Hundekot auseinandergespritzt, als die Polizei draufgeschlagen hat«, sagt ein
Anwohner. Rainer Sauter, der ehemalige Gemeinwesenarbeiter, vermutet hinter den Kiez-Cops vor allem eine Ruhigstellung der öffentlichen
Meinung. »Kreuzberg wird mal wieder mißbraucht«, ergänzt er, »um den
starken Mann zu spielen.« Aber auch unter der Normalbevölkerung haben die Fahnder Kroboks schon an Kredit verloren. Oscar Albrecht aus
der Skalitzer Straße zum Beispiel hat schon selbst Bekanntschaft mit den
Cops geschlossen: »Bei uns im Haus stehen sie gelegentlich im Flur und
gucken mit Ferngläsern raus.« Für Albrecht ist das die pure Beschäfti-
gungstherapie: »Das Verfallsdatum der Joghurts im Plus-Markt ist regel-

mäßig abgelaufen, in Steglitz gibt's immer frische. Da sollte man lieber was dagegen tun, anstatt noch mehr Polizei herzuholen.«[23] Je mehr freilich der polizeiliche »Lösungansatz« zur Überwindung sozialer Probleme Überhand nimmt, desto mehr geraten andere Konzepte und Ansätze aus dem Blickwinkel. Das Heile-Haus in der Kreuzberger Waldemarstraße zum Beispiel, in dem Drogenabhängige und Punks ein niedrigschwelliges Gesundheitsangebot vorfanden, steht vor dem finanziellen Aus. Soziale Abwicklung im Namen polizeilicher Aufrüstung. »Das ist mehr der Placebo-Effekt der Politiker für die Öffentlichkeit«, kritisiert auch Otto Diederichs vom »Institut für Bürgerrechte und öffentliche Sicherheit«. »Die Erkenntnis ist nicht gerade neu, daß der Drogenhandel auf der Straße nicht mit solchen Mitteln einzudämmen ist.«

Polizeikritiker wie Diederichs sind ohnehin der Meinung, daß die Auflösung der offenen Drogenszene am Kottbusser Tor gar nicht das vorrangige Anliegen der OG SO 36 darstellt. Zum polizeilichen Alltag der Kiez-Cops gehört nämlich nicht nur die Observation und Verhaftung der Dealer und Kleinkonsumenten, sondern auch die Durchleuchtung der ausländischen Jugendszene sowie die Beobachtung der Aktivitäten politischer Gruppen. Damit steht Joachim Kroboks Truppe ganz in der Tradition anderer Operativer Gruppen der Berliner Polizei, die in den Jahren 1993 und 1994 aus dem Boden gestampft wurden. Neben der Kreuzberger Einheit gibt es nämlich noch eine OG Potsdamer Straße, eine OG Alexanderplatz sowie die OG City-West, die am Kudamm im Namen der ansässigen Geschäftsleute die Straßen »fegt«.

»Die vom Berliner Senat und den Berliner Unternehmer-Vertretungen als Problembereiche bezeichneten Bevölkerungsgruppen Obdachlose, Armutsprostituierte, DrogenkonsumentInnen, Glücksspieler und Schwarzmarkthändlerinnen«, schreibt der Politologe Volker Eick, »stehen neben den Bürgerkriegsflüchtlingen und AsylbewerberInnen an erster Stelle einer Bereinigungspolitik«. Die Kriminalitätsdebatte ist für Eick daher ein »Schmiermittel der Modernisierung« des Standorts Berlin, der Einsatz operativer Gruppen der Polizei ein Paradigmenwechsel »von der Verwaltung zur Beseitigung der Armen«.[24]

## VERDRÄNGUNG ALS STANDORTFAKTOR

So sehr freilich die staatlich verordnete und durchgesetzte Panikmache das subjektive Bedrohungsgefühl der Berliner – und mit ihm die Profite des Wachstumsmarktes Sicherheit – steigen läßt, so negativ wirkt sich das Stigma »Kriminalitätsschwerpunkt« – zumindest auf den ersten Blick

– auf das Berliner Image aus. In der Studie des Deutschen Instituts für Urbanistik über die »weichen« Standortfaktoren verschiedener Städte wie Berlin, Wien und München ist die Beudeutung des Faktors Kriminalität ausdrücklich betont worden. Auf den zweiten Blick – und der führt wiederum ins New Yorker Polizeipräsidium an der Brooklyn Bridge – löst sich dieser Widerspruch jedoch wieder auf. Stehen der Berliner Polizei erst einmal die materiellen Ressourcen und die politischen Mittel bereit, eine Politik der Toleranzlosigkeit durchzusetzen, könnte eines Tages auch vom »Wunder von Berlin« die Rede sein. Auch Innensenator Jörg Schönbohm könnte dann von Polizeipräsidium zu Polizeipräsidium gereicht werden, einen weltweiten Siegeszug antreten und überall davon berichten, wie es seine Mannen geschafft haben, selbst die Gegend um das Kottbusser Tor und den Neuköllner Körnerpark sicher zu machen. Zeitschriften und Lifestyle-Magazine könnten dann darüber berichten, welche ungestörte Freude es sei, gerade am »Wasserklops« am Breitscheidplatz Eis zu essen oder die Potsdamer Straße hinauf zum Potsdamer Platz zu schlendern. Selbst der Stuttgarter Platz könnte dann – ähnlich wie der Times Square in New York – auch auf seiner westlichen Seite so aussehen, wie er auf der östlichen, an der Ecke Leonhardstraße bereits herausgeputzt wurde: mit Straßencafés, Boutiquen und Edelitalienern anstatt mit Billigpuffs, Spielhallen und vermüllten Hauseingängen. Sollte man den Berliner Innensenator dann irgendwann fragen, wo all die kriminellen Subjekte denn geblieben seien, könnte er getrost mit den Schultern zucken. Wenn eine solche Frage überhaupt noch gestellt würde.

Unter Ausschluß unerwünschter Öffentlichkeit – diese Devise gilt seit geraumer Zeit schon auf dem Los Angeles Platz in Charlottenburg unweit der Gedächtniskirche. Ehedem ein als Grünanlage ausgewiesener öffentlicher Ort, gibt es auf dem Platz zwischen dem Steigenberger Hotel, der Augsburger-, Marburger- und der Rankestraße seit der Privatisierung im Januar 1997 ungewöhnliche Zugangsbeschränkungen: Verboten sind dabei nicht nur der »Verzehr von Speisen und Getränken« sowie »das Betreten der Parkanlage nach Einbruch der Dunkelheit«. Dem Besucher, der in seiner Mittagspause einen Hamburger auf dem Platz essen oder eine Cola trinken möchte, wird auch mitgeteilt, was er in diesem Fall zu erwarten hat: Zuwiderhandlungen, so steht es auf den zahlreich angebrachten Schildern mit der Überschrift »Privateigentum« oder »Privatgrundstück«, »werden zivil-, bzw. strafrechtlich verfolgt«. Um der Drohung auch den nötigen Nachdruck zu verleihen, patrouillieren regelmäßig zwei Wachschützer samt Schäferhunden auf dem Gelände.

Nun ist man im chronisch armen Berlin einiges an Privatisierung gewöhnt. Die Politik des städtischen Ausverkaufs hat bereits Wohnungsbaugesellschaften und städtische Versorgungsunternehmen erreicht.
Daß nun ganze Plätze und bald sogar Straßen und Parkanlagen zur Dis-
position stehen, klingt freilich nach einem Husarenstück. In der Tat ist
die Privatisierung des Los Angeles Platzes kein Startschuß für den Verkauf des Breitscheidplatzes an Daimler Benz oder die Veräußerung des
Gendarmenmarktes an Bertelsmann gewesen. Streng rechtlich betrachtet handelt es sich bei dem Platz vor dem Hotel Steigenberger um nicht
mehr oder weniger als das begrünte Dach eines riesigen Parkhauses.
Parkhäuser freilich standen im Jahre 1996 tatsächlich auf der finanzpo-
litischen Transferliste der Senatsverwaltung.

Das »Park«-Haus unter dem Los Angeles Platz wurde zum Januar 1997
schließlich an die Firma Conti-Park verkauft. Dabei hat die Privatisierung des Los Angeles Platzes, das Heraustrennen eines öffentlichen
Platzes aus dem mentalen Plan der Stadtbenutzer, in Berlin nur wenig
Aufmerksamkeit erregt. Das liegt zum einen sicherlich daran, daß in ab-
sehbarer Zeit kaum mit weiteren Umnutzungen dieser Art zu rechnen
ist. Zum andern haben die Verbotsschilder, die die neuen Eigentümer
unmißverständlich haben anbringen lassen, durchaus Modellcharakter
für die künftige Nutzung des städtischen Raums rund um den Kurfürstendamm. Der Betreiber des von der Firma Conti-Park gekauften Parkhauses samt oberirdischem Platz ist nämlich die Firma City-Dienst, ein
Tochterunternehmen der AG-City, jenem Zusammenschluß von Ge-
schäftsleuten, der es durch seine unermüdliche Lobbyarbeit es bereits
1993 geschafft hat, der Polizei die Gründung einer Operativen Gruppe
City-West nahezulegen. Für die AG-City, deren Einnahmen zu einem
großen Teil aus dem Betrieb dreier Parkhäuser stammen, bedeutet die
Privatisierung des Los Angeles Platzes einen Schritt in die richtige Richtung. Bereits Ende 1996 hatte die AG einen Ideenwettbewerb für den
Los Angeles Platz ausgelobt, um der »Vereinnahmung« des Platzes durch
die »Drogen- und Obdachlosenszene« Einhalt zu gebieten und »den
Platz für Berliner wie Touristen gleichermaßen wieder attraktiv zu machen«. Zur Umsetzung reiste eine Gruppe von Kunststudenten der
Hochschule der Künste mit staatlicher Unterstützung eigens in die na-
mensgebende Berliner Partnerstadt Los Angeles, dem urbanen Vorreiter
der Privatisierung öffentlicher Räume und der Zugangsbeschränkung
dieser Räume für unerwünschte Personen. Daß die Privatisierung Erfolg hatte, davon ist einer der Wachschützer überzeugt: »Drogenbenut-
zer und Obdachlose sind weg, alles weg«, freut er sich.

Die Vertreibung von Bettlern und anderen Randgruppen aus den Konsumzentren der Cities ist indes kein neues Phänomen. Eine solche Ausschlußpolitik gab es auch in Westberlin immer wieder, vor allem am Kurfürstendamm und rund um den touristischen Fokus, der Gedächtniskirche. Die Härte und Konsequenz jedoch, mit der Polizei und private Sicherheitsdienste neuerdings gegen »unerwünschte Personengruppen« vorgehen, verweist auf eine Verschärfung der Nutzungskonflikte um den städtischen Raum der Innenstadt. Für die steigende Zahl der Bettler etwa bieten die Einkaufszentren der Großstädte schlichtweg einen Überlebensraum. Für die Geschäftsleute dagegen, die bettelfreie Zonen vor ihren Schaufenstern fordern, symbolisieren die Obdachlosen und Armen die Vorboten schlechterer Zeiten. Doch nicht nur das: Sie werden auch kurzerhand mitverantwortlich erklärt für den schwindenden Umsatz im Einzelhandel. Mögen einige Punks in Kreuzberg oder die »Armutskultur« der Wagenburgen an der Spree für manchen Touristen noch zum pittoresken Bild einer widersprüchlichen Stadt gehören, wandelt sich die Toleranz freilich schnell, wenn derart Pittoreskes auf Tuchfühlung kommt. Deshalb wird vor allem »aggressives Betteln« in den Amtsstuben der zuständigen Politiker auch als Gefährdung der öffentlichen Sicherheit und Ordnung betrachtet. In Wirklichkeit freilich werden unter dem für das Image und die Außenwirkung einer Stadt zentralen Begriff der weichen Standortfaktoren nicht nur das kulturelle Ambiente, sondern auch die »Aufenthaltsqualität« in den städtischen Zentren subsumiert.

Bereits 1987 hatte die niedersächsische Landeshauptstadt Hannover Bettelverbote als wichtigen Bestandteil von Standortpolitik und die Privatisierung öffentlicher Räume als geeignetes Mittel ihrer Durchsetzung entdeckt. Mit der geplanten Austragung der Weltausstellung Expo sollte die Position Hannovers als wichtigste westdeutsche Messestadt untermauert werden. Dies bedeutete vor allen Dingen eine Aufwertung der innerstädtischen »Schandflecke«, allen voran der »Passarelle«, einer Passage unter dem Hauptbahnhof, die bei ihrem Bau in den siebziger Jahren einmal den Stadtteil List mit der City verbinden sollte.[25] Doch die Rechnung war schon damals nicht aufgegangen. Schon zur Einweihung der Passarelle 1976 war klar, daß ein Großteil der Ladenflächen nicht zu vermieten war. Die bereits in den sechziger Jahren erfolgte Kahlschlagsanierung der Hannoveraner Innenstadt hatte ihre Schatten vorausgeworfen. Anstatt jedoch die städtebaulichen Sünden der sozialdemokratischen Stadtplanung einer verkehrsgerechten Stadt anzufechten, erkärten die Regierenden kurzerhand »Penner und

Rocker« zu den Sündenböcken. »Später wurde der Katalog beliebig ergänzt durch Junks, MigrantInnen, Skater und Punks«, schreibt die Hannoveraner Anti-Expo-AG, die sich den Kampf gegen die neuerliche Umstrukturierung der Innenstadt auf die Fahnen geschrieben hat. »Immer wieder forderten Geschäftsleute die Vertreibung dieser Menschen, um einen ungestörten Konsum zu ermöglichen.«

1989 wurden die Wehklagen der Hannoveraner Geschäftsleute schließlich doch noch erhört. Die Stadt erließ die sogenannte »Passarellenverordnung«, mit der nicht nur »Alkoholgenuß, Liegen und Lagern« verboten, sondern zugleich deutlich gemacht wurde, daß Privatisierung öffentlichen Stadtraums zugleich das wirksamste Mittel zur Vertreibung darstellt. Waren Ende der achtziger Jahre noch zahlreiche Verfahren wegen Hausfriedensbruchs gegen die ungewünschten Nutzer der Passarelle von den Gerichten mit der Begründung zurückgewiesen worden, es handele sich bei der Unterführung um einen für alle nutzbaren öffentlichen Raum, änderten sich die Zugangsbedingungen 1991 schlagartig. Die Stadt hatte weite Teile der Einkaufsflächen kurzerhand an den Immobilienkonzern Trianon verkauft, dessen Tochtergesellschaft Compass-Security mit ihren Schwarzen Sheriffs die Vertreibung der Nicht-Konsumenten betrieb. Nun, da die Expo 2000 in Hannover kurz vor der Tür steht, wird der Ton gegenüber den Unerwünschten noch einmal schärfer. So forderte etwa der Hauptgeschäftsführer des deutschen Fremdenverkehrsamtes: »Ein Meer von Blumen müsse die Stadt erblühen lassen, kleine Expo-Fähnchen sollten in den Fenstern hängen.« Das Wohlbefinden der Hannover-Gäste stelle sich nur ein, wenn die Passerelle frei von Drogensüchtigen und Obdachlosen sei und Graffiti beseitigt würden.

Doch noch nicht überall erlauben es die politischen Kräfteverhältnisse, öffentlichen Stadtraum allein für die Bedingungen einer privatrechtlichen Nutzung zuzurichten. Um die Innenstädte dennoch von standortfeindlichen Subjekten freizuhalten, wird in den Rathäusern der Republik seit geraumer Zeit über den Erlaß sogenannter »Gefahrenverordnungen« nachgedacht. Wichtigster Stichwortgeber hierbei war der Hamburger Innensenator Hartmut Wrocklage (SPD), der mitten im Sommerloch 1996 die Öffentlichkeit mit einem Papier »Maßnahmen gegen die drohende Unwirtlichkeit der Stadt« aufgeschreckt hatte. In diesem Katalog wird offenherzig darüber nachgedacht, wie man die »Visitenkarten« der Stadt von Bettlern und anderen »Randständigen« sauberhalten könne. Begleitet wurde das nachdenkliche Papier von Wrocklage und seine Vorschläge von einem ordnungspolitischen Stakkato der Hamburger

Geschäftswelt. Betteln sei »wie eine Störung an einem normalen Arbeitsplatz, die will man ja auch beseitigen«, sagte etwa der Hamburger Geschäftsführer der Verbände des Einzelhandels. »Handel und Bettler«, so der Lobbyist, »passen einfach nicht zusammen«.

Auch wenn das Wrocklage-Papier aufgrund zahlreicher öffentlicher Proteste inzwischen zurückgezogen wurde und die Forderung nach einem generellen Bettelverbot in Hamburg auf Eis liegt, auch wenn der Frankfurter Jurist Wolfgang Hecker Aufenthaltsverbote und Bettelverordnungen in einem Rechtsgutachten als rechtswidrig bezeichnete, ist der Trend zur Ausgrenzung in den Innenstädten allgegenwärtig. Auf der Frankfurter Konsummeile Zeil zum Beispiel sorgen inzwischen private Wachschützer dafür, daß Bettler gebührenden Abstand zu den Schaufenstern der Geschäfte halten. Als einziger Ort bleibt den »Outs« der postmodernen Welt der Verdrängung nur noch die Hauptpost, der mittlerweile einzige nicht-konsumtive Ort der Zeil.

In Berlin steht vor allem der Kurfürstendamm im Zentrum des Kräftemessens zwischen Saubermännern und »Schmuddelkindern«. War Berlins einziger Boulevard kurz nach der Wende auf dem besten Wege, zum Boulettendamm degradiert zu werden, weil sich anstelle altehrwürdiger Einrichtungen, wie zum Beispiel dem Café Möhring, vor allem Fast-Food-Ketten niedergelassen haben, präsentiert sich der einst von Bismarck angelegte Reiterweg heute wieder in alter Pracht. Vor allem der hintere Kudamm zwischen Olivaer- und Adenauerplatz ist mittlerweile ein Muß im Stadtbummel der angereisten und Berliner Schickeria. Designerläden wie Gucci, Escada oder Armani haben hier ihren Standort gefunden und bilden zusammen mit der überaus lebendigen Atmosphäre seiner Seitenstraßen das Ambiente, das Kunden mit entsprechendem Portemonnaie zu schätzen wissen. Entsprechend optimistisch gibt sich auch Manuela Remus-Woelffling. »Wir sind zuversichtlich«, sagt die Vorsitzende der AG-City, »daß Berlin als angehender Regierungssitz und Metropole auch in Zukunft zwei pulsierende Geschäftszentren nebeneinander verkraften kann.« Doch ganz so ernst meint die Geschäftsfrau, deren Arbeitsgemeinschaft über 130 Mitgliedsunternehmen repräsentiert, dieses »Nebeneinander« nicht. »Es kommt uns auch nicht darauf an«, umreißt Remus-Woelffling das Selbstverständnis der AG-City, »eine Konkurrenzsituation zwischen City Ost und City West aufzubauen, sondern herauszustellen, daß der Kurfürstendamm als Einkaufsstraße und Bummel-Boulevard immer die ›Nr‹ 1 und ein besonderer Anziehungspunkt in Berlin sein wird.«[26]

Um diese Vormachtstellung abzusichern, hat sich die seit 1976 existierende Geschäftslobby einige Ziele auf die Fahnen geschrieben, etwa

die »Einrichtung einer Fußgängerzone an den langen Samstagen vor Weihnachten«, die »Ausrichtung des Weihnachtsmarktes an der Gedächtniskirche und der weihnachtlichen Beleuchtung« oder die »Durchsetzung der touristischen Verkaufstage«. Hauptsächliches Ziel sei, so Manuela Remus-Woelffling, schließlich die »Attraktivitätssteigerung des Kurfürstendamm und der Tauentzienstraße mit ihren Seitenstraßen«. Diese Attraktivität leidet freilich unter einer ständigen Bedrohung – nicht so sehr in Gestalt der immer noch reichlich vorhandenen Burgerketten und Steakhouses, sondern der der Bettler, Junkies und Obdachlosen, die den Kudamm, vor allem aber die Gegend um die Gedächtniskirche seit jeher als ihr Terrain beansprucht haben. Seit Anfang der Neunziger macht deshalb die AG-City verstärkt mobil. Mit der Einrichtung eines privaten Wachschutzes sollte nach der Wende vor allem den Hütchenspielern der städtische Boden streitig gemacht werden. In kollegialer Arbeitsteilung mit dem damaligen Innensenator Dieter Heckelmann (CDU), dessen Pressesprecher intensive Kontakte zur rechtsradikalen Szene pflegte, wurde eine bis dahin beispiellose Hetzkampagne gegen Hütchenspieler und mit ihnen gleich auch gegen andere »geschäftsschädigende« Personen, etwa fliegende Händler oder Bettler, entfacht. Nachdem die AG-City ihren Wachdienst auf Patrouille geschickt und damit eine öffentliche Auseinandersetzung um die Frage ausgelöst hatte, ob die Polizei überhaupt noch alleine in der Lage sei, die Sicherheit der Bürger und Geschäftsleute zu gewährleisten, zog die Polizeiführung schließlich nach. Zum 1. Juli 1993 wurde die erste Operative Gruppe in Berlin aus der Taufe gehoben – die OG City-West. Zwei Jahre später zog die 22 Mann starke Truppe, die ihren Sitz in der Joachimsthaler Straße hat, Bilanz: 3.651 Platzverweise wurden alleine 1994 ausgesprochen. Überprüft haben die Einsatzkräfte in Zivil 6.981 Personen, 855 Personen wurden vorläufig festgenommen, 431 Strafanzeigen geschrieben und 421 Personen wegen des Verstoßes gegen das Ausländergesetz angezeigt. Ziel seiner Truppe sei es dabei, sagte 1995 der Leiter der OG, Jürgen Gustavus: »Ein bestimmtes Klientel aus der Dunkelheit zu holen, zu identifizieren und damit die Hemmschwelle des Täters hochzusetzen, Straftaten zu begehen.«[27]
Die hoheitliche Schikane gegen vermeintliche Störenfriede konzentrierte sich schon damals im wesentlichen auf den Breitscheidplatz. Hier, zwischen Europa-Center und Bahnhof Zoo, setzen Gustavus' Beamte in ihrer »präventiven« Arbeit auch Lichtbildkameras ein, um möglichst viele »potentielle Täter« in einer der zahlreichen Karteien der Polizei erfassen zu können. Rechtlich gedeckt ist diese Polizeipraxis durch

das Allgemeine Sicherheits- und Ordnungsgesetz (ASOG), das die Observation und die Aufnahme von Lichtbildern Verdächtiger an sogenannten »gefährlichen Orten« erlaubt.

Mit der Photografierwut der OG-City und der Rechtfertigung dieser Praxis unter Hinweis auf das ASOG kam erstmals die Ausweisung dieser »gefährlichen Orte« durch den Polizeipräsidenten ans Licht. Bis heute sind, so teilte es Innensenator Schönbohm im Juli 1997 auf eine parlamentarische Anfrage mit, dreißig Orte der Stadt als »gefährlich« registriert. Diese Orte, so der Innensenator, hätten sich im Rahmen der polizeilichen Lagebeurteilung als »Brennpunkte« für Straftaten wie Raub, Körperverletzung, Verstöße gegen das Betäubungsmittelgesetzes, KfZ-Diebstähle, Wohnungs- und Geschäftseinbrüche, illegaler Zigarettenhandel, Hütchenspiel sowie solche im Homosexuellen- und Prostituiertenmilieu herauskristallisiert. Näheres freilich wollte Schönbohm aus »polizeitaktischen Gründen« nicht verraten. Als Beispiele dieser »gefährlichen Orte« nannte er lediglich den Breitscheidplatz, den Alexanderplatz, die Kurfürstenstraße, die Ahornstraße rund um die Diskothek »Pop Inn« in Steglitz sowie das Kottbusser Tor.

Im Oktober 1996 jedoch hatte die »Bild«-Zeitung, Polizeitaktik hin oder her, die »vertrauliche Liste enthüllt«. Damals warnte das Springer-Blatt unter Berufung auf Polizeikreise vor 20 gefährlichen Orten. Im einzelnen handelte es sich in Mitte um die Oranienburger Straße (»Autonome, Prostitution«), den Alexanderplatz (»Hütchenspieler, Taschendiebe«) und den Arkonaplatz (»Jugendbanden«). In Charlottenburg ist neben dem Breitscheidplatz (»Drogen, Taschendiebstahl«) noch der Stuttgarter Platz (»Rotlichtmilieu, Drogen«) als »gefährlicher Ort« ausgewiesen. In Tiergarten wird vor dem Hardenbergplatz (»Säuferszene«), der Potsdamer Straße (»Messerstechereien, Raubüverfälle«) und der Turmstraße (dito) gewarnt. In Schöneberg gelten als »gefährliche Orte« die Kurfürstenstraße (»Prostitution«), die Tauentzienstraße (»Messerstechereien, Hütchenspieler«), der Nollendorfplatz (»Überfälle, Raub«) und der Grazer Platz (»Jugendbanden«). In Kreuzberg sind es das Kottbusser Tor (»Drogen, Überfälle«) sowie der Görlitzer Park (»Raub, Messerstechereien«), in Neukölln der Hermannplatz (»Drogen, Zigarettenmafia«). In Marzahn gelten die Havemannstraße und die Rhinstraße (»Vietnamesenheime, Zigarettenschmuggel«) als gefährlich, in Hellersdorf der Cottbusser Platz (»rechtsradikale Gruppen«) sowie in Friedrichshain die Kreutziger Straße (»Hausbesetzerszene«), der U-Bahnhof Samariterstraße (»Jugendbanden, Messerstechereien«) und die später geräumte East-Side Gallery (»Überfälle«).[28]

Zwischen Oktober 1996 und Juli 1997 sind also zehn weitere Orte in die Hitliste der Berliner »Gewaltkriminalität« aufgenommen worden. Der Hauptstadt-CDU ist das freilich noch immer nicht genug. Auf ihrer Fraktionsklausur im April 1997 präsentierte die Arbeitsgruppe »Innere und soziale Sicherheit« deshalb die Forderung, in das ASOG »eine Rechtsgrundlage für sogenannte ›verdachtsunabhängige Kontrollen‹ aufzunehmen«. Dabei soll das Landespolizeigesetz dahingehend geändert werden, daß Polizeikontrollen künftig jenseits eines Strafverdachts und auch außerhalb der »gefährlichen Orte« durchgeführt werden dürfen. »Bestimmte Tätergruppen«, so der innenpolitische Sprecher der CDU, Dieter Hapel, würden die Stadt dann meiden. Im August 1997 ging Hapel noch einen Schritt weiter: Um der »ständig steigenden Kriminalität in Berlin« Herr zu werden, schlug der Law-and-Order-Politiker vor, die »gefährlichen Orte besser als bisher zu überwachen.« Hapel wörtlich: »Der Einsatz von Videokameras ist dafür ein geeignetes und auch verhältnismäßiges Mittel. In Monaco und in Leipzig gibt es positive Erfahrungen mit Videoüberwachungen im öffentlichen Raum, warum also soll das in Berlin unmöglich sein?« Ziel des Großen Bruders Hapel ist es dabei, »es in unserer Hauptstadt Berlin wieder zu ermöglichen, ohne Belästigungen und ohne Schmuddelecken das Flair und die Atmosphäre der Hauptstadt zu genießen. Es geht dabei auch um eine Steigerung der Lebensqualität für die Berliner und Berlinerinnen sowie die Verbesserung des äußeren Erscheinungsbildes für die Gäste unserer Stadt.«

Solange solche totalitären Maßnahmen mit der Berliner SPD noch nicht durchzusetzen sind, beschränkt sich die Polizei auf Althergebrachtes. Seit Herbst 1996, zeitgleich mit der Propagierung der »gefährlichen Orte«, entfachte die OG City-West – deren Bildung sich die AG-City im übrigen immer wieder auf die eigene Fahne schreibt – eine bis dahin beispiellose Hetzkampagne vor allem gegen Migranten und Obdachlose am Breitscheidplatz. »Seit dem 21. August finden in der City mehrmals täglich konzertierte Polizeiaktionen statt, meist in den Nachmittags- und frühen Abendstunden«, schrieb am 26. September die »taz« in einem Artikel mit der Überschrift »Apartheid auf dem Breitscheidplatz«. »Sie richten sich vor allem gegen Passanten, die aufgrund ihrer schwarzen und dunklen Hautfarbe automatisch als Dealer, Raubtäter oder Taschendiebe verdächtigt werden. Aber auch Junkies und Obdachlose werden ständig kontrolliert, in Polizeiwannen verfrachtet und am Stadtrand ausgesetzt.«

Von offizieller Seite wurde die »Herbstoffensive« der Polizei bestätigt. Der Sprecher des Innensenators, Thomas Rabe, erklärte, daß seit dem

21. August »verstärkt Aktionen« gegen Personen durchgeführt werden, »die mit Drogen und Waffen handeln und kein Aufenthaltsrecht haben«. Von einem gezielten Vorgehen gegen bestimmte ethnische Gruppen sei ihm allerdings nichts bekannt. Die Polizei, so Rabe, gehe »streng nach dem Legalitätsprinzip« vor. Die verstärkten Aktionen seien auf dem Breitscheidplatz wegen der »repräsentativen Lage des Platzes« erforderlich. Von gezielten Einsätzen gegen Menschen mit dunkler Hautfarbe wollte auch die Polizei nichts wissen. »Wir haben kein besonderes Augenmerk auf Menschen schwarzer oder dunkler Hautfarbe«, erklärte der Leiter des zuständigen Polizeiabschnitts 27, Joachim Fischer. Letzteres sei lediglich im Sommer einige Zeit der Fall gewesen, als sich eine Gruppe von Schwarzafrikanern »massiert« vor dem Lokal Kentucky Fried Chicken aufgehalten und dort Angestellte und »Frauen und Mädels« bedroht und belästigt habe. Nachdem sich aber die Polizei, so Fischer, einige Tage »intensiv um diese Herren gekümmert« habe, sei diese Gruppe verschwunden. Der Breitscheidplatz, so formulierte Fischer seine Lesart eines gefährlichen Orts, sei ein Kriminalitätsschwerpunkt, deshalb könne es bei den Kontrollen »jeden treffen, auch Schwarzafrikaner«.

Ganz anders liest sich freilich eine Dokumentation, die die Berliner Antirassistische Initiative zusammengestellt hat. Nach Angaben einer Sprecherin des Vereins lagen bereits wenige Tage nach dem Beginn der Polizeirazzien acht Gedächtnisprotokolle von Betroffenen vor. Darunter befindet sich auch das Protokoll des Betreuers eines Flüchtlingswohnheims, der mit zwei bengalischen Jungen auf dem Kudamm unterwegs war. Ohne ersichtlichen Grund seien die drei photografiert und nach einer Leibesvisitation in »drohendem Ton« aufgefordert worden, sich an diesem Tage nicht mehr auf dem Breitscheidplatz blicken zu lassen. Nach Angaben der Antirassistischen Initiative geht die Polizei bei ihren Razzien immer nach demselben Muster vor. Die Beamten steuerten »zielstrebig und ausschließlich« auf schwarze und arabische Menschen zu und führten »respektlos und teilweise offen rassistisch« Personen- und Paßkontrollen durch. Eine Aufklärung über den Grund der Maßnahme erfolge dabei nur selten. Immer öfter dagegen würden Betroffene wie Schwerverbrecher mit Handschellen gefesselt und in die Mannschaftswagen der Polizei gebracht. »In all den uns bekannten Fällen wurde nichts gefunden, was derartige Verletzungen der Privatsphäre und Menschenrechte rechfertigen könnte«, lautet der Vorwurf der Antirassistischen Initiative. Anstatt sich bei den Betroffenen zu entschuldigen, würden auch noch Platzverweise unter Androhung von Festnahmen ausgesprochen.

Gegen die »Apartheid am Breitscheidplatz« protestierte aber nicht nur die Antirassistische Initiative mit wöchentlichen Kundgebungen, sondern auch der Sozialstadtrat von Charlottenburg, Udo Maier (SPD). Maier verwahrte sich dagegen, daß die City von Süchtigen und Obdachlosen »gereinigt« werde. Die Menschen seien infolgedessen ständig auf der Flucht und für Sozialarbeiter nicht mehr erreichbar. In gewisser Weise hat der Los Angeles Platz die gesamte City – auch ohne daß sie an einen privaten Betreiber hätte verkauft werden müssen – eingeholt. Die Bahn AG hat im Zusammenhang mit ihrer Aktion »saubere Bahnhöfe« für diese Politik einen Begriff formuliert, der an Zynismus kaum mehr zu überbieten ist. Es gehe, schrieb die Bahn im Rahmen ihrer Ausstellung »Rennaisance der Bahnhöfe« um die Wiedergewinnung einer »qualifizierten Öffentlichkeit«.

## VON DER VERDRÄNGUNG ZUR FESTUNGSSTADT

Gegen die urbane Aufrüstung und Verdrängung hat im Juli 1997 ein bundesweiter Zusammenschluß linker und antirassistischer Gruppen sowie zahlreicher Künstler im Rahmen der »Innenstadtaktionstage« mobil gemacht. Unter dem Motto »Gegen Privatisierung, Ausgrenzung und Sicherheitswahn« wurde dabei nicht nur der Los Angeles Platz für einige Stunden wieder in Besitz genommen - auch an andern Orten wurde eine neue Kultur der städtischen Aneignung propagiert. Eine Woche lang waren Architekturstudenten der Hochschüle der Künste mit ihrer bereits erwähnten Aktion »Anbau« in der Friedrichstraße präsent. Gegen die zunehmende Verödung der City durch Büros, Banken und Versicherungen richtete sich auch ein »Schalterhallen-Rave«, bei dem der Vorraum einer Bank am Hackeschen Markt kurzerhand per EC-Karte geöffnet und mit einer professionellen PA-Anlage beschallt wurde. Bis zum Eintreffen der sichtlich verwirrten Polizei tanzten etwa 200 Personen gegen die Kommerzalisierung im städtischen Alltag an. In einer bundesweit sowie in der Schweiz vertriebenen Zeitungsbeilage veröffentlichten die Organisatoren der Innenstadtaktionstage auch einen Beitrag, der den Kampf um den innerstädtischen Raum in London beschreibt. Bei einer der sogenannten »Street Parties«, mit denen neue Formen des Widerstands erprobt werden sollen, schloß sich die Initiative »Reclaim the Street« dieses Jahr dem »March for Social Justice« an, der sich gegen die Entlassung von 500 Hafenarbeitern richtete: »Gemeinsam marschierte man zur offiziellen Schlußveranstaltung am Trafalgar Square. Während dort auf dem Podium die ersten Reden gehalten wurden, fühlte man sich am anderen

Ende des Platzes, der rundum von der Polizei abgeriegelt war, kurzzeitig an einen US-Actionfilm erinnert: Plötzlich raste ein Lastwagen auf eine der Polizeiketten zu, stoppte gekonnt einige Meter davor, die Beamten waren so verstört, daß sie zur Seite wichen. Daraufhin umringten die Leute von ›Reclaim the Streets‹ das Fahrzeug, vom Soundsystem auf der Ladefläche begannen Bässe zu dröhnen, die Menge begann zu tanzen, den Polizisten blieb erst einmal nichts anderes übrig, als sich zurückzuziehen und abzuwarten. Den ganzen Tag über blieb dieser steife, ansonsten eher an Touristenströme gewöhnte Platz, eine brodelnde Partyzone. Erst gegen Abend räumten ›Riot-Police‹-Einheiten den Platz und es kam zu Auseinandersetzungen.«

Künftig werden in London, der einzigen Global City Europas, freilich auch solche Guerilla-Aktionen am Trafalgar Square kaum mehr möglich sein. Innenstädtische Sperrzonen sollen errichtet werden. Bereits 1993 hatten die Londoner Stadtverwaltung und die britische Regierung beschlossen hatte, als Reaktion auf die Bombenanschläge der IRA ein teures und sorgfältig geheimgehaltenes Bauprogramm in Gang zu setzen, das »Londons Architektur in ein massives antiterroristisches Verteidigungssystem umwandeln soll«. Trotzdem war man, wie der Londoner Architekturkritiker Martin Pawley schreibt, in den Finanztürmen der City noch immer nicht zufrieden »mit der neu errichteten ›Berliner Mauer‹ ringsum«.[29] Zwei weitere Bombenanschläge, so Pawley, hätten schließlich erreicht, »was Hitlers Luftkrieg nicht gelungen war«, nämlich eine Kursänderung der städtebaulichen Entwicklung. Die Stadtverwaltung akzeptierte nun die Einrichtung »einer permanenten Sperrzone in der Innenstadt nach Art der völlig abgeriegelten Downing Street (dem Sitz des britischen Premierministers, U.R.), nur sehr viel größer. Zunächst wurden die vorläufigen Barrieren der City befestigt. Dann kam die nächtliche Abriegelung der Banken und der Zeitungsredaktionen an der Canary Wharf in den Docklands«. Als neuerliche Verteidigungslinie, schreibt Pawley, sei nun »ein dritter ›Stadtfestungsring‹ in Planung. Er wird Trafalgar Square einschließen, die Regierungsstellen in Whitehall und die Horse Guards Parade, Westminster und den Parlament Square.«

Zwar firmiert das vom Stararchitekten Sir Norman Foster – unter anderem auch verantwortlich für den Reichstagsumbau in Berlin – ausgefeilte Projekt unter dem unverdächtigen Namen »World Square for all« – »Fußgängerzone für das öffentliche Wohlergehen«. Doch in Wirklichkeit, schreibt Pawley, »wird Foster mitten in London einen ›no-go‹-Bereich von fast einem Quadratkilometer Größe als Regierungszitadelle schaffen. Damit nicht genug. Eine vierte Sperrzone rund um die exklusiven Einkaufszo-

nen von Knightbridge und Bond Street ist geplant, und noch andere, die
die königlichen Parks und Palastanlagen schützen sollen.«

London ist mit einer solchen »Urbanisierung des Terrors« (Pawley) neben Los Angeles das städtische Vorbild für die Sicherheitspolitiker in
den konfliktbelasteten Ballungszentren. Der Stadtsoziologe Mike Davis
hat in diesem Zusammenhang auf die Einrichtung von »Distrikten sozialer Kontrolle« verwiesen [30], die die Sanktionen des Straf- und Zivilrechts
mit der Grundstücksplanung verschmelzen, »um etwas zu schaffen, was
Michel Foucault zweifellos als weitere Enticklungsstufe der ›Disziplinar-
ordnung‹ des zwanzigsten Jahrhunderts erkannt hätte«. Davis unterscheidet dabei die Distrikte entsprechend ihrer rechtlichen Form der
räumlichen »Disziplin«. Da gäbe es zum einen »Bestrafungsdistrikte«, etwa gegen Graffitisprayer und Prostituierte. Diese, so Davis, »weiten die
gewöhnliche Polizeigewalt in Fällen von öffentlichem Ärgernis (der le-
galen Quelle jeder Zonierung) vom ›unmoralischen Gewerbe‹ auf ›un-
moralisches Benehmen‹ aus. Eine weitere Kategorie der Zonierung sei-
en die »Verschärfungsdistrikte«, »die in ganz Südkalifornien von ›drogen-
freien Zonen‹ um staatliche Schulen repräsentiert werden«. In der
Rangskala der Zonierung folgen schließlich die »Absperrungsdistrikte«,
die eingerichtet würden, »um möglicherweise sich epidemisch ausbrei-
tende soziale Probleme unter Quarantäne zu stellen«. Bereits jetzt, so
Davis, »erkunden konservative Theoretiker die Praktizierbarkeit der
›Gefängnisstadt‹, die in Science-Fiction-Filmen wie ›Escape from New
York‹ (deutscher Titel »Die Klapperschlange«, U.R.) präsentiert wurde.
Während die achtziger Jahre den Boom der Mini-Malls markierten,
könnten die neunziger Jahre zu einer Welle der Mini-Zitadellen führen.
Um eine solche Zitadelle zu errichten, genügten oft schon der Einbau
von Videokameras, die Ausstattung mit automatischen Toren und die
stadträumliche Trennung von den Quartieren der Armen durch Park-
plätze, Schnellstraßen oder anderen Absperrungen. Auch in diesem Fall
hätte der suburbane Rand der Stadt, wie es die amerikanische Stadtfor-
scherin Saskia Sassen einmal prophezeit hat, das Zentrum der Stadt
wieder eingeholt. Die städtische Unterklasse dürfte die Zitadellen
schließlich nur noch dann betreten, um in den Zentren der Macht die
ihr zugewiesenen niedrigen Dienstleistungen zu verrichten.

Wie groß das Bedürfnis nach einer solchen urbanen Kontrolle auch in
Berlin bereits ist, zeigt nicht zuletzt der Vorschlag des CDU-Abgeordneten Dieter Hapel, die »gefährlichen Orte« mit Videokameras zu überwachen. Weitaus forgeschrittener sind die Bemühungen einer städtischen
Zonierung freilich am Potsdamer Platz, dieser »Stadt in der Stadt«. Auch

wenn es vorerst keine Einlaßkontrollen in die Daimler- und Sony-City geben sollte, wirkt die städtebauliche Hermetik bereits als Festung. Wird diese Investorenstadt für viele Anwohner, die wie die Mieter in der Potsdamer Straße nur wenige hundert Meter von ihr entfernt leben, erst recht aber für die Mehrzahl der Kreuzberger und Neuköllner für immer verschlossen bleiben?

1   »Tagesspiegel«, 27. August 1997

2   ebd.

3   ebd.

4   Vgl. auch Winfried Roll: »Kriminalverhütung durch Umfeldgestaltung:
    Der ›situative‹ Ansatz«, in: Die Kriminalpolizei, Vierteljahresschrift der
    GdP, September 1993

5   ebd.

6 » taz«, 2.2.1995

7   »taz«, 18.7.1997

8   »Der Spiegel«, 28/1997

9   ebd.

10  ebd.

11  »Die Woche«, 18.10.1996

12  »taz«, 11.7.1997

13  Alain Touraine: »Die Stadt – ein überholter Entwurf?«, a.a.O.

14  Vgl. Eberhard Seidel-Pielen, Klaus Farin: »Die Scharfmacher. Schauplatz
    Innere Sicherheit«, Berlin 1994

15 Pieke Biermann: »Der Asphalt unter Berlin«, in: Thomas Wörtche (Hrsg.):
   »Mörderisches Berlin. 12 kriminale Texte aus der Kapitale«, Berlin 1994

16  »taz«, 29.10.1996

17  ebd.

18  ebd.

19  »taz«, 12.8.1997

20  »taz«, 26.8.1997

21  »...außer man tut es«, Bd.2, Kreuzberg im Umbruch, hrsg. vom Verein SO
    36, Berlin 1993

22  »taz«, 27.1.1996

23  ebd.

24  Volker Eick: »Berlin wird Hauptstadt - aber sicher...«, in: Frank Sträter:
    Los Angeles – Berlin, a.a.O.

25  Vgl. Beilage zu den »Innenstadt-Aktionstagen«, »taz«, 4.7.1997

26  AG-City: Selbstdarstellung

27  »taz«, 3.7.1995

28  »Bild«-Berlin, 1.10.1996

29  »Berliner Zeitung«, 9.7.1997

30  Mike Davis: »Urbane Kontrolle – die Ökologie der Angst«, in: Iglhaut/
    Medosch/Rötzer (hrsg.): »Stadt am Netz. Ansichten von Telepolis«, Mann-
    heim, 1996

## ZEHNTER TEIL:
## DIE HAUPTSTADT DER DEUTSCHEN

*»Das Problem der Deutschen war, daß sie ihren Kitsch ernst nahmen.*
*Ihr Bild, oder besser, das Wunschbild, das sie von sich hatten, war*
*so unerreichbar fleckenlos und edel, daß sie ihm nie gleichen*
*konnten. Fast immer hatten sie Minderwertigkeitskomplexe. Wer sich*
*nicht annehmen konnte, wer nicht glauben konnte, ein anderer*
*könnte ihn akzeptieren, einfach so, wegen nichts, was hervorgehoben*
*werden müßte, der mußte sich dauernd hervortun, sich beweisen.«*
*(Helga Königsdorf, Im Schatten des Regenbogens)*

### »DIE GRENZEN DER MULTIKULTURELLEN GESELLSCHAFT«

Im Frühjahr 1997, kurze Zeit nachdem der »Spiegel« mit seinem Titel
»Gefährlich fremd« das Ende der multikulturellen Gesellschaft propagiert hatte,[1] veröffentlichte Innensenator Jörg Schönbohm in der »Berliner Morgenpost« einen Beitrag mit dem Titel »Integration ist keine Ein-
bahnstraße«.[2] Ausgangspunkt der Schönbohmschen Intervention war
die Bevölkerungsprognose seines Senatskollegen Strieder, in der bis
zum Jahr 2010 ein Anstieg des Ausländeranteils von damals dreizehn
Prozent auf 17,4 Prozent vorhergesagt wurde. Dies bedeute, schrieb
Schönbohm, »daß die Ausländerpolitik, die seit Beginn der neunziger
Jahre sowohl im Brennpunkt der politischen Auseinandersetzung als
auch verstärkt im Mittelpunkt des internationalen Interesses steht, gerade für Berlin auch in Zukunft eine hohe Bedeutung haben wird.« Ausländische Bevölkerungsgruppen dürfen sich nicht dauerhaft als Fremd-
körper etablieren und ein isoliertes Eigenleben führen, malte Schönbohm zunächst das vermeintliche Problem an die Wand, um stante pe-
de die vermeintlich richtige Lösung aus der Tasche zu zaubern: »Die
freiwillig zugewanderten Ausländer müssen (...) bereit sein, sich auf
die hiesigen Verhältnisse und Lebensbedingungen einzustellen.« Der
Wille zur Bewahrung der eigenen Identität, warnte Schönbohm, dürfe
nicht Vorwand sein für »selbstisolierende Abschottung gegenüber deutscher Kultur, den Sitten und Gebräuchen«. Schönbohms Fazit: »Die Inte-
grationsfähigkeit von Gesellschaften ist begrenzt. Integration wird umso schwieriger, je höher der Anteil der Ausländer ist. Auch werden sich
Öffnungsbereitschaft und Akzeptanz nur sichern lassen, wenn die deutsche Gesellschaft nicht das Gefühl hat, übervorteilt und überfordert zu

werden. So können bei schnell steigenden Ausländerzahlen Bedrohungs- und Überfremdungsängste wachsen.«[3]

Es war das erste Mal nach der Wende, daß sich ein Senatsmitglied mit derart eindeutigen Drohungen an und gegen die in Berlin lebenden 440.000 Migranten wandte. Mit der unmißverständlichen Botschaft von der Integration als der Unterwerfung unter das »deutsche Wesen«, an dem die Welt schon einmal »genesen« durfte, fiel Schönbohm nicht nur hinter historische preußische Toleranzstandards zurück, sondern hinterließ auch eine ratlose Öffentlichkeit. Weder löste der Schönbohm-Beitrag einen Sturm der Entrüstung aus, wie das etwa beim Ratten- und Gesindel-Zitat seines Fraktionsvorsitzenden Landowsky der Fall war, noch initiierte er eine neue Debatte um die multikulturelle Gesellschaft.

Einzig der FU-Politikwissenschaftler Hajo Funke durchbrach diese seltsame und unheimliche Stille um den Schönbohm-Aufsatz. »Aber selbst wenn nun ›der‹ Ausländer all dies täte, heißt dies für Schonbohm nicht, daß das ausreiche«, kritisierte Funke das Pamphlet des Innensenators in der »taz«. Denn für Schönbohm sei der »Schlüssel für die Integration die Zustimmungsbereitschaft der ›deutschen Gesellschaft‹«.[4] Die wiederum sei nun einmal psychologisch konditioniert. »Vor allem ist sie von Stimmungen abhängig, die sich aber nun – so Schönbohm – durch das Fehlen der Hochkonjunktur mit Notwendigkeit gegen Ausländer wenden, ob einbürgerungswillig oder nicht. Daher bilde sich nun die Gnade der möglichen Gewährung der Zustimmung mit der Krise zurück.«

Hajo Funke geht noch einen Schritt weiter: Jörg Schönbohm formuliere die gleiche Beziehungsfalle, unter der vor 1933 deutsche Juden, die sich assimilieren sollten und wollten, zu leiden hatten. »Sie können sich noch so anpassen. Sie passen nicht zu uns. Sie überfremden uns (...) sie bedrohen unsere nationale Identität.«[5]

Hat der Professor für Politik und Kultur am Otto-Suhr-Institut der Freien Universität mit dieser Kritik den Bogen überspannt? Innensenator Schönbohm selbst gab dem Wissenschaftler recht. Im Zusammenhang mit der Räumung besetzter Häuser versuchte der Innensenator den Rahmen für seine politische Aufgabe abzustecken: »Wir können einer Nation, die sich selbst sucht, als Hauptstadt Halt geben«. Die Wiederauferstehung des Nationalen gegenüber dem Gesellschaftlichen bei Schönbohm veranlaßt seinen Kritiker Funke zu der Schlußfolgerung, Schönbohms Artikel in der »Morgenpost« sei ein »Text der Diskriminierung. Er verliert sich in der abgelegten Tradition eines unseligen Nationalismus der Angst und Abwehr, eines Nationalismus, den der Politikwissenschaftler und CDUler Dieter Oberndörfer als ›völkischen Nationalismus‹ qualifiziert.«

Kein Zweifel. Mit der Berufung des ehemaligen Bundeswehrgenerals Schönbohm hat ein neuer, nationaler Geist Einzug in die Berliner Politik gehalten. Zwar unterhält Schönbohm, anders als etwa sein Vorgänger zu Westberliner Zeiten, Heinrich Lummer, keine offenen Kontakte zur rechtsradikalen Szene. Sein verbales – und politisches – Trommelfeuer des Nationalen wiegt freilich ungleich schwerer als Lummers rechtsradikale Parteispende in Höhe von 2.000 Mark. Das Primat der »deutschen Identität« gegenüber den anderen gesellschaftlichen, ethnischen, sozialen und kulturellen Identitäten der Berliner bedeutet die offizielle Sanktionierung des rassistischen Grundkonsens der Mehrheitsgesellschaft. Ideologisch-diskursiver Dreh- und Angelpunkt einer derartigen Restauration des Nationalen ist die Debatte um die Gestalt und Zukunft Berlins als Hauptstadt der Bundesrepublik Deutschland. Die Träger dieser Debatte kommen freilich nicht nur aus dem Spektrum der neuen Rechten innerhalb der CDU, auch ehemalige Linke und Bürgerrechtler werkeln fleißig mit beim Bau des neuen deutschen Hauses.

## NATION STATT GESELLSCHAFT

»Warum wird heute so wenig von der Gesellschaft gesprochen und so viel von der Nation?« fragt der französische Soziologe Alain Touraine und liefert die Antwort gleich mit: »In den westlichen Ländern hat sich das gesellschaftliche Leben von der Ökonomie – die zur technischen Steuerung komplexer Systeme geworden ist – und von jedem historischen Projekt getrennt.«[6] Die Folge sei eine Gesellschaft leer von sozialen Bewegungen und ideologischen Debatten. »Und diese soziale und politische Leere«, schreibt Touraine, »die Politiker und Intellektuelle in die Bedeutungslosigkeit treibt, wird nicht durch den Geschmack am Geld aufgefüllt, auch wenn dieser Überhand nimmt; und zwar deshalb nicht, weil dieser Geschmack Nahrung braucht, wenn er erhalten werden soll.« Nur die imaginäre und völlig defensive Berufung auf eine Nation, die von diesem ökonomischen Durcheinander bedroht sei, erzeuge die aufregende Illusion und Gefahr einer Mobilisierung, die der Bevölkerung nahegebracht werden soll.

Während die »alte« neue Rechte, die sich in Frankreich um Alain de Benoist gruppierte, es in ihrer deutschen Coverversion bis zur Wende kaum zu nennenswertem Einfluß brachte, hat die »neue« neue Rechte seit 1989 die politische Landschaft der Bundesrepublik gehörig durcheinandergewirbelt. Ein loses Netzwerk und Zitierkartell – bestehend aus alten und neuen Konservativen, dem rechten Rand der FDP und CDU,

Rechtextremen, aber auch ehemaligen Bürgerrechtlern wie Wolfgang Templin und Joachim Gauck –, das von zahlreichen Medien von der FAZ bis zur Welt am Sonntag und teilweise auch dem Focus unterstützt wird, eint vor allem der Wunsch, den angeblichen Einfluß der 68er in Politik und Gesellschaft, vor allem aber in den Medien zurückzudrängen. Es geht darum, die »kulturelle Hegemonie« in der Besetzung zentraler gesellschaftlicher und politischer Begriffe zurückzuerobern, die nationalsozialistischen Verbrechen durch den Vergleich mit dem Stalinismus zu relativieren sowie die Wende 1989 nicht nur als Ende der deutsch-deutschen Teilung, sondern auch als Ende der Auseinandersetzung mit der deutschen Vergangenheit in die Diskussion zu bringen.[7]
Während die neuen Rechten wie der Publizist Heimo Schwilk, Rainer Zitelmann oder Ulrich Schacht und die anderen Herausgeber des 1994 erschienenen Sammelbands »Die selbstbewußte Nation« noch versuchen, die Lufthoheit über den politischen Diskurs des Nationalen zu erlangen, haben andere diese Ziele längst in konkrete Politik umgewandelt. Ganz im Gegensatz zum Senatskollegen Strieder, dessen Aktion sauberes Berlin im wesentlichen das Image Berlins als Schmuddel- und Proletenstadt verbessern soll, bastelt Innensenator Schönbohm seit geraumer Zeit am »Projekt« der nationalen Normalisierung in der Mitte ihrer Hauptstadt. »Mit der Entscheidung Berlins als Hauptstadt der Bundesrepublik«, wird Schönbohm nicht müde zu betonen, »sind der Stadt zusätzliche Aufgaben zugewachsen.« Berlin sei deshalb nicht mehr die Summe der Kieze, »sondern repräsentiert das Ansehen Deutschlands in der Weltöffentlichkeit«.
Von Berliner Boden geht also wieder Deutschland aus. Weil aber dieser Boden in den Jahren der Teilung so undeutsch geworden ist, muß er für seine neuen Aufgaben erst einmal entsprechend gepflastert, respektive abgesperrt werden. Das betrifft allerdings nicht nur die in Berlin lebenden Migranten. »Einschränkungen der Bewegungsfreiheit« mußten am 31. Mai 1996 auch die Anwohner der Otto-Suhr-Allee in Charlottenburg hinnehmen. Weil an diesem Tage die Bundeswehr zum ersten Mal seit dem Zweiten Weltkrieg in Berlin ihre Rekruten geloben lassen wollte, wurden die Anwohner in einem Polizeiflugblatt aufgefordert, »zur Erleichterung polizeilicher Kontrollmaßnahmen« ihren Personalausweis mitzuführen. Der Staat und seine Armee, das schrieben Innensenator Schönbohm, Verteidigungsminister Volker Rühe und Bundespräsident Roman Herzog den Berlinern ins Stammbuch, sind nicht nur zum Schutz der Bürger da, sondern müssen – zumal in der »Hauptstadt der Chaoten« – mitunter auch vor denselben geschützt werden. Doch nicht

so sehr die Sicherheitsvorkehrungen der Polizei bestimmten die öffentliche Debatte um das Rekrutengelöbnis vor dem Schloß Charlottenburg, sondern das Ereignis selbst.

Ähnlich wie bei den Protesten im Vorfeld der Olympiaentscheidung 1993 in Monte Carlo, haben führende CDU-Politiker auch in den Tagen vor dem Bundeswehrspektakel hauptstädtische Hysterie geschürt. Wenn Teile der SPD gemeinsam mit Sozialisten und Kommunisten gegen die Bundeswehr mobil machten, schäumte der parlamentarische Geschäftsführer der Hauptstadt-CDU, so habe dies »Volksfrontcharakter«.[8] Was Volker Liepelt auf die Barrikaden trieb, war der Aufruf eines Bündnisses aus verschiedenen politischen Initiativen, Bündnis 90/Die Grünen, PDS und Teilen der SPD, das erste Rekrutengelöbnis in Berlin nach dem Ende des Faschismus zu stören. Eine Provokation, wütete daraufhin auch der Kreuzberger CDU-Bundestagsabgeordnete Jochen Feilcke, sei ein solches Gelöbnis wohl nur für diejenigen, »die von unserem Staat nichts halten«. Was an anderen Orten der Repubik bereits zum Alltag gehöre, so Feilcke, »scheint in der Hauptstadt noch immer nicht selbstverständlich zu sein«. Ganz und gar Staatsmann, sekundierte selbst Stadtentwicklungssenator Strieder dem Kreuzberger CDU-Freund und fiel zugleich seiner Parteikollegin, der Charlottenburger Bezirksbürgermeisterin Monika Wissel in den Rücken. Diese hatte noch – ganz in grüner Manier und allerletzter Minute – versucht, das Gelöbnis wegen unerlaubter Nutzung öffentlicher Grünflächen zu verhindern. Die Entwicklung Berlins, so Strieder, hänge zwar nicht davon ab, ob man ein solches Bundeswehrgelöbnis öffentlich durchführt oder nicht. »Aber das Gezerre, das um einen solchen Akt gemacht wird, ist in der Tat einer Hauptstadt unwürdig«.

Tatsächlich war und ist es für die Bundeswehr in Berlin noch nicht selbstverständlich möglich, öffentliche Gelöbnisse wie etwa in Schwerin und Erfurt politisch durchzusetzen. Ein Jahr vor dem umstrittenen Akt am Schloß Charlottenburg hatte die »starke Truppe« (Eigenwerbung) das geplante Zeremoniell, das nach dem Wunsch des Senats am Brandenburger Tor oder am Gendarmenmarkt stattfinden sollte, absagen und in die Julius-Leber-Kaserne in Wedding verlegen müssen. In der »Hauptstadt der Kriegsdienstverweigerer« lag es 1996 deshalb vor allem dem Berliner Senat am Herzen, ein Zeichen der »Normalisierung« zu setzen und die Bundeswehr im öffentlichen Raum im Gleichschritt marschieren zu lassen. Nicht die Mannen Volker Rühes drängten letzten Endes auf ein Gelöbnis außerhalb der Kaserne, sondern vor allem der Regierende Bürgermeister Eberhard Diepgen. Wie wichtig Diepgen und dem Berliner Senat die störungsfreie Demonstration militärischer Normalisierung war, zeigte einige Tage vor dem Gelöbnis einmal mehr der Innensenator. Dieser hatte die von der »Kampagne gegen Wehrpflicht« organisierte Demonstration kurzerhand mittels eines faktischen Verbots vom Ort des Geschehens fernhalten wollen. In der Begründung des Staatsschutzes für diese »Auflagen« hieß es unter anderem: »Akustische Störungen jeder Art verletzen den Kern und Wesensbereich der Gelöbnisfeier unmittelbar und derart nachdrücklich, daß dies der Würde des Anlasses nicht gerecht wird.« Außerdem nähmen an der Feier »Persönlichkeiten aus der Politik« teil, »von denen ein nicht unerheblicher Teil Personenschutz hat, weil er durch terroristische Gewalttäter in hohem Maß als gefährdet gilt«.

Daß diese »Normalität« am 31. Mai 1996 schließlich durch einen polizeilichen »Ausnahmezustand« durchgesetzt werden mußte, verbuchten vor allem die Antimilitaristen der »Kampagne gegen Wehrpflicht, Zwangsdienste und Militär« als Erfolg. Darüber hinaus war es etwa 300 Bundeswehrgegnern gelungen, die Absperrungen zu umgehen und direkt zum Ort des Geschehens vorzudringen. Sie riefen Parolen wie »Mörder! Mörder! oder versuchten das Zermoniell mit Trillerpfeifen zu stören. Vollends zum Debakel geriet der Versuch der Normalisierung schließlich durch den »Ausfallschritt« zweier Rekruten, die just beim Abspielen preußischer Marschmusik vor der brütenden Hitze kapitulierten und hinterrücks auf jenen Boden kippten, den sie eigentlich zu verteidigen hatten. Ungeachtet dessen sang der Berliner Regierende Eberhard Diepgen das Hohe Lied der Militärs: »Wir verstecken unsere Soldaten nicht, wir sind stolz auf sie.« Auch Bundespräsident Roman Herzog verteidigte die Truppe – und sich selbst gleich dazu: »Niemand muß sich vor uns fürchten.« An die 300 Rekruten vor dem Schloß Charlottenburg gerichtet, beschwor Herzog die Wichtigkeit internationaler Kampfeinsätze – beispielsweise im ehemaligen Jugoslawien: »Sie können stolz sein, einen solchen Dienst leisten zu können.«

## DIE NATIONALE BERLINER REPUBLIK

Ein dem nationalen Interesse geschuldetes Demonstrationsverbot hatte es in Berlin schon anderthalb Jahre zuvor gegeben. Im September 1994 sollten die Alliierten Streitkräfte in Berlin gebührlich verabschiedet werden. Während man die Truppen der ehemaligen Roten Armee in Treptow einfach nach Hause schickte und sich ihrer damit ganz öffentlich ein wenig schämte, wurde den Soldaten der drei Westalliierten der

ganze Dank der Berliner Politik zuteil. Doch nicht als die Befreier vom Faschismus wurden die amerikanischen, französischen und britischen Truppen verabschiedet, sondern als die Garanten der Westberliner »Freiheit« in den Jahren des Kalten Krieges. Nun, da der Kalte Krieg und mit ihm die deutsche Teilung zur Geschichte gehörte, wurde die militärische »Bruderhilfe« nicht mehr gebraucht. Deutschland war fortan ein souveräner Staat. Darauf wies nicht zuletzt der Staatsschutz in seiner Begründung für das Demonstrationsverbot am Brandenbruger Tor hin, wo anläßlich der Verabschiedung der Alliierten die Bundeswehr ihren Zapfenstreich samt Fackelmarsch zu zelebrieren gedachte: »Bei dem von der Bundesregierung zu Ehren der alliierten Streitkräfte anläßlich ihres Abzugs vom Stadtgebiet des wiedervereinigten Deutschlands veranstalteten Großen Zapfenstreich handelt es sich um einen Staatsakt von herausragender staats- und völkerrechtlicher Bedeutung, der die nationalen und internationalen Belange des Staatswesens Bundesrepublik Deutschland in besonderer Weise berührt (letzter Akt vor der Wiederherstellung der völligen Souveränität).« Störungen jeglicher Art, folgerten deshalb, die um die nationale Würde – weniger um die deutsche Grammatik – besorgten Staatsschützer, »insbesondere akustischer Natur vermittels technischer Lärminstrumente sowie durch den menschlichen Körper verursachte, nämlich das Pfeifen, Grölen, Johlen, Schreien, Singen usw., begründen eine unmittelbare Gefahr für die öffentliche Sicherheit.«[9]
Die öffentliche Sicherheit im Namen der nationalen Souveranität – sollte das ein Vorausgeschmack auf den tatsächlichen Charakter der Berliner Republik gewesen sein? »Bonn-zen an die Ostfront« hatte Tamara Danz, die 1997 verstorbene Sängerin der Ostberliner Rockgruppe Silly, im Zusammenhang mit der Entscheidung des Bundestags über den Regierungsumzug im Juni 1991 gefordert. Die hinter diesen Worten verborgene Hoffnung, Regierung und Parlament mögen ihr Bonner »Raumschiff« verlassen und sich in Berlin, die soziale Wirklichkeit der »blühenden Landschaften« vor Augen, um die wirklichen Probleme kümmern, teilten damals viele Bürger und Politiker der ehemaligen DDR. Ohne die Stimmen der Abgeordneten aus Sachsen, Thüringen, Mecklenburg-Vorpommern, Sachsen-Anhalt, Brandenburg und Berlin, darunter auch viele Bündnisgrüne und PDS'ler, wäre tatsächlich alles beim alten, das heißt in der rheinischen Provinz geblieben. Die Berliner Republik verstanden als Leitbild für eine zivile und sozial gerechte Politik stand damit tatsächlich Pate bei der Geburtsstunde Berlins als Hauptstadt des wiedervereinigten Deutschlands.

Ganz als Zivilist und Demokrat gerierte sich damals auch Klaus Hartung, zu dieser Zeit noch Redakteur der »taz«. Als entschiedener Befürworter eines Regierungsumzugs nach Berlin, plädierte auch Hartung für die räumliche Einheit von Problem und (regierungsamtlicher) Lösung: »Natürlich kommt die Wahrheit auch nach Bonn«, schrieb Hartung drei Monate vor der Umzugsentscheidung, »gegebenenfalls mit Sternmärschen am Wochenende, wenn die Abgeordneten zuhause im Wahkreis sind. Aber eben: sie kommt immer verzögert, zu spät. Genau die Zeit, in der Politik gemacht werden muß, wird verspielt. Doch richtige Politik gibt es nur zum richtigen Zeitpunkt. Politiker können sich die Folgen ihres Tuns offenbar nur vorstellen, wenn sie die Augen aufmachen müssen.« Genau das, meinte Hartung, müsse man am Rhein eben nicht. Bonn sei als politische Struktur deshalb gleichbedeutend mit »institutionalisierter Vorstellungslosigkeit«. Für Hartung war die Hauptstadtentscheidung deshalb eine politische Richtungsentscheidung, ein Symbol für die Vereinigung. »Die Entscheidung für die Hauptstadt Berlin ist die letzte Chance, ein solches Symbol für die Vereinigung aus freien Stücken zu setzen. Es wäre ein Aufbruch des Westens als Antwort auf den Aufbruch im Osten.«[10]

Hartungs Diktum, daß die Bundesrepublik zu ihrem Ende gekommen sei, daß es um das gemeinsame Neue gehe und nicht um die Verwaltung des schlechten Neuen durch das gute Alte, erfüllt sich heute tatsächlich – freilich anders, als es sich Hartung damals erhofft hatte. Nun, da nicht wenige einflußreiche Bürgerrechtler der DDR nicht nur in der Bundesrepublik, sondern folgerichtig auch in der CDU angekommen sind, steht tatsächlich die Formulierung des gemeinsamen Neuen auf dem Programm. Stellvertretend für viele ist es einmal mehr der nationale Pragmatiker Jörg Schönbohm, der den neuen Konsens formuliert: »In der Berliner Republik müssen wir außenpolitisch aufgrund unserer Lage im Zentrum Europas handlungsfähiger sein, als wir es zu Zeiten der Teilung waren.« Nach der Einheit, forderte Schönbohm, »müssen wir uns als Nation über uns selbst klar werden«.[11] Die Schlußfolgerung des Senators: »Weil wir einen starken Föderalismus haben, braucht Deutschland eine starke Hauptstadt.«

Eine »starke Hauptstadt«, das sind nicht nur starke Worte, das wäre tatsächlich das Ende der alten Bundesrepublik, das Hartung 1991 vor Augen hatte. Ein Ende freilich nicht deshalb, weil es die Politiker gelernt hätten, das Wort von der Vereinigung ernst zu nehmen und die politischen und sozialen Erfahrungen der DDR im Sinne eines gemeinsamen politischen Aufbruchs zu bündeln, sondern weil das mit dem

Föderalismus verbundene Primat der Gesellschaft vor der Nation aufgegeben werden soll. Es droht deshalb, um im Vokabular Hartungs zu bleiben, das gute Neue durch das schlechte Alte, das ganz Alte wohlgemerkt, verwaltet, oder vielmehr restauriert zu werden. Der Bedeutungswandel, der dem Begriff der Berliner Republik zugrunde liegt, ist dafür ein Indikator. In Terminus der Berliner Republik spiegelt sich der Kampf um die politische Hegemonie des künftigen deutschen Staates. Hier die Normalisierung im Umgang mit dem Leitbild nationaler Identität, dort Verteidigung der zivilen Gesellschaft.

Angesichts solcher »Normalität« war es selbst dem Philosophen Jürgen Habermas ein Anliegen, den anderen Konsens ins Gedächtnis zu rufen: »In der alten Bundesrepublik hatte sich ein gewisses Gespür für die Dialektik der Normalisierung herausgebildet – also dafür, daß nur die Vermeidung eines auftrumpfenden Bewußtseins von ›Normalität‹ auch ins unserem Land halbwegs normale Verhältnisse hat entstehen lassen.«[12] Ausgangspunkt für Habermas' Überlegungen war die Frage, »wie wir die ›Normalität‹ der auf uns zukommenden Berliner Republik verstehen sollen«.

Was die neue Rechte unter Normalisierung versteht, hat Habermas bereits eingängig untersucht. In der Betrachtung der jüngeren deutschen Geschichte bildete, ungeachtet der verschiedenen historischen Schulen, 1945 die entscheidende Zäsur. Das Ende des Faschismus, für die meisten ein Zusammenbruch, für wenige andere die Befreiung, markierte zugleich das Ende des deutschen Nationalstaats und den Beginn der Existenz zweier deutscher Staaten. Ist mit Normalisierung nun gemeint, diesen »Sonderweg« der Teilung als überwunden zu betrachten und dort wieder anzuknüpfen, wo der Nationalstaat aufgehört hat zu existieren: Vor 1945 oder – etwas unverfänglicher – in der Weimarer Republik?

Habermas will sich mit diesem Begriff der Normalisierung allerdings noch nicht zufrieden geben. Vielmehr unterscheidet er »zwei revisionistische Lesarten (...), die eine andere Interpunktion der Zeitgeschichte vornehmen«: »Für die eine Lesart bildet die Nationalgeschichte den Leitfaden. Aus der Perspektive der Wiederherstellung des Nationalstaats rücken die Kontinuitäten der Entwicklung seit der Gründung des Bismarck-Reiches in den Vordergrund.« Die 1945 geteilte Nation, beschreibt Habermas diese erste Lesart, habe erst nach 1989 ihre nationale Form wiedergewonnen. »Deshalb erscheinen die vergangenen 50 Jahre als Periode des Sonderwegs, währenddessen die Bundesrepublik eine mehr oder minder liebenswerte, aber nicht ganz ernst zu nehmende Rheinbundexistenz im Schatten der Weltgeschichte gefristet hat.«

Für die andere Lesart, schreibt Habermas, biete die Carl Schmittsche Version des »Weltbürgerkriegs« den Leitfaden: »Aus der Perspektive des Kampfs des liberalen Westens gegen den Bolschewismus erscheint das NS-Regime nur als eine, wie immer auch radikale oder entartete Vorhut des sich selbst behauptenden okzidentalen Bürgertums. Die vorübergehende Allianz gegen das eingekreiste Deutschland gilt als eine Art Mißverständnis, das sich mit der Konstellation des Kalten Krieges aufgelöst hat. An dessen Ende springt die 1917 totalitär entgleiste Geschichte glücklicherweise in die normalen Bahnen naturwüchsiger Nationalgeschichten zurück.«

Beiden Lesarten gemeinsam, so resümiert Habermas, sei die Feststellung, »daß die Epochenwende von 1989/90 eine vorübergehende Anomalie beendet, die scheinbare Zäsur von 1945 eingeebnet und den Zivilisationsbruch wohltuend relativiert hat.« Was aber steckt hinter dieser Wiederauferstehung des nationalen Gedankens, wie ihn beide revanchistischen Anschauungen als Ergebnis ihrer historischen Verdrängungsleistung präsentieren? Für Habermas spiegelt sich im Nationalstaatsgedanken, der im vergangenen Jahrhundert eine überzeugende Antwort auf die Herausforderung gewesen sei, eine neue Form der gesellschaftlichen Integration zu finden, die »zwiespältige Natur der Nation – die gewollte Nation der Staatsbürger, die demokratische Legitimation schafft, sowie die geborene Nation der Volksgenossen, die für soziale Integration sorgt.« Eben jene Integration bedeutet in ihrer Logik der Selbstbehauptung auch Ausgrenzung, bis hin zum Völkermord, eine Logik, die sich erst nach der Zäsur von 1945 erschöpft habe. Für Habermas besteht deshalb kein Zweifel daran, daß im Zeitalter der Globalisierung und der multikulturellen Gesellschaft die Behauptung einer nationalen Identität im wesentlichen eine Politik der Ausgrenzung ist. Dies betreffe dabei nicht nur Ausländer als Repräsentanten anderer Nationen im eigenen Land, sondern auch die »Unterklasse im eigenen Land«. Habermas unterscheidet nun drei Konsequenzen einer neoliberalen Politik, die versuche, einen Teil ihrer Gesellschaft als »out« abzuspalten: »Eine Unterklasse erzeugt soziale Spannungen, die sich in selbstdestruktiv-ziellosen Revolten entladen und nur mit repressiven Mitteln kontrolliert werden können. Der Bau von Gefängnissen, der inneren Sicherheit überhaupt, wird zur Wachstumsindustrie. Ferner lassen sich soziale Verwahrlosung und physische Verelendung nicht lokal begrenzen. Das Gift der Ghettos greift auf die Infrastruktur von Innenstädten, ja Regionen über und setzt sich in den Poren der ganzen Gesellschaft fest. Das hat schließlich eine moralische Erosion der Gesellschaft zur Folge«.

Auch wenn Habermas die Verursacher dieser »Signale der Desolidarisierung« weniger in der Mehrheitsgesellschaft als vielmehr in der städtischen Unterklasse verortet, erscheint sein Plädoyer für ein größeres, zur Solidarität genötigtes Ganzes unterstützenswert. Es ist der Versuch, einen multikulturellen Konsens gegen den Konsens der Mehrheitsgesellschaft, den Konsens der Ausgrenzung, auch im Zeitalter der Globalisierung zu formulieren: »Daß sich in einer kulturell hoch zivilisierten Gesellschaft wie der deutschen eine liberale politische Kultur erst nach Auschwitz hat ausbilden können, ist eine schwer zu fassende Wahrheit. Daß sie sich durch Auschwitz, durch die Reflexion auf das Unbegreifliche herausgebildet hat, ist weniger schwer zu verstehen, wenn man bedenkt, was Menschenrechte und Demokratie im Kern bedeuten: nämlich die einfache Erwartung, niemanden aus der politischen Gemeinschaft auszuschließen und die Integrität eines jeden in seiner Andersheit gleichermaßen zu achten.«

## DIE NEUE RECHTE DER LINKEN

Wie stark die neue Rechte mit ihrem Leitbild der nationalen Identität die Architektur der Berliner Republik bereits bestimmt, zeigt sich nicht zuletzt im Wandel derer, die sich noch vor einiger Zeit dem von Habermas beschworenen anderen Konsens zugehörig gefühlt hatten. Im Zusammenhang mit der Präsentation des Masterplans alias Planwerk Innenstadt, ging Klaus Hartung etwa weit über die von Stadtentwicklungssenator Strieder beabsichtigte Modernisierung des Standorts Berlin hinaus: »Da die Berliner Republik noch immer ein Phantom ist«, trat Hartung am 29. November 1996, zeitgleich zur offiziellen Präsentation des Masterplans, in der »Zeit« die Flucht nach vorne an, »wird das Bauen und Planen in Berlin gern der Gesinnungsprüfung unterworfen. Über allem schwebt der Generalverdacht der Restauration. Die Reichstagskuppel, die ›Gestaltungssatzung‹ am Pariser Platz, das historisierende ›Hotel Adlon‹ – solche Details genügen, um ›Neuteutonia‹ zu wittern. Gegen diese Optik wird jeder Versuch es schwer haben, die Stadtgeschichte in der historischen Mitte zurückzugewinnen. In der Ideologie gilt immer noch die moderne Stadt als beste Festung demokratischer Gesinnung. Tatsächlich ist aber dieser Konsens der Moderne zerbrochen. Im Gegenteil, man hat bitter erfahren müssen, daß Stadttradition und Stadtdemokratie zusammengehören, daß die Verluderung der einen die Verwahrlosung der anderen mit sich bringt.«[13] Für die Hauptstadt, tönt der »Zeit«-Redakteur, reiche es nicht aus, der Bundesrepublik den Kurfürstendamm, die Kneipen in

Charlottenburg und die Konservierung der entleerten Demonstrations-
räume der DDR-Staatsmacht anzubieten. Was hilft, sorgt sich Hartung um
die Zukunft der deutschen Hauptstadt und mit ihr der Berliner Republik,
»der postmoderne Glanz der Parlamentsbauten, des Außenministeriums
oder Kanzleramts, wenn sich davor oder dahinter die gestaltlosen und
vermüllten Stadträume der historischen Mitte auftun.«[14]
Für den Architekturkritiker Wolfgang Kil ist Hartungs Beitrag eine »nachhaltige Zäsur« im Rahmen der Berliner Stadtdebatte. »Geht es«, fragt Kil,
»plötzlich um etwas anderes? Oder geht es jetzt überhaupt erst um das
Eigentliche?«[15] Diese Frage betrifft freilich nicht nur Hartung, der sich bereits 1993, im Jahr der Veränderung in einem Beitrag im »Kursbuch Deutsche Jugend« als Law-and-Order-Vertreter geoutet hat: »Eingesehen werden muß, daß ›unsere Gesellschaft‹ keine andere Mittel in der Hand hat,
als die Polizei und die Justiz zielgenau einzusetzen, die Täter zu achten.
Wir können nicht mehr die ›Ursachen bekämpfen‹, sondern nur noch die
Folgen bekämpfen.« Kils Frage betrifft auch den Masterplaner Dieter
Hoffmann-Axthelm selbst, dessen wesentliches Anliegen nun nicht
mehr in der Stadterneuerung und der Herstellung lebenswerter Verhältnisse für die Berliner besteht, sondern in der Sorge um das Deutschland-
bild der internationalen Besucher in der Berliner Mitte.
Daß sich in den Reihen der neuen Rechten seit geraumer Zeit auch ge-
wendete Linke und ehemalige Bürgerrechtler wiederfinden, mag kaum
überraschen. Für den Faschismusforscher Wolfgang Wippermann etwa
zeichnen sich Joachim Gauck, Steffen Heitmann und andere ehemalige
Anhänger der DDR-Bürgerrechtsbewegung vor allem durch ein »unver-
krampftes Verhältnis zum Nationalstaat, zu autoritären Werten gerade
im kirchlichen Bereich – Familie, starker Staat, Beschneidung liberaler
Rechte und des Sozialstaats« aus. »Am Anfang«, sagt der Historiker Wippermann, »hatte ich noch Verständnis dafür, angesichts der Verletzungen. Aber ich habe Wolfgang Templin vor zwei Jahren gehört, wie er
Gerhard Löwenthal gelobt hat. Ich sagte, sagen Sie mal, meinen sie den
ZDF-Löwenthal? Und er sagte: Ja, genau. Und ich sagte: Genau da sind
Sie angelangt, Sie sind die neuen Löwenthals. Und Templin ist bei den
Grünen. Das kippt jetzt um in eine neue Rechte«.[16]

## DIE DEBATTE UM DEN SCHLOSSPLATZ

457 Tage lang wehten die von der Pariser Malerin Madamme Fee hand-
bemalten Stoffbahnen im Berliner Wind. Es war der Stoff, aus dem die
Träume so mancher Berliner waren. Barock, mit stehenden Fenstern,

ganz so wie es Altmeister Schlüter vorgemacht hatte. 457 Tage lang waren die Berliner mit der Attrappe des Hohenzollernschloßes auf dem angestammten Platze konfrontiert. Als die Attrappe im September 1994 schließlich wieder abgebaut wurde, atmeten manche auf, andere hatten sich schon an den Anblick gewöhnt, andere wiederum hatten Blut geleckt und wollten mehr.

Es war wiederum das Jahr der Veränderung, 1993, in dem der Berliner »Schloßherr Wilhelm von Boddien«, der spätere City-Marketing-Chef, die Berliner Sehgewohnheiten ändern wollte. Ein Jahr mit wahrhaft symbolischer Bedeutung. Kaum zweihundert Meter vom Stoffschloß entfernt entstand mit der Neuen Wache die offizielle deutsche nationale Gedenkstätte. Bundeskanzler Kohl selbst hatte die Gestaltung des Schinkel-Baus, der erstmals 1930 von Heinrich von Tessenow als Gedenkstätte für die Opfer des Ersten Weltkriegs umgebaut worden war, zur Chefsache erklärt. Das Ergebnis: Acht Jahre, nachdem der damalige Bundespräsident Richard von Weizsäcker den 8. Mai 1945 erstmals offiziell als Tag der Befreiung geehrt hatte, durfte der Kanzler sein Bitburg-Erbe wieder aufnehmen und in der Neuen Wache seine Lesart des Gedenkens einmeißeln lassen »Den Opfern von Krieg und Gewaltherrschaft«. Nur noch Opfer und keine Täter mehr – auch eine Form von »Normalisierung«, die selbst durch die Kollwitzplastik Pietà nicht grundsätzlich in Frage gestellt werden konnte.

Während die Diskussionen um das rechte deutsche Gedenken nach der offiziellen Einweihung der Neuen Wache zum Volkstrauertag 1993 erst einmal abgeflaut waren, hält die Debatte, die Wilhelm von Boddien mit seiner Stadtschloßattrape ausgelöst hat, heute unvermindert an. In ihr geht es freilich nicht nur um die Frage, ob nun der DDR-Palast der Republik erhalten oder das 1950 gesprengte Hohenzollernschloß wiederaufgebaut werden soll, sondern darum, in welchem Gewand die Mitte der Stadt daherkommen soll: in zivilem Tuch oder mit Pickelhelm.

Verantwortlich für die Dauer dieser Debatte ist vor allem das deutsche Bau- und Wettbewerbswesen. 1993, als Wilhelm von Boddien sein Luftschloß errichtete, waren die Entscheidungsträger noch davon ausgegangen, daß der Schloßplatz und weite Teile der Spreeinsel im wesentlichen mit Regierungsfunktionen zugepflastert werden sollte. Der mit dieser Maßgabe ausgelobte internationale Ideenwettbewerb, aus dem der Berliner Architekt Niebuhr als Sieger hervorging, endete schließlich mit der Vorgabe einer kompletten Tabula Rasa der DDR-Bebauung. Nicht nur das Außenministerium und der Palast der Republik sollten abgerissen werden, sondern auch das Gebäude des Staatsrats auf der südlichen

Platzseite. Doch es kam alles anders, als man dachte. Zwar wurde das Außenministerium abgerissen, der Palast der Republik steht aber noch immer und wartet auf seine Asbestsanierung, respektive seinen Abriß durch Sanierung. Das Staatsratsgebäude freilich ist verschont geblieben. Das Außenministerium, das ursprünglich die Platzmitte dominieren sollte, wird nun im Gebäudekomplex der ehemaligen Reichsbank, dem späteren ZK-Gebäude, sowie einem benachbarten Neubau untergebracht, womit die Nutzung des Schloßplatzes wieder offen ist. Für die Politiker ist die Debatte um diese Frage sichtbar Schwerstarbeit. »Wir haben noch immer kein Programm für diesen Ort«, outete sich im Mai 1994 die damalige Bundesbauministerin Irmgard Schwaetzer. Aber auch Schwaetzers Nachfolger Klaus Töpfer hat keinen Plan, es sei denn man würde die im Mai 1996 im Gemeinsamen Ausschuß Berlin–Bonn beschlossenen »Kernelemente eines Nutzungskonzepts« als ein Programm bezeichnen. Vorgesehen sind nun Konferenzräume, eine Bibliothek, ein Hotel, Geschäfte und Restaurants. Die Frage der baulichen Gestaltung dieses »Nutzungskonzepts« soll nun in einem Bauwettbewerb geklärt werden, dessen inhaltlichen Vorlauf die Stimmann-Nachfolgerin im Amt des Senatsbaudirektors, Barbara Jakubeit, übernommen hat.
Grund genug für den altgedienten DDR-Architekturkritiker Robert Frank, Alarm zu schlagen. »Soll hier wirklich der übliche Branchenmix entstehen wie jenseits der Spreebrücken an allen Ecken?« fragt er und fordert: »Bevor also für die Spreeinsel ein weiterer Wettbewerb ausgeschrieben wird, muß eine angemessene Bauaufgabe formuliert werden. Statt verbrauchter Umschreibungen von ›Nutzungsmischung‹ und ›Urbanität‹ erfordert das künftige Zentrum der Bundesrepublik eine schlüssige Idee.«[17] Wo, wenn nicht auf der Spreeinsel, fragt Frank, »ist das Bild oder Abbild unserer heutigen Gesellschaft zu entwerfen, ein möglichst vorbildliches Gehäuse, der öffentliche Raum einer längst beschworenen ›Berliner Republik‹?«
Wie sich die CDU das Gehäuse einer Berliner Republik vorstellt, erläutert Bausenator Jürgen Klemann. Auf die Frage, ob das Schloß wieder aufgebaut werden sollte, sagte Klemann in einem Interview: »Ja, natürlich. Ich halte die Schloßfassade städtebaulich für das einzig richtige Pendant zum Dom. Das Innenleben, die Nutzung des Stadtschlosses, ist dagegen noch offen, ebenso die Finanzierung. Berlin wird kaum dazu in der Lage sein.«
Beim Bau der neuen Hauptstadt geht es tatsächlich im wesentlichen um die Fassade, um ein Angebot an die geschundene Seele des Volkes, sich an nationaler Symbolik wieder aufzurichten, während die Schinder hinter den beeindruckenden Außenmauern in aller Ruhe ihren Geschäften nachgehen können. Außen barocke Fassade, innen Bankfilialen, Versi-

cherungsbüros und einige Bistros, das ist so ganz nach dem Geschmack des Bausenators. Da hilft es auch wenig, daß Senatsbaudirektorin Jakubeit seit ihrem Amtsantritt versucht, in der Debatte wieder andere Fragen ins Zentrum zu rücken: »Ich kann mir zum Beispiel nicht vorstellen, wie städtisches Leben um die Schloßfassade entsteht. Ist das hohe Sockelgeschoß des Schlosses geeignet, von dort aus ein Straßencafé zu bedienen?« Jakubeit wünscht sich andere Formen der Nutzung: »Ich denke, man sollte den Architekten von heute durchaus eine Chance geben, unter Beweis zu stellen, daß es auch zeitgemäße Konzepte für diese bedeutende Bauaufgabe gibt. Wenn tatsächlich unsere Architektengeneration diese ›Schlacht‹ um die Mitte Berlins ›verliert‹, dann werde ich darauf drängen, daß der historische Bau in seiner Qualität wirklich ernst genommen wird. (...) Ich will vor allem nicht, daß man hinterher über Berlin lacht.«

Ob Jakubeit mit ihrer Verhinderungsstrategie freilich Erfolg haben wird, darf bezweifelt werden. Längst schon ist »Schloßherr« Wilhelm von Boddien dabei, seine Legionen, vor allem aber Geld zu sammeln. Schon Ende 1996 hatte der gescheiterte »Berlin-Partner« ein Konzept vorgelegt, mit dem der Wiederaufbau der Schloßfassade privat finanziert werden sollte. Einzige Voraussetzung sei, daß das Land Berlin das Grundstück unentgeltlich zur Verfügung stelle.

Unabhängig allerdings von der Frage, ob nun Boddien oder die jüngere Architektengeneration die »Schlacht« um die Mitte Berlins gewinnen wird – die Mahnung Robert Franks blieb bisher weitgehend ungehört. Ein Raum der Demokratie, ein »Gesellschaftslabor für das 21. Jahrhundert«, wie es der Philosoph Peter Sloterdijk fordert, steht in Berlin zum Ausgang des zwanzigsten Jahrhunderts nicht auf der Tagesordnung. Selbst den Bündnisgrünen fällt zum Thema Palast, respektive Schloß, nichts anderes ein, als die Berlin-Bibliothek im sanierten Palast der Republik unterzubringen.

1    »Der Spiegel«, 16/1997
2    »Berliner Morgenpost«, 25.4.1997
3    ebd.
4    »taz«, 6.6.1997
5    ebd.
6    »taz«, 10.10.1990
7    Vgl. Barbara Junge, Julia Naumann, Holger Stark: »Rechtsschreiber. Wie ein Netzwerk in Medien und Politik an der Restauration des Nationalen arbeitet«, Berlin 1997
8    »taz«, 1.6.1996
9    »taz«, 7.9.1994 ·

10  »taz«, 25.3.1991

11  »taz«, 21.11.1996

12  Jürgen Habermas: »1989 im Schatten von 1945. Zur Normalität einer künftigen Berliner Republik«, in: ders.: »Die Normalität einer Berliner Republik«, Frankfurt/M., 1995

13  Klaus Hartung: »Der Hauptstadt-Plan. Operation am offenen Herzen«, ZEIT, 29.11.1996

14  Klaus Hartung: Hauptstadt-Plan, a.a.O.

15  Wolfgang Kil: »Würde, Idylle, Segregation«, in: Stadt. Plan. Mitte, a.a.O.

16  »Zitty«, 18/1997

17  Robert Frank: »Das Vakuum der zivilen Republik«, »taz«, 4.2.1997

# ELFTER TEIL:
## AM ENDE DER VERDRÄNGUNG?

*»Ich denke, daß man die zunehmende Aufhebung des Unterschieds*
*zwischen Realität und Nicht-Realität als Bestandtteil eines neuen*
*Modells sozialer Regulierung sehen muß, und daß dieses neue Modell*
*das alte, das für den Fordismus funktionierte, ersetzen wird. Dieses*
*Modell wird das der neuen Gesellschaften, der neuen Urbanisierung,*
*der neuen Städte und der neuen Ökonomien von heute sein. Und*
*ich nehme an, daß dieser besondere Prozeß der Post-Modernisierung*
*– die Schöpfung simulierten Lebens, eines Lebens voll von Simulacra,*
*exakte Kopien von den Dingen, die nicht existieren, Kopien von*
*Kopien – daß sich dieser Prozeß deshalb als neuer Modus sozialer*
*Regulierung durchsetzen wird, weil er allein die Explosion und*
*die Auflösung der Gesellschaft verhindern kann.«*
(Edward Soja)

*»Je mehr man hingegen bereit ist, diese Realität zu sehen, und je*
*mehr man die Ansprüche einer demokratischen Gesellschaft soweit*
*internalisiert hat, daß man mit jedem Menschen, gleich welcher*
*Herkunft, human und respektvoll umgehen möchte, desto mehr gerät*
*man in Konflikt mit dem eigenen Interesse an Zugehörigkeit und*
*Privilegierung (...) Die Frage ist nun, wie man mit diesen Konflikten*
*umgeht, ob man ihnen aus dem Weg geht, oder ob sie Anlaß zu*
*weiterer Auseinandersetzung werden.«*
(Birgit Rommelspacher)

## VOM AKTEUR ZUM STATISTEN

Die Szenerie könnte unterschiedlicher nicht sein. Während am Rosenthaler Platz in Mitte einige Punks um ein paar Mark betteln, im »Zosch« in der Tucholskystraße – mit seinem Fassadenspruch »Gewinnsucht ist heilbar« – ehemalige Besetzer aus Mitte ihr Bier zischen, trägt man gleich daneben, im Restaurant Hackescher Hof, Anzug und Krawatte. Es ist »in« geworden, sich am Hackeschen Markt sehen zu lassen. Man trifft den Senatssprecher in trauter Runde mit Berliner Rathausreportern ebenso wie zahlreiche Schauspieler, Jungkarrieristen, betuchte Singles auf der Suche nach betörender Unterhaltung oder Investoren auf der Jagd nach dem nächsten Immobilienschnäppchen.

Vor allem die Hackeschen Höfe, ein gründerzeitliches Ensemble mit neun Innenhöfen zwischen Rosenthaler- und Sophienstraße, avancierten in den vergangenen Jahren zum Ausgangspunkt einer rasanten städtebaulichen und kulturellen Entwicklung. »Zunächst war es die Kultur, die von den Höfen Besitz ergriff. Dann waren es die Höfe, die die Künstler in Besitz nahmen. Das ergraute Mauerwerk begann wieder zu atmen, wurde lebendig, bekam Farbe.«[1] So beschreiben die Buchautoren Peter Schubert und Janina Schreiber die jüngere Geschichte der Hackeschen Höfe. Es ist die Geschichte einer Entdeckung, Inbesitznahme und Aufwertung. Der Aufstieg der Hackeschen Höfe zum Tummelplatz für ein gehobenes Mittelschichtspublikum liest sich in den Worten der Buchautoren Schubert und Schreiber wie ein Modellstück aus dem Lehrbuch der »Gentrification«: »Den Künstlern folgten andere«, schreiben Schubert und Schreiber, »die sich vom Charme der Hackeschen Höfe betören und einfangen ließen, auch Journalisten, (Kunst-) Historiker, Stadtplaner, Denkmalpfleger oder einfach nur Liebhaber und Ästheten, schließlich Politiker. (...) Bereitwillig gesellten sich weitere – mittel- oder unmittelbar – Beteiligte hinzu, die als Beobachter, Chronisten oder Akteure ihrerseits Wissen, Empfindungen, Gedanken oder Anregungen einbrachten, mit dem gemeinsamen Ziel, sich für den Erhalt und eine Wiederbelebung der Hackeschen Höfe zu engagieren.«[2]
Was für die einen die Geschichte einer Wiederbelebung ist, ist für andere die Geschichte eines Verlustes. Der Architekturkritiker Wolfgang Kil etwa liebt an der Spandauer Vorstadt, dem vorgründerzeitlichen Viertel zwischen Hackeschem Markt, Torstraße, Alexanderplatz und Friedrichstraße, vor allem die überraschenden Entdeckungen, die unverhofften Einblicke, das Provisorische. In den Hackeschen Höfen gibt es für ihn nichts mehr zu entdecken. »Die Tiefe der Stadt«, die mit der Bezeichnung Höfe verbunden sei, sei in den Hackeschen Höfen nurmehr »Verrat«. Von Verlust und Verrat freilich sprechen die »Liebhaber und Ästheten«, von denen bei Schubert und Schreiber die Rede ist, nicht so gerne. Sie sehen sich weniger als Kolonisierer als vielmehr als kulturelle Entdecker, als eine Art postmoderner Kolumbus, deren städtebauliche »Leistung« schließlich allenthalben Anerkennung fand: »(Die Wiederbelebung, U.R.) wurde anfänglich von Alteingesessenen als Okkupation aufgefaßt, skeptisch beäugt, bisweilen offen bekämpft. Inzwischen jedoch haben wohl die meisten erkannt, daß der dynamische Wandel, dem das Gebäude seit nunmehr drei Jahren unterliegt, selbst jener vor allem an den Wochenende wogende Besucherstrom, insbesondere Resultat einer Preokkupation sind, und zwar von jenen, deren Faszination

für die Draufsicht noch nicht getrübt war. Kamen sie, doch nicht anders als heute Spaziergänger und Flaneure auf Biberkopfs Spuren, als Neugierige und nicht als Eroberer.«[3]

Ganz offensichtlich sind Orte wie die Hackeschen Höfe für Liebhaber und Ästheten nicht nur der Fluchtpunkt urbaner Begehrlichkeiten, sondern auch dazu geeignet, historischen Schwelgern und Möchtegernflaneuren die Feder zu führen. Doch auch Dieter Hoffmann-Axthelm, zu Kreuzberger Zeiten noch engagierter Verfechter eines behutsamen Umgangs mit Bewohnern sowie der Wirklichkeit, versteigt sich angesichts der urbanen Kulisse am Hackeschen Markt im munteren Mythenbasteln: »Die tertiarisierten, öffentlich zugänglich gewordenen Höfe bilden nunmehr die Membran, die den Druck der City auf die Spandauer Vorstadt filtert.«[4]

Yuppies und Künstler als Schutz gegen Banker und Broker? Wie sehr sich Hoffmann-Axthelm mit solchem Denken in die Tasche lügt, zeigte die jüngste Sozialstudie des Büros BfSS über die Spandauer Vorstadt. Demnach ist mehr als die Hälfte der Bevölkerung erst nach 1990 in das Altstadtquartier zwischen Oranienburger Tor, Rosenthaler Platz und Hackeschen Markt gezogen. Woher die Neubewohner stammen, ist nicht zuletzt dem im Vergleich zu anderen Gebieten Ostberlins deutlich gestiegenen Haushaltseinkommen zu entnehmen. Fast jeder dritte Haushalt in der Spandauer Vorstadt hat mittlerweile ein Haushaltsnettoeinkommen von über 4.000 Mark und liegt damit 1.500 Mark über dem Bezirksdurchschnitt.[5]

Doch die Verdrängung der angestammten Bewohner ist nicht die eigentliche »städtebauliche« Leistung der von Hoffmann-Axthelm als »Prototyp« gefeierten »Tertiarisierung« am Hackeschen Markt. Es ist auch nicht die Verdrängung der bisherigen Nutzungen, des verarbeitenden Gewerbes oder zahlreicher Ladengeschäfte zugunsten von Galerien, Lifestyle-Kneipen oder Boutiquen. Es ist vielmehr die Art der Nutzung selbst, bei der der Nutzer nicht mehr städtischer Akteur, sondern passiver Konsument einer zur Benutzeroberfläche gewordenen Szenerie ist. Wie auf einem hochauflösenden Monitor wartet in der postmodernen Kulisse rund um den Hackeschen Markt alles auf den Mausklick durch den User. Bei genauerer Betrachtung erscheint sogar die 1996 restaurierte Außenfassade als großformatiger Bildschirm, auf dem die Programme der Hackeschen Höfe golden flackern. Sie lauten: »Hackescher Hof«, »Galerie Aedes«, »Artificium«, »Varieté Chamäleon« und so weiter. Die dazugehörigen Programmgruppen lauten: »Flanieren«, »Sehen und sich sehen lassen«, »Restaurantbesuch«, »Kino«, »Hofwanderung«, »Erlebnisshopping«. Die jeweiligen Kulissen und Bildschirmhintergründe heißen abwechselnd: »Jüdisches Schtetl«, »Scheunenviertel«, »Architekturgeschichte«, »historisches Berlin«, »Altstadt« oder »dunkle Gassen«. Abstürze sind freilich, so dunkel die Gassen auch sein mögen, nicht vorgesehen.

Erst recht nicht politisches oder soziales, ja noch nicht einmal kulturelles Handeln. Als steingewordene Kulisse der »Unwirklichkeit der Städte« sieht die unsichtbare Regie des Ortes nur noch kulturellen Konsum vor. Es ist ein beinahe perfektes Drehbuch, an dem nicht nur die ehemaligen Akteure und nunmehrigen Statisten, sondern auch Politiker und Image-Macher ihre Freude haben. Das Bedürfnis des individualisierten Stadtbürgers nach einem, seinen individuellen Wünschen zugeschnittenen kulturellen Ambiente korrespondiert aufs trefflichste mit dem Interesse der Standortpolitiker an einem Vorzeigeort für die Stadtkultur von morgen. Das durch die Krise der Polis, durch das Verschwinden des Politischen und der Öffentlichkeit entstandene Vakuum, so der Architektursoziologe Werner Sewing, »wird (…) besetzt von den Profis der Inszenierung: Architekten und/oder Investoren definieren die Hardware des gebauten öffentlichen Raums. Kulturmanager bedienen die Software. Politiker und Stadtmanager sorgen je nach Klientel – mehr schlecht als recht – für die Vernetzung der Lobbies, die Durchsetzung organisierter Interessen und die Außendarstellung der Corporate Identity: Stadtmarketing nach innen wie nach außen.«

Die Konsumenten der städtischen Software können nur noch zwischen verschiedenen Angeboten wählen. Handeln im Sinne der Aneignung und Veränderung der Bedingungen der eigenen Existenz ist nicht mehr vorgesehen. Die Konsumenten sind – ohne es zu merken – zu Statisten geworden, für die die soziale und wirtschaftliche Realität – selbst ihre eigene – im Moment des Konsums in Vergessenheit gerät. Mehr noch: Dieser Konsum als Verdrängung erfordert natürlich die nötigen finanziellen Ressourcen. Um so wichtiger wird Geld und mit ihm Arbeit, Beruf und Karriere. Das ist der hedonistische Geist der Zeit, von dem die Hackeschen Höfe künden: schneller, teurer, weiter. Man gönnt sich ja sonst nichts. Die Dynamik von Entfremdung und Verdrängung, Arbeit und Konsum verläuft dabei umso rasanter, je konsequenter die Bilder der verdrängten Realität ausgelöscht werden. Je fortgeschrittener die postmoderne Inszenierung des »eigenen Lebens« ist, desto weniger werden die individuellen Statisten überhaupt noch das Bedürfnis entwickeln, die Bedingungen, unter denen dieses Leben stattfindet, verändern zu wollen. Dabei sein ist alles. Sich der Dynamik des Verschwindens zu entziehen, hieße ja, etwas verpassen zu können.

## MYTHOS STATT WIRKLICHKEIT

Verdrängungskünstler gibt es, im wahrsten Sinne des Wortes, nicht wenige in der Spandauer Vorstadt. Zum Beispiel Gerd Harry Lybke von der Galerie Eigen+Art: »Das Viertel ist wie ein weißes Blatt Papier«, glaubt Lybke, »auf dem Du die Signaturen noch eintragen kannst, oder es ist wie bei einem Stadtplaner, der nicht nur Häuser plant, sondern der auch Pläne für die Städte mit beilegt.«

Oder Klaus Biesenbach: Über die Kunst- und Galerienmeile Augststraße schrieb der Kunstsammler bereits 1992: »Ende der 80er Jahre war das Gebiet fast menschenleer und in insgesamt marodem Bauzustand. Die ersten Neusiedler waren dann Hausbesetzer, die Wohnungen, Fassaden und Höfe auf ihre Weise umgestalteten.«

»Wäre das Gebiet tatsächlich menschenleer gewesen«, konterte die Ostberliner Journalistin Ulrike Steglich in einem Beitrag für die Stadtteilzeitung »Scheinschlag«, »hätte der Mitbegründer der ›Galerienmeile‹ nicht mehr über das so begehrte wie mystifizierte Viertel schreiben können: schließlich verhinderten ausgerechnet die angeblich nicht existierenden Eingeborenen 1988 den geplanten Abriß des Viertels, in dem Biesenbach nun seine ›Kunst-Werke‹ betreibt.«

Doch die unmittelbare Vor- und Nachwende-Geschichte der Spandauer Vorstadt, der Zuzug in die vom Abriß bedrohten Altbauten in den achtziger Jahren, der Widerstand gegen die Zerstörung des Viertels durch eben jenen Abriß, kann gegen das Anliegen zahlreicher Zeitgenossen, wenigstens an einem Ort der Stadt ihr Bedürfnis nach Transzendenz und Mythos, nach Verdrängung einer allzu unsinnlichen Wirklichkeit ausleben zu dürfen, offenbar nicht standhalten. Wo es um die Zukunft der »goldenen« neunziger Jahre geht, steht das Provisorium der achtziger nur im Weg.

Was schert also die Realität, wenn die Legende der Kolonisierung und Entdeckung ungleich aufregender ist? Geschichte verpflichtet schließlich nur. Für die Protagonisten eines bedingungslosen Neubeginns ist das eine unerträgliche Bürde. Also wird Geschichte zugunsten von Geschichten und Anekdoten aufgelöst: »Wir gehen durch die Hackeschen Höfe. Schreiende Stille, anheimelnd und beklemmend, wohin man schaut – Steine mit Geschichte(n)«, schreiben Peter Schubert und Janina Schreiber: »Das Gemäuer, ein Gesicht voller Narben. Für die Menschen, die hier wohnen, die hier arbeiten, schon seit Jahrzehnten womöglich, und die, die den Block jahrelang, meist täglich und wie selbstverständlich, als Abkürzung vom Hackeschen Markt zur Sophienstraße, durch-

wegen, scheint dieser Eindruck entrückt, gar unmöglich.« So kommt es
wohl, folgern Schubert und Schreiber, »daß dieses einzigartige Gebäu-
deensemble und vermutlich größte Hofgeflecht Europas erst nach der
sogenannten Wende, 1989, als das entdeckt wurde, was es ist: ein denk-
malpflegerisches und städtebauliches Juwel, nicht nur für Berlin.«[6]
Am Anfang »standen alle Türen offen und alle Welt marschierte herein«,
kommentierte der Ostberliner Journalist André Meier verbittert die Zerstörung des Viertels durch seine »Entdecker«: »Und wie jede andere In-
vasion legitimierte sich auch diese durch den flotten Zugriff auf die Geschichte. Eilig begann man Kontinuität zu suggerieren. Mehr als ein
halbes Jahrhundert Kiezgeschichte wurde kurzerhand zum historischen
Betriebsunfall erklärt, der entweder ›aus Nachbarn Juden werden‹ oder
›Häuser verkommen‹ ließ.« Plötzlich, schreibt Meier, »war das ›Scheunenviertel‹ schon immer und überall. Schneller als die ahnungslosen
Mieter auf den Altberliner Beton-Balkonen ihre Wagenräder gegen Sa-
tellitenschüsseln auswechseln konnten, wuchs unter ihren Blumentöp-
fen ein Potemkinsches Dorf. In seinen beschaulichen Straßen wurde
die Geschichte wie ein totes Schwein tranchiert, und noch immer
nimmt sich jeder, was er braucht: Ein bissel jüdische Kultur, ein paar
Huren, und Kunst, Kunst, Kunst...«[7]
Es ist die Geschichte der Mythenbildung in der Spandauer Vorstadt, die
Meier beschreibt. Um die einstige Alltagswirklichkeit rund um den
Hackeschen Markt auf den Bildschirm zu ziehen und die Geschichte
der Spandauer Vorstadt auszublenden, bedurfte es zunächst ihrer Verfilmung. Die Images »Scheuneviertel« oder »jüdisches Viertel« boten sich
da geradezu an, obgleich es jüdisches Leben in der Spandauer Vorstadt
– die Gründe sind bekannt – in den Jahren ihrer Verfilmung kaum noch
gab. Plötzlich aber war überall Jüdisches. »Im neuen Stadtteilführer«,
schreibt Meier, »wirbt das Café ›Oren‹ mit ›koscheren Spezialitäten im
Schatten der Synagoge‹. Auch am Samstag, Sabbat hin oder her, läuft
das Bier in Strömen. Genauso wie nebenan im ›Silberstein‹. Eine große
Bronze vor dem Tresen ruft dort die Erinnerung an den alten Banda-
genladen wach, dessen Werbeschrift noch schwach an der Kneipenfas-
sade schimmert.«[8] Vorläufiger Höhepunkt der zur Wirklichkeit stilisier-
ten Reminiszenz an das alte jüdische Viertel war eine riesige Fahne mit
einem Davidstern, die in der Rosenthaler Straße hinter dem Schaufenster einer Boutique hing. In einer »Schmähschrift gegen den Mythos
Scheunenviertel« zieht André Meier ein Fazit dieser als Wiederentdeckung gefeierten Verdrängung: »Fünfzig Jahre nach den Gaskammern
von Auschwitz-Birkenau wollte man genau dort weiterspielen, wo der

Kassenarzt Dr. Döblin seinen einarmigen Luden Franz Biberkopf ins geregelte Hilfsportierleben entließ. Als weichgespültes Revival folgen – hoppla – auf die ›goldenen‹ zwanziger die ›bunten‹ neunziger Jahre.« Daß bei diesem Zeitsprung, der die Kontinuität eines multikulturellen Stadtgeistes suggeriere, so Meier, »mehr als einhundertfünfzigtausend Berliner Juden wieder auf der Strecke bleiben, wird entweder folkloristisch überspielt oder dient den ortsansässigen Kulturarbeitern und Kulturgastronomen als willkommene moralische Legitimation.«[9]
Geschichte als Spiel. Gegenwart als Mythos. Sind die Filme – neben dem »Jüdischen Viertel« lauten ihre Titel abwechselnd »Sündenbabel« oder »Altstadt« – erst einmal im Kasten und die alten Wirklichkeiten ausgeblendet, bedarf es zunächst einer gewissen Absicherung gegenüber vermeintlichen Kritikern, eines spielerischen Umgangs mit der alten und neuen Wirklichkeit. Es ist ja alles gar nicht so ernst, gar nicht so gemeint, ist deshalb die Botschaft, die in Namensgebungen wie Varieté Chamäleon oder der Buchhandlung »Artificium« steckt.
Es ist aber doch so gemeint, mit der Zeit merkt es nur keiner mehr. Längst schon hat sich die Imaginierung der Wirklichkeit vor die Realität geschoben, hat sich die Realität dem Bild ihrer selbst angepaßt. Die Hackeschen Höfe sind bereits überall. In unmittelbarer Nähe etwa will ein Investor in der Rosenthaler Straße nun ebenfalls »Höfe« ins Innere des Blocks brechen. Zwischen der Sophien- und der Gipsstraße hat ein Privateigentümer seine »Sophie-Gips-Höfe« in neonrotes und blaues Licht getaucht. Und gegenüber den »alten« baut die Wohnungsbaugesellschaft Mitte in Zusammenarbeit mit einem Privatinvestor die »neuen« Hackeschen Höfe und dies, obwohl in diesem Neubauzirkus der Architekten Götz Bellmann und Walter Böhm kein einziger Hof öffentlich zugänglich sein wird. Das ist das eigentlich Prototypische an der Spandauer Vorstadt. Aus der Kopie der Wirklichkeit wurde die Wirklichkeit der Kopie und schließlich die Kopie der Kopie. Immerfort betritt man neue Kneipen, die einander gleichen, ohne das einer wüßte, wer diesen Stil, der nun fortwährend kopiert wird, kreiert hätte. Das Quartier ist ein Viertel ohne Autorenschaft, dessen Oberflächentext nur noch von urbanen Statisten gelesen werden kann. Die urspünglichen Personen und Akteure kommen darin nicht mehr vor. Es herrscht ein ständiges Kommen und Gehen, die Taktfolge des urbanen Zappens wird immer schneller. Man kann sich als Nutzer nur noch einlassen, die Szenerie verändern kann man nicht mehr, man ist ein Teil ihrer selbst geworden, man kann nicht mehr handeln, nur noch fliehen oder – was dasselbe ist – mitspielen. Die postmoderne Verheißung der Infobox am

Leipziger Platz, die »zunehmende Aufhebung des Unterschieds zwischen Realität und Nicht-Realität«, die der amerikanische Stadtsoziologe Edward Soja als neues Modell sozialer Kontrolle ausgemacht hat[10] – am Hackeschen Markt ist sie fast schon »Wirklichkeit« geworden.

Eine solche Veränderung städtischer Wirklichkeit ist dabei umso bemerkenswerter, als die Träger dieser sozialen Kontrolle zum großen Teil jenen Schichten und Milieus entstammen, die einmal die Basis der neuen sozialen Bewegungen gebildet haben.

## DAS ENDE DER NEUEN SOZIALEN BEWEGUNGEN

»Wir befinden uns am Anfang des Jahres 1981: Es vergeht kaum eine Woche ohne neue Hausbesetzungen. Die Straßenschlachten im Dezember '80 lassen eine polizeiliche Lösung des ›Besetzerproblems‹ kaum durchsetzbar erscheinen. Die Medien greifen Themen wie ›neue Wohnungsnot‹, ›Krise der Stadterneuerung‹ oder ›Jugendprotest‹ begierig auf. Aktiver Widerstand und öffentlicher Legitimationsverlust der Berliner Sanierungs- und Wohnungspolitik verstärken sich jetzt gegenseitig. Das Schlagwort von der ›Unregierbarkeit‹ Berlins macht die Runde. Der SPD-Senat wirkt wie gelähmt: Die Verantwortlichen müssen zugeben, Fehler gemacht zu haben; Senatoren werden durch auswärtige Politiker ersetzt. Die Nachfolger sprechen von Versäumnissen, vom sozialdemokratischen ›Berliner Filz‹, von Strukturproblemen und davon, daß sich einiges »ändern werde«.[11]

Mit diesen Worten beschreibt Karl Homuth, einer der ersten und linken Kritiker der behutsamen Stadterneuerung in Kreuzberg, den Beginn des Westberliner Häuserkampfes Anfang der achtziger Jahre, der als Teil der neuen sozialen und städtischen Protestbewegungen zum Gegenstand zahlreicher wissenschaftlicher Untersuchungen und Mythen geworden ist. Doch inwiefern hat die damalige Häuserbewegung tatsächlich Einfluß genommen auf die politische und gesellschaftliche Landschaft in dieser Stadt?

Der allgemeine politische Legitimationsverlust des Westberliner Senats, den Homuth anspricht, ist zunächst ein Hinweis darauf, daß es den damaligen Hausbesetzern – anders als den meisten Anfang der neunziger Jahre – nicht in erster Linie um die Beseitigung der eigenen Wohnungsnot gegangen war, sondern, daß sie in der Lage waren, über die Aneignung leerstehenden Wohnraums hinaus allgemeine gesellschaftliche Mißstände wie auch politische und wirtschaftliche Interessenkonstellationen anzugreifen. Schließlich ist ihnen auch gelungen, nicht nur den

Stobbe-Senat zum Rücktritt zu zwingen, sondern auch die für 1982 geplante Abschaffung der Mietpreisbindung um fünf Jahre hinauszuzögern.

Ihre soziale Basis hatte die Bewegung in Berlin vor allem in den zahlreichen Projekten, Kollektiven, besetzten Häusern, Wohngemeinschaften, Freiräumen und Nischen, in denen die Vorstellungen von Autonomie und Selbstbestimmung als konkreter Gegenentwurf gegen die kapitalistische Fremdbestimmung gelebt werden sollten. Daß die von vielen der Akteure angestrebte soziale Gegenmacht allerdings bloße Wunschvorstellung bleiben mußte, ist letztlich der erstaunlichen Anpassungsfähigkeit der Berliner Politik geschuldet. Diese hatte auf die schon Ende der siebziger Jahre durch zahlreiche Proteste und immense Kostensteigerungen ins Stocken geratene Kahlschlagsanierung mit ersten Modellen der Betroffenenbeteiligung und der Auslobung des Wettbewerbs »Strategien für Kreuzberg«, mithin der Beginn der behutsamen Stadterneuerung, reagiert.

Karl Homuth hatte als einer der ersten die Doppelfunktion dieser Politik als Zugeständnis einerseits und Modernisierung des politischen Systems anderseits erkannt und analysiert. Die »behutsame« Stadterneuerung, schrieb Homuth, »bindet Protestpotential in Strukturen aktiver Mitarbeit ein. Sie dehnt die Konsensfähigkeit städtebaulicher Veränderungen auf bisher unbeteiligte Bevölkerungsgruppen aus. Sie überträgt Forderungen, Interessen und Bedürfnisse einer heterogenen Vielzahl von ›Betroffenengruppen‹ in verwaltungsadäquate Problemdefinitionen und Handlungsabläufe.« Damit, resümiert Homuth, »sensibilisiert und reformiert sie gleichzeitig die herrschende Administration«.[12]

Das in der behutsamen Stadterneuerung erprobte System der »fürsorglichen Belagerung« hat schließlich auch große Teile der städtischen Protestbewegung erfaßt. Mit ersten Verhandlungsangeboten gegenüber den Besetzern und ihrer Einbindung in Selbsthilfeprojekte eroberte sich der Westberliner Senat spätestens Mitte der achtziger Jahre seine Handlungsfähigkeit zurück. Die Politik der repressiven Toleranz, des »Teile und Herrsche«, die erfolgreiche Spaltung in Verhandler und Nichtverhandler, in konstruktive Kritiker und destruktive Gegner der herrschenden Verhältnisse, bestimmte bis zum Fall der Mauer die Berliner Politik gegenüber ihrer außerparlamentarischen Opposition insgesamt – und das Verhältnis der Linken untereinander. Und es schuf eine geradezu groteske Situation, die nur unter den Sonderbedingungen der Westberliner Mauerexistenz zu verstehen ist. Da gab es militante Gegner der Verhältnisse, die nicht mehr Immobilienhaie »angriffen«, sondern die

»Grenzträger der Macht«, wie den aus der Bewegung hervorgegangen alternativen Sanierungsträger »Stattbau« oder den Verein SO 36. Es gab Mitarbeiter von sozialen Projekten, die als Zuwendungsempfänger des damaligen CDU-Sozialsenators Ulf Fink 364 Tage im Jahr Sozialarbeit leisteten, um am 1. Mai in Kreuzberg ihrer ganzen Wut gegenüber dem »Schweinesystem« freien Lauf zu lassen. Und es gab ehemalige Militante, die binnen weniger Monate ihr Interesse an den Kämpfen in der Dritten Welt verloren, um sich fortan mit aller Energie der Verteidigung von Tempo-30-Zonen zu widmen.

Mit der staatlichen Alimentierung war es dem Senat – wenn auch mit einem nicht unerheblichen Kostenaufwand – gelungen, die neuen sozialen Bewegungen im Großen und Ganzen wieder auf die politische Bedeutung und das Bewußtsein einer Bürgerinitiative zurechtzustutzen, ohne daß es deren Akteure besonders aufgefallen wäre. Was die Akteure und somit große Teile der Westberliner Linken immerhin verband, war die Überzeugung, weiterhin außerhalb des kapitalistischen Konsens zu stehen, und wenn schon nicht von außen gegen die Verhältnisse zu kämpfen, dann doch zumindest sie von innen auszuhöhlen.

Welche Illusion sich hinter der Überzeugung der eigenen konsequenten Gegnerschaft verband, auf welcher Spielwiese dieser Kampf über lange Jahre stattgefunden hat, wurde – wenn überhaupt – erst nach dem Fall der Mauer realisiert. Plötzlich begann nicht nur für die Ostberliner der Ernst des – kapitalistischen – Lebens, sondern auch für viele Westlinke. Was man brauchte, konnte man sich nun nicht mehr selbstverständlich beim Sozialsenator oder dem Bezirksamt abholen, sondern mußte es oftmals andersweitig erwerben. Und da das Leben teurer geworden war, brauchte man auch mehr Geld. Ausreichend Geld. Man mußte also ausreichend arbeiten gehen. Man war – in anderen Worten – dort angekommen, wo man – ohne es sich einzugestehen – schon immer gewesen war: mitten in der Gesellschaft. Man war ein Teil dessen, was man einmal vorgegeben hatte, zu bekämpfen.

Diese verspätete Einsicht ist um so folgenreicher, als es die Linke nicht gelernt hatte, politische Forderungen im Wissen um die eigene Rolle als Teil der Verhältnisse zu formulieren. Auch das ist eine Geschichte der Verdrängung: jene nämlich, der eigenen Positionierung innerhalb des gesellschaftlichen Gefüges. Anstatt die Komplexität und die Widersprüchlichkeit sowohl dieses Gefüges als auch seiner eigenen Existenz darin anzuerkennen, suchte man nach sinngebenden Eindeutigkeiten, nach plakativen Polarisierungen, nach Antworten statt nach Fragen. Entweder man war Opposition, stand also außen, oder man war Mittäter. Entweder man war, wie es das RAF-Mitglied Holger Meins einmal zugespitzt formuliert hat, Mensch oder Schwein, Problem oder Lösung. Diese Mißachtung der Bedingungen der eigenen politischen Existenz wird geradezu zum linken Treppenwitz, wenn man nun, da man mit den realkapitalistischen Verhältnissen konfrontiert ist, wieder einmal nicht als Teil dieser Verhältnisse handelt, sondern – der Prophezeiung des selbstkonstruierten Gegensatzes folgend – sich endgültig in den Verhältnissen einrichtet. Damit wäre dann endgültig der Blick verstellt: nicht nur auf die Bedingungen der eigenen Existenz und Handlungsmöglichkeiten, sondern auch auf all diejenigen, die wirklich draußen sind, aber nicht mehr rein können.

## DABEI SEIN IST ALLES

Vor den Westberliner Aktivisten der neuen sozialen Bewegungen Mitte der achtziger Jahren waren jedoch bereits die Grünen in der politischen Heimat der Bundesrepublik angekommen. Vor einiger Zeit hat der Grüne und Frankfurter Hochschullehrer Micha Brumlik diese Ankunft, aber auch ihre Tragik nachgezeichnet: »Der Weg unserer Läuterung in die gegenwärtige Realität hinein läßt sich durch wenig besser illustrieren, als daß ausgerechnet die Reste der Neuen Linken und sozialen Bewegungen die letzten Liebhaber des rheinischen Kapitalismus geworden sind.« Es ist dies freilich eine unglückliche Liebe, wie Brumlik bemerkt: »Aber auch mit dieser späten Liebe verhält es sich nicht anders als mit der melancholischen Zuneigung zur alten Bundesrepublik, zu Konrad Adenauers Weststaat. Kurz nachdem die Zuneigung am stärksten war, blich das Objekt der Begierde dahin.«[13]

Das Dahinscheiden, von dem Brumlik spricht, ist aber nicht nur für jene von – geradezu tragischer – Bedeutung, die einmal auch im Westen den Menschen zum Maß aller Dinge machen wollten, sondern vor allem für jene von – geradezu existentieller – Bedeutung, in deren Namen die Akteure der neuen sozialen Bewegungen nicht zuletzt angetreten waren, um die gesellschaftlichen Verhältnisse radikal zu ändern: die Benachteiligten und Marginalisierten. Seitdem die realkapitalistische Wirklichkeit den »Alternativkapitalismus« der Westberliner Mauerzeit eingeholt hat, markiert nicht mehr der Gegensatz von oben und unten das soziale Gefüge, sondern immer mehr der zwischen »drinnen« und »draußen«, zwischen »in« oder »out«. Der Sieg der Ökonomie über die Politik hat auch die Adressaten heutiger Politik verändert. Die Klientel ist kleiner geworden. Es sind die, die es geschafft haben, die dazugehören. Wer es nicht geschafft hat, ist »out«, gilt als »überflüssig«, hat kein Recht mehr auf Fürsorge. Wer »out« ist, ist zur Verdrängung freigegeben. Dabeisein ist zur Überlebensfrage geworden. Die Spielwiese ist dem Kampf um die eigene Existenz gewichen. Die Biographien der einst Oppositionellen wurden, wie auch die der bewußt Dazugehörigen, zu Risikobiographien. Das Risiko ist somit – im Zeitalter der Differenzierung der Lebensstile – die einzig verbliebene Kategorie des »Gesellschaftlichen«. Je risikoreicher freilich die eigene Existenzsicherung wird, desto risikoloser bewegt man sich im Raum der Reproduktion. Entsprechend gering ist das Bedürfnis nach Grenzüberschreitung. Die Barrieren zwischen »in« und »out« werden zum gesellschlichebn Konsens, einer selbstgesetzten Grenze der »Ins«, die nötig ist, um sich die Gefahren und Bilder des eigenen Abstiegs vom Halse zu halten. Nun, da es tatsächlich ernst geworden ist, da die Konsequenzen der Risikogesellschaft auch an den Trägern der oppositionellen Bewegungen nicht spurlos vorbeigezogen sind, will man plötzlich nicht mehr draußen und somit auf der Verliererseite stehen. Wenn man aber schon drinnen mitmischt, dann auch richtig. Mit allem drum und dran: einem richtigen Job, dem entsprechenden Gehalt und einem Auto, das einen auf die Datsche bringt, und mit der entsprechenden Ausstattung an kulturellem Kapital. Vor allem aber mit der nötigen Geschwindigkeit. Schließlich gilt es, verlorene Zeit und Boden gutzumachen, sich nicht mehr länger unangenehme Fragen zu stellen, sondern das Leben zu genießen, sei es beim Prosecco in den Hackeschen Höfen oder dem Verwirrspiel mit der Realität im Varieté Chamäleon.

## DIE NEUE SOZIALE FRAGE

Im Zusammenhang mit den Folgen der Globalisierung ist in den letzten Jahren oft von Nachhaltigkeit und Entschleunigung, von der zunehmenden Bedeutung des Lokalen die Rede gewesen. Hinter diesen zunächst sympathisch klingenden Überlegungen verbirgt sich freilich nicht selten das politische Interesse der »Ins« an der Verbesserung der eigenen Lebensqualität. Auch wenn sich die Wirklichkeit Berlins noch nicht wie in manchen amerikanischen Städten zwischen »Ghetto« und »Zitadelle« – dieser konsequenten räumlichen Trennung von »in« und »out« – abspielt, ist das Bedürfnis nach geschlossenen Räumen und Verdrängung durchaus vorhanden.

Das andere Bedürfnis, das nach Kommunikation mit Fremden, das Bedürfnis nach offenen Räumen, wird dabei mehr und mehr mittels der neuen Medien befriedigt und virtualisiert. In den offenen Räumen des World Wide Web kommuniziert es sich im Gegensatz zur rauhen Wirklichkeit auf manchen Straßen nachgerade sicher. Die Telepolis ist unendlich und – eine Zentralheizung vorausgesetzt – warm zugleich. Vom städtischen Elend ist dort, ebenso wie in den Simulationen der Infobox, nichts zu sehen. Vor allem aber kann man den Kontakt zum Netzpartner schnell wieder abbrechen. Man muß sich im offenen Raum des Netzes nicht auf ein materielles Gegenüber einlassen, sondern kann dort, wo es opportun erscheint, enge Grenzen ziehen. Der endgültige Zustand der Verdrängung, der Tod der Materie, das Verschwinden der Körper der anderen, ist im offenen Raum des Netzes bereits die Voraussetzung für Kommunikation.

Wie wenig das Bedürfnis der Mittelschichten nach Kommunikation die Dynamik der Verdrängung durchbrechen kann, zeigt sich aber nicht nur im Internet oder am Hackeschen Markt, sondern auch im mangelnden Interesse, überhaupt die Verdrängung wahrzunehmen und zum Thema zu machen. Als im Juli 1997 in Berlin und anderen Städten zahlreiche Aktionen und Happenings gegen Ausgrenzung, Privatisierung und Sicherheitswahn stattfanden, blieben die Akteure der verschiedenen politischen, künstlerischen, linken und antirassistischen Initiativen weitgehend unter sich. Die ehemaligen Träger der neuen sozialen Bewegungen und nunmehrigen Liebhaber des – allerdings untergegangenen – rheinischen Kapitalismus waren mit anderen Dingen beschäftigt. Wer aber soll und kann die Logik der Verdrängung dann noch durchbrechen?

Für Micha Brumlik bleibt in diesem Zusammenhang nur eine Konsequenz: die soziale Frage und damit auch die »Systemfrage« wieder zu stellen: »Denn ohne den Blick über die Grenzen des Wirtschaftssystems hinaus wird es noch nicht einmal möglich sein, die Grenzen der gegenwärtigen Tagespolitik zu überschreiten. Vielleicht eröffnen sich dann Perspektiven, die mehr zeigen als den faden Mix von Debatten über Spitzensteuersätzen, Sparappelle, Privatisierungsmaßnahmen und Umwandlung öffentlicher Verwaltungen in Profitcenter und den Appell an das Gute im Menschen, das heute Gemeinsinn heißt.«[14]

Brumlik ist davon überzeugt, daß die Theorien der »Civil Society« und des Kommunitarismus nicht die richtige Antwort auf eine Situation sind, »die durch eine Zunahme der Armut in der Welt, die das Elend der sechziger Jahre weit überschreitet« gekennzeichnet ist. Könnte es also sein, fragt er, »daß wir heute also weniger über Kommunitarismus denn allen Ernstes über Kommunismus nachzudenken hätten?« Kommunismus im Zeitalter des Postkommunismus, das heißt für Brumlik, »mehr und mehr Lebensbereiche dem Marktmechanismus zu entziehen«. Warum, so fragt der grüne Hochschullehrer, »erfindet man also nicht – anstatt über die steuerlichen Entlastung des Mittelstands und die Reform des Stiftungsrechts nachzusinnen – neue Genossenschaftsmodelle als eigene Rechtsform und bevorteilt sie entsprechend? Warum kein finanzieller Lastenausgleich von Reich zu Arm? Warum keine Kapitaltransfersteuer? Warum nicht anerkennen, daß es der gestiegenen Produktivität der Maschinen wegen einen Zuwachs an Arbeitsplätzen nur noch im Bereich personenbezogener Dienstleistungen geben kann?«

Enttäuscht über die Verdrängung der sozialen Frage durch die eigene Partei, kolportiert Brumlik gleichsam deren Antwort: »Weil es in diesem Rahmen nicht geht – es rechnet sich nicht, nicht in Mark und nicht in Wählerstimmen.« In eben dieser erwartbarsten und zugleich phantasielosesten aller möglichen Reaktionen, bilanziert Brumlik, »liegt das Problem der grünen Partei. Die grüne Partei, die wir verändern wollten, hat uns assimiliert; anstatt sie zur Kenntnis zu nehmen, sind wir ein Teil von ihr und damit um eine Hoffnung ärmer geworden.«

## DAS RECHT AUF DIE EIGENE EXISTENZ

Als am 27. August 1997 die Spitzenvertreter der deutschen Arbeitgeberverbände den Grundstein für ein gemeinsames Verbandsgebäude in der Breiten Straße in Mitte legten, war nur ein kleines Häufchen von Demonstranten an Ort und Stelle. In gewisser Hinsicht symbolisiert dieser Tag damit auch das Ende der von den Unionsparteien immer wieder als Schreckgespenst an die Wand gemalten »Hauptstadt« Kreuzberg. Es ist das Ende der Politik jener Kreuzberger, die über lange Zeit verdrängt haben, daß sie Teil der Verhältnisse waren und nun, da sie diese Verhältnisse zu den ihren gemacht haben, nicht recht glauben wollen, daß es womöglich noch eine politischen Handlungsoption jenseits der eigenen Praxis und Erfahrung gibt: das Einklagen des Rechts auf die eigene Existenz.

Mit dem revolutionären Pathos der Westberliner Spielwiese hat eine solche Politik der Menschenrechte freilich nur wenig zu tun. Eher mit der Alltagswirklichkeit eines Obdachlosen, der sich in der U-Bahn mit dem Verkauf von Obdachlosenzeitungen ein paar Mark verdient. Oder mit der einer von Sozialhilfe lebenden alleinerziehenden Mutter, die eine soziale Grundsicherung nicht schon deshalb ablehnen würde, weil sie auch auf dem Forderungskatalog eines CDU-Politikers wie Kurt Biedenkopf steht. Oder mit der eines illegalen Flüchtlings, dessen Menschenrechte am Breitscheidplatz mit Polizeistiefeln getreten werden. Doch diese Wirklichkeiten haben in der geläuterten Wahrnehmung der passiv gewordenen Akteure von damals keinen Platz mehr. Vielleicht ist diese Verdrängung der Verdrängung sogar ein zutiefst deutsches Problem. Während in Frankreich die Selbstorganisierung der illegalen Immigranten durch die Bewegung »Sans papiers« auch unter den Franzosen öffentliches Interesse wachgerufen hat und in Paris Hunderttausende gegen die Verschärfung des Ausländerrechts demonstrierten, zuckt man im Berlin des Alles-oder-Nichts im besten Falle mit den Schultern, wenn Bill Bratton und Innensenator Jörg Schönbohm sich gegenseitig die Bälle zuwerfen und eine Politik der »Null Toleranz« gegenüber Obdachlosen, Klenkriminellen, Graffitti-Sprayern zum Patentrezept im Umgang mit gesellschaftlichen Konflikten erhoben wird.

»Die Realität, die wir verändern wollten, hat uns assimiliert«, beklagt Micha Brumlik die Logik der Verdrängung. »Hat man sich (...) die eigene Widersprüchlichkeit bewußt gemacht, dann ist es letztlich eine Entscheidungsfrage, in welche Richtung man sich orientiert«, besteht dagegen die Sozialpsychologin Birgit Rommelspacher auf der Logik der Realität. Es ist eine Logik, die einen nicht nur subjektiven Handlungsspielraum formuliert. Es ist freilich auch eine Logik, die die Bereitschaft für Öffentlichkeit und soziales Handeln voraussetzt. »Aufklärung und Kontakt nützen nur dann etwas«, schreibt Rommelspacher, »wenn sie dissonante Erfahrungen herbeiführen, (...) oder wenn die eigenen Normalitätsvorstellungen durch eine andere Perspektive verrückt werden und damit die eigene Definitionsmacht in Frage gestellt wird«. Dann, so Rommelspacher, könne die eingangs geschilderte Verunsicherung produktiv werden, »wenn sie ein Schritt aus einer Selbstverständlichkeit heraus ist, die zögernd zu fragen beginnt und allmählich die eigene Borniertheit und das eigene Nichtwissen und Nichtwissenwollen erahnt.«

Das gilt nicht nur für die ehemaligen Träger der neuen sozialen Bewegungen, sondern auch für die potentiellen Träger einer städtischen Bewegung der Menschenrechte, die ja – und dies sollte nicht unter den Teppich fallen – zugleich auch die potentiellen Träger der tatsächlich »neuen« sozialen Bewegung, nämlich die der Fremdenfeinde sind. Um so wichtiger ist ein Handlungsspielraum, der den Weg aus der Verdrängung als »Konstruktion des Fremden« (Rommelspacher) weist. Zum sozialen Handeln bedarf es zunächst einer doppelten Standortbestimmung. Wo bin ich und wo ist meine Umgebung? Daraus ergibt sich ein – durch einen permanenten Prozeß der Kommunikation und Selbstvergewisserung erfahrener – Begriff von Wirklichkeit, aus dem heraus sich schließlich ein Spielraum eröffnen, an dessen Ende schließlich kollektives Handeln stehen könnte. Das wäre in der Tat eine soziale Bewegung gegen die Verdrängung: Die Armen konfrontieren die Reichen mit ihrer Armut, durchbrechen die Logik des Ghettos und eignen sich die Zitadellen an. Das wäre auch eine Umkehrung der Dynamik der Verdrängung insofern, als die Bedingung einer solchen Dynamik die Passivität der Verdrängten ist. Die Menschenrechte auf die Straßen der Stadt zu tragen, wäre auch ein Versuch, durch die Mißachtung der räumlichen und sozialen Logik der gespaltenen Stadt sich wieder gesamtstädtischen Handlungsspielraum zu schaffen, bevor die Ordnungspolitiker nach dem Bau der letzten Zitadelle die Sektkorken knallen lassen. Vielleicht hätte eine solche städtische Bewegung der Menschenrechte gleichsam die Wiederkehr der Wirklichkeit zur Folge und könnte damit auch anderen die Augen dafür öffnen, daß die menschliche Existenz mehr sein kann als ein Bild ihrer selbst.

Um die Dynamik der Verdrängung einmal in die Dynamik sozialen Handelns umkehren zu können, bedarf es jedoch heute schon einer konzertierten Rettungsaktion: Ohne die verbliebenen öffentlichen Räume der Stadt, ohne den Kampf um unbeschränkte Zugangsbedingungen und das Aufenthaltsrecht in den Innenstädten wird einer möglichen Bewegung städtischer Menschenrechte schon heute das genommen, was sie so dringend braucht: Räume, um das Recht auf die eigene Existenz durchzusetzen: soziale, politische, wirtschaftliche und kulturelle Räume, in denen Stadt tatsächlich noch der Ort sozialen Zusammenlebens ist. Verschwinden solche Räume endgültig hinter der Inszenierung des Städtischen, dann können sich Meister der Verdrängung genüßlich an ihren Visionen der Apokalypse delektieren, denen Paul Auster in seinem Roman »Im Land der letzten Dinge« jene letzten Worte folgen läßt: »Es ist jetzt tief in der Nacht, durch die Risse im Haus weht der Wind. Alle anderen schlafen, und ich sitze hier unten in der Küche und versuche mir auszumalen, was mir bevorsteht. Ich kann es mir nicht vorstellen. Ich kann es mir nicht einmal ansatzweise denken, was dort draußen mit uns geschehen wird. Alles ist möglich, und das ist praktisch dasselbe wie nichts, als würde man in eine Welt geboren, die vorher noch nicht existiert hat. Vielleicht finden wir William, wenn wir die Stadt verlassen haben, aber ich will nicht zuviel erhoffen. Das einzige, was ich fürs erste verlange, ist die Chance, noch einen Tag zu leben. Dies schreibt Anna Blume, deine Freundin aus einer anderen Welt. Sollten wir einmal irgendwo ankommen, werde ich dir schreiben, wenn's geht, das verspreche ich.«[15]

1    Peter Schubert, Janina Schreiber: »Zum Buch«, in: Gesellschaft Hackesche Höfe (Hrsg.): »Die Hackeschen Höfe. Geschichte und Geschichten einer Lebenswelt in der Mitte Berlins«, Berlin 1993
2    ebd.
3    ebd.
4    Dieter Hoffmann-Axthelm: »Prototyp Hackesche Höfe. Ein faszinierender Ort kommt wieder«, in: Architektur in Berlin – Jahrbuch 1996, hrsg. von der Architektenkammer Berlin, Hamburg 1996
5    »scheinschlag« 19, 1997
6    Peter Schubert, Janina Schreiber, a.a.O.
7    André Meier: »Ohne Pudelmütze und allein – Gedanken eines Passanten«, in: »Die Hackeschen Höfe«, a.a.O.
8    ebd.
9    André Meier: »Franz Biberkopf trinkt anderswo – Schmähschrift gegen den Mythos Scheunenviertel«, in:Gesellschaft Hackesche Höfe (Hrsg.): »Die Spandauer Vorstadt. Utopie und Realität zwischen Scheunenviertel und Friedrichstraße, Berlin 1995
10   vgl. »Unser Vokabular städtischen Denkens greift nicht mehr - Interview mit Edward Soja«, in: Frank Sträter (Hrsg.): Los Angeles - Berlin. Stadt der Zukunft. Zukunft der Stadt«, Stuttgart 1995
11   Karl Homuth: »Statik Potemkinscher Dörfer. 'Behutsame Stadterneuerung' und gesellschaftliche Macht in Berlin-Kreuzberg«, Berlin 1984
12   ebd.
13   taz«, 15.10.1996
14   ebd.
15   Paul Auster: »Im Land der letzten Dinge«, Reinbek 1989

spart Geld und Zeit

keine Vorkenntnisse erforderlich

hilft Pannen beheben

macht Kosten und Mühe

KAUFT ÜBER 3 MILLIONEN aus diesem Verlage

autonome a.f.r.i.k.a gruppe
Luther Blissett / Sonja Brünzels

**Jetzt helfe ich mir selbst**

VLA
Schwarze Risse
Rote Strasse

29.80

autonome a.f.r.i.k.a.-gruppe/
Luther Blissett/Sonja Brünzels

## Handbuch der Kommunikationsguerilla

Das Handbuch der Kommunikationsguerilla beschreibt Prinzipien, Methoden, Techniken und Praxen, Gruppen und Aktionen, die in gesellschaftliche Kommunikationsprozesse eingreifen. Ausgangspunkt war die Frage, wieso linke »Gegenöffentlichkeit« oft erfolglos bleibt bei dem Versuch, Positionen überhaupt Gehör zu verschaffen.
Eine Gemeinschaftsausgabe mit dem Verlag Libertäre Assoziation

ISBN 3-922611-64-8
240 Seiten      29,80DM      2. Auflage

---

Mike Davis

### City of Quartz

Mike Davis hat eine eindrucksvolle und spannende Sozialgeschichte Los Angeles von den Anfängen bis heute geschrieben – Los Angeles als Stadt, als urbanes Symbol, das die Zukunft verkörpert, die uns allen droht.
Das Standardwerk der neueren Stadtentwicklungssoziologie.
City of Quartz, von Mike Davis 1990 in den USA veröffentlicht, erhielt den Preis »Best Book 1990« der American Social Science Association und wurde bereits in mehrere Sprachen übersetzt.

ISBN 3-924737-23-1
520 Seiten      45 DM

MIKE DAVIS

CITY OF QUARTZ
AUSGRABUNGEN DER ZUKUNFT IN LOS ANGELES

## Verlag der Buchläden Schwarze Risse • Rote Strasse